Esse tal de ORGASMO

Uma jovem mulher em busca do prazer

Mara Altman

Esse tal de ORGASMO

Uma jovem mulher em busca do prazer

Tradução de Ana Luiza Lopes

Texto de acordo com a nova ortografia.

Título original: *Thanks for Coming: One Young Woman's Quest for an Orgasm*

Capa: Marco Cena
Foto da autora: Arquivo pessoal
Preparação: Marianne Scholze
Revisão: Jó Saldanha

CIP-Brasil. Catalogação na Fonte
Sindicato Nacional dos Editores de Livros, RJ

A463e

Altman, Mara
 Esse tal de orgasmo: uma jovem mulher em busca do prazer / Mara Altman; tradução de Ana Luiza Lopes. – Porto Alegre, RS: L&PM, 2012.
 352p. : 21 cm

 Tradução de: *Thanks for Coming: One Young Woman's Quest for an Orgasm*
 ISBN 978-85-254-2727-4

 1. Educação sexual para mulheres - Humor, sátira, etc. 2. Orgasmo feminino - Humor, sátira, etc. 3. Masturbação - Humor, sátira, etc. I. Título.

12-5873.   CDD: 306.77
                  CDU: 392.6

© 2009, Mara Altman. All rights reserved.

Todos os direitos desta edição reservados a L&PM Editores
Rua Comendador Coruja 314, loja 9 – Floresta – 90220-180
Porto Alegre – RS – Brasil / Fone: 51.3225.5777 – Fax: 51.3221.5380

PEDIDOS & DEPTO. COMERCIAL: vendas@lpm.com.br
FALE CONOSCO: info@lpm.com.br
www.lpm.com.br

Impresso no Brasil
Primavera de 2012

Sumário

PARTE I
Cadê a chave do meu cli-Taurus?........... 11
Bagagem........... 19
Letras maiúsculas........... 24
Orgasmos não correspondidos........... 28
O botão e a rosa........... 31
Retrato de uma inorgástica quando sexualmente inapta........... 34
Não dá para trazer o orgasmo de fora........... 39
Fada madrinha da masturbação........... 50
Programada, desprogramada e programada de novo........... 59
Asas de morcego........... 65
Um ano em Bangcoc faz uma inorgástica esquecer que tem perereca........... 69
Viciada em respiração........... 81
Fantasma........... 85
O monge que entende de pererecas........... 87
Faixa preta........... 91
Se abrir um bar, eles vêm........... 94
De olhos vendados........... 97
Janelas........... 101
Às vezes odeio meu cérebro........... 106
Venho por meio desta processar-me por difamação........... 110
Arca de Noé........... 115
Notas de pé de página........... 122
O Gasmo........... 128
A poetisa da boceta exige desculpas........... 132
O encantador de bocetas........... 137
O verbo não é uma palavra........... 146
Xota aqui, xota ali, xota lá e acolá........... 151

PARTE II

Foi-se o tempo em que a evolução era genial 159
Amarela 163
A coisa verde que, na verdade, é roxa e que também pode ser a chave 166
Brincadeira de casinha 171
Boceta exemplar 173
Toma lá dá cá 178
Sucrilhos 184
Fodidos em sentidos opostos 190
Fruto 193
Abandonada pelo clitóris do país (e pela sarça ardente) 197
Tum tum tum 203
Ela sabe muito sobre o orgasmo feminino 205

PARTE III

Atarantada 215
Sei que estamos no meio, mas este é só o começo ... 223
Genéricos 229
Acampamento do Orgasmo 233

PARTE IV

O caso dos memorandos perdidos 245
Quando o descomplicado fica complicado 248
Afluentes 252
O encantador de bocetas faz sua segunda aparição ... 255

INTERVALO OBRIGATÓRIO PARA MASTURBAÇÃO

O sexo sentido 267
Gonorreia espiritual 270
Eu tô feliz, porra! 286
Não pare. Não, pare. 289
O menino de sete anos 292
Meu sensível coração de pedra 295
O mundo das cintas penianas 297

Atacável?... 302
OD e aos amigos.. 305
Caspa na barba... 316
Hank conhece Earl... 320
O encantador de bocetas gostaria que todas as mulheres provassem seu bolo de chocolate.. 325
Dignifico o sagrado som... 333
Bom.. 338
Revelação.. 343

Agradecimentos... 349

PARTE I

Cadê a chave do meu cli-Taurus?

Liguei para o dr. Barry Komisaruk. "Você nunca teve um orgasmo!?" Isso foi o que ele disse ao saber que meu aparelho orgástico – minha "área de lazer" – não funcionava. Talvez notando o desespero na minha voz, o neurocientista de Nova Jersey ficou de vir a Nova York para conversarmos. Mas antes de desligar começou a tomar notas. "Qual a sua idade? Quantos irmãos você tem? Já tentou..."

O dr. Komisaruk acabara de publicar o livro *The Science of Orgasm* com outros dois autores e parecia saber tudo sobre o assunto. Tinha esperanças de que ele pudesse me ajudar, já que nada do que eu tentara até então havia dado certo. A verdade é que uma parte fundamental, porém bastante contraproducente, do meu problema estava ligada ao fato de que "tentar" não incluía masturbação.

Sobre isso falarei mais adiante.

Veja bem, tenho 26 e nenhum orgasmo para contar história. Até os três gatos – Buddy, Sika e Lucy – que andam para lá e para cá pelo meu apartamento no Brooklyn não me deixam esquecer esse fato. Eles vomitam pelos, se lambem, arranham tudo e se esfregam na minha frente, o que me faz pensar em como os humanos, especialmente eu, nos distanciamos tanto do instintivo. Meus instintos parecem danificados; atrofiaram-se porque não os exercito regularmente. Quero me esfregar na almofada do sofá e ainda me felicitar por isso "vai lá, garota" –, mas não sou capaz de tocar minha virilha, que dirá me esfregar na almofada. Estou padecendo de um caso de inibição, que pode estar associado a um certo grau de ceticismo amoroso.

Consultei as estatísticas: 43 por cento das mulheres afirmam ter algum tipo de disfunção sexual; logo, eu não deveria ficar tão chocada. No entanto, quanto mais penso no problema, mais ele me angustia. Quando falei da minha situação a uma amiga, ela por pouco não caiu de joelhos na calçada e rezou por mim – um feito particularmente impressionante dada sua natureza ateia.

O dr. Komisaruk marcou nosso encontro em um restaurante indiano na Bleecker Street, no Village. Sugeri um etíope, mas ele contou que, da última vez que comeu esse tipo de comida, se confundiu e usou o pão folha para enxugar o suor da testa. Supôs que fosse uma toalha. Isso deixou-o com uma sensação desagradável na pele, que não desejava reviver. Nem os neurocientistas podem ser inteligentes em todas as áreas.

Não é que eu não tenha feito sexo; eu fiz, com seis homens. (Na verdade, digamos que foram cinco e meio, mas deixo para falar mais sobre isso depois.) Bom, de volta aos orgasmos, ou melhor, à falta deles. Não, eu não tive um orgasmo. Um orgasmo comigo mesma parece tão impossível quanto com qualquer um dos meus cinco homens e meio. Quero mudar isso. Fui capaz de viajar pelo mundo – morei na Espanha, na Índia, na Tailândia e no Peru e perdi muitos relacionamentos pelo caminho –, mas nunca me aventurei pelo interior do meu corpo. Sendo assim, a jornada que decidi empreender – a que me levou a ligar para o dr. Komisaruk – consistirá em sair da minha zona de conforto, expandir meus limites e dar um fim ao meu jeito pudico de ser. Bom, isso foi o que disse a mim mesma, mas até agora a coisa está se mostrando mais difícil do que eu imaginava.

Meu projeto não teve um início promissor. Há algumas semanas, marquei consulta com uma sexóloga chamada Melinda. Ao entrar no seu consultório, estava extremamente ansiosa. Suava como se tivesse atravessado uma floresta – poças d'água se formavam sob meus braços, assim como pequenos redemoinhos sobre meu lábio superior.

Melinda me disse que ficasse à vontade no seu sofá florido, que era totalmente inadequado. Caso me sentasse na borda, meus pés balançavam; se me apoiasse no encosto, minhas pernas ficavam esticadas como as de uma criancinha numa camionete. Melinda não podia falar sobre sexo comigo enquanto estivesse sentada daquele jeito. A sensação seria de algo quase pedófilo. Decidi pelas pernas cruzadas em posição de ioga e tentei ficar zen.

Ela lembrava a Bette Midler, porém mais inchada. Imagine a Bette Midler com cabelos mais compridos e metida num uniforme de futebol americano. Agora, imagine que, em vez de deslizar num palco cantando sobre amor, ela está à sua frente incitando *você* a cantar sobre seus entraves sexuais. "Nunca tive um orgasmo", desabafei.

Comecei a detalhar minhas teorias – talvez estivesse me rebelando contra meus pais, um casal de hippies que ama o sexo; talvez estivesse me definindo por comparação com a minha melhor amiga, que respira orgasmos; talvez meu problema fosse causado pelo muçulmano que namorei na Índia, um cara que não sabia nem o que era punheta –, mas ela me cortou e começou a discorrer sobre o que acontece com o corpo quando nos excitamos.

"A genitália se enche de sangue... lateja."

"Espere aí", exclamei. "Dá para voltar um pouquinho?" Senti como se estivesse no nível três e ela tivesse pulado direto para o dez.

"Vá pra casa e estimule o seu clitóris", continuou.

CLI-tóris? É assim que se fala? Eu tenho dito cli-Taurus, como se fosse um modelo de Ford sedan que precisa ser acionado por uma chave especial antes que eu possa levá-lo para dar uma volta pela cidade.

Racionalmente, eu sabia que bastava enfiar nas minhas partes baixas um desses vibradores em formato de coelho de que todo mundo fala e acabar logo com aquilo. Mas eu não via a questão como um problema meramente físico. Queria entender por que, apesar dos inúmeros vibradores que ganhara ao longo da vida, eu ainda não havia tentado usá-los.

Para mudar de assunto, disse a ela que estava pensando em escrever um livro sobre o processo. Até aquele momento, estivera tão envolvida com o trabalho, tão obcecada em fazer algo importante na vida, que era totalmente possível minha vagina ter sumido sem que eu notasse. A única maneira de levar aquilo a sério seria fazer do orgasmo o foco do meu trabalho, tornar aquela odisseia parte do meu cotidiano de escritora e jornalista.

"Péssima ideia", declarou a sexóloga.

Segundo ela, escrever sobre o orgasmo seria a pior atividade para alguém que desejasse experimentá-lo.

"Você não pode pensar sobre o orgasmo", afirmou. "Quanto mais ponderar sobre o orgasmo, mais improvável se tornará. É preciso relaxar." Em outras palavras, ela continuava a cantar seu mantra: *Deixe de drama e estimule o seu clitóris!* Sem arredar pé, Melinda reiterou sua posição. "Sou muito direta", declarou. "Existe algum lugar reservado na sua casa onde você fique à vontade para se tocar?"

Joguei um travesseiro entre as pernas, protegendo meus países baixos, e encolhi os ombros. "Meu quarto tem porta. É isso que você quer dizer?"

Nosso tempo acabou. Quando fui ao banheiro, não havia vestígio algum de orgasmo, apenas um sabonete velho e um bastão de desodorante ressecado. Confiar naquela sexóloga seria como confiar numa cabeleireira com um penteado estilo Ênio, da *Vila Sésamo*. Enquanto me acompanhava até a porta, ela disse que adoraria trabalhar comigo novamente, mas foi enfática ao me aconselhar a não escrever: "Você nunca terá um orgasmo se pensar demais nisso".

Fui incapaz de levar a sério o conselho, não sei ao certo por quê. Talvez fosse a foto do Vaticano emoldurada no consultório. Ela parecia o Antigasmo.

Do Antigasmo, fui para o Google. Encontrei um site interessante chamado Vulva University, com base em São Francisco. Dorrie Lane, a diretora, me contou que estava treinando a nova geração de vulvalucionárias. Evoquei a imagem da icônica camiseta vermelha com a silhueta de Che Guevara substituída por um solitário monte púbico de boina. Eu queria ser uma vulvalucionária. Tornar-se vulvalucionária parecia ser um pré-requisito para uma garota como eu, que desejava gozar. Dorrie afirmou que isso não era problema, bastava ter uma vulva.

"Mesmo que a vagina seja defeituosa?", perguntei.

Antes de mais nada, ela repreendeu meu vocabulário genital. Dorrie explicou que a palavra "vagina" se refere apenas ao canal interno e só enfatiza o caráter penetrável da genitália feminina, ao passo que "vulva" engloba a parafernália toda, inclusive o clitóris.

Ela logo passou a promover as Wondrous Vulva Puppets, que faz por hobby. Segundo Dorrie, elas são bocetas com costura de seda, anatomicamente corretas. Quando inserimos a mão, podemos fazer a xoxota falar manipulando os pequenos lábios como se fossem uma boca.

As vulvas de pelúcia até que eram fofinhas, ainda que pelas fotos online mais parecessem extravagantes luvas de beisebol. Na verdade, é provável que por isso mesmo eu tenha me encantado por elas. Ao dar uma olhada nos outros acessórios vulvalucionários bem mais realistas – como os anéis e pingentes de prata em forma de vulva, que pareciam uma ostra alongada com uma pérola deformada por um banho de ácido –, fiquei um pouco receosa.

Quando a minha vulva de pelúcia chegou – encomendei o modelo chamado Picchu, cujo nome fora inspirado pelos coloridos lábios vaginais revestidos de tapeçaria peruana –, esperava que me ajudasse a verbalizar algumas das minhas ideias vaginais reprimidas, como as das mulheres realmente abertas que recitam *Os monólogos da vagina*. Mas aquela boceta de pelúcia, que deveria ser meu mascote alentador, não tinha nada a dizer. Ela veio numa bolsinha de seda. A coitada foi parar na maçaneta da minha porta.

Foi nesse momento que, aflita, liguei para o dr. Komisaruk.

Quando chegamos ao restaurante, o dr. Komisaruk pede uma garrafa de vinho e, assim que começa a falar, percebo que é o meu tipo de homem. Ele me olha atentamente, e posso notar que orgasmo não é nada frívolo para ele. Ele acredita com veemência que todo ser humano tem direito ao orgasmo assim como Charlton Heston acreditava no direito ao porte de armas.

O dr. Komisaruk está na casa dos sessenta e tem, no topo da cabeça, uma clareira manchada de sol cercada por ondas de cabelo grisalho. Usa calças cáqui e camisa social azul. Está na vanguarda da pesquisa sobre o orgasmo. Ele e seus colegas metem mulheres em aparelhos de ressonância magnética funcional, pedem que se estimulem e capturam imagens das áreas do cérebro afetadas pelo orgasmo. Entre outras coisas, descobriram que o orgasmo é um analgésico natural. Ao mesmo tempo em que diminui a dor em até cinquenta por cento, não altera a sensibilidade ao toque e chega mesmo a elevá-la, tornando as carícias amorosas ainda mais agradáveis.

Não sei se é a pimenta ou a conversa que me faz suar, mas o assunto não demora a descambar para a ciência do orgasmo.

Ninguém sabe ao certo por que o orgasmo feminino existe. Alguns argumentam que ele é apenas uma reminiscência evolutiva do clímax ejaculatório masculino, assim como os pequenos mamilos nos homens são uma reminiscência evolutiva das mamas produtoras de leite na mulher. Outros, como o dr. Komisaruk, acreditam que há um propósito para o êxtase feminino. No entanto, ele ainda não sabe exatamente qual é. É possível que as contrações do útero durante o orgasmo ajudem a levar o sêmen até as trompas de Falópio para facilitar a gravidez. Talvez o prazer faça com que a mulher queira copular sem parar. Pode ser também que o orgasmo alivie tensões musculares. Ou, quem sabe, combine todas essas opções.

Segundo o dr. Komisaruk, indivíduos que costumam experimentar o orgasmo tendem a ser menos estressados do que seus congêneres incapazes de gozar.

"Barry, você acha que sou estressada? Sério, pareço estressada?", pergunto com a cara quase enfiada no prato de comida.

Dr. Komisaruk diz que adoraria me receber em seu laboratório para realizar um experimento. Contudo, teríamos que esperar por financiamento; ele diz que está sempre esperando por financiamento.

"Não existem bolsas de pesquisa para quem estuda o prazer nesta sociedade", explica.

Segundo o dr. Komisaruk, quando obtiver verba, poderá me colocar num aparelho de ressonância magnética funcional. Ao observar minha atividade cerebral enquanto me cutuco com seu estimulador, eu poderia tentar ativar de modo consciente as áreas do meu cérebro que normalmente são acionadas durante o orgasmo. Ele afirma que, por meio de biofeedback, meu cérebro poderia aprender as reações que procuro.

Conto a ele que a coisa mais próxima de um orgasmo que já tive foi um breve latejar seguido de um calafrio na nuca que senti quando limpei meus ouvidos com cotonetes.

"Claro!", exclamou, como se soubesse exatamente do que eu estava falando. "Um orgasmo auricular! Mas tenha cuidado. Você pode prejudicar seu canal auditivo."

"O quê?", pergunto eu, fingindo que já masturbei meus ouvidos até não poder mais.

Ele não entende a piada. "Cuidado! Você precisa ter cuidado!", alerta, antes de pegar outra fatia de naan e mergulhá-la no seu saag. Para o dr. Komisaruk, o orgasmo consiste em um acúmulo gradual de tensão, um auge e um extravasamento. Segundo ele, muitas coisas podem ser uma espécie de orgasmo: espirrar, coçar aquilo que está coçando, rir, chorar e até mesmo vomitar.

"Acontece um acúmulo de náusea e então..."

"Barry, esse não é o tipo de orgasmo que estou procurando."

De repente, visualizo o orgasmo que, acredito, terei um dia: o mundo material desaparece; ele foi tomado por uma luz branca semelhante àquela a que todos se referem quando falam no fim do túnel – tranquila, mas convidativa. Na ausência de paisagem, um sol magnífico surge sobre os meus lábios vaginais e se põe atrás do meu clitóris. Perco o controle do meu corpo e esqueço onde estou. Se estivesse acompanhada, ambos estaríamos suspensos no tempo. É aí que a coisa fica estranha. Eu me transformo na Scarlett Johansson. Meus pequeninos pseudofaróis triplicam de tamanho, e minhas costas começam a se arquear. Minha boca se abre apenas o suficiente para morder a ponta de um morango coberto de chocolate. De repente, a fruta cor de rubi aparece magicamente. A essa altura, acho que estou levitando. Minha pele brilha com uma camada perfeita de suor, que me faz cintilar como um lago na madrugada, mas não chega a pingar. Em seguida, começo a emitir sons maravilhosos, semelhantes ao barulho que faço quando como sashimi, mas amplificados e ligeiramente roucos. Chego ao clímax e sinto como se uma lâmina de prazer atravessasse a minha virilha e todas as células se dilatassem num mar de êxtase transcendente...

"Mara, mais navratan korma?", pergunta o dr. Komisaruk.

"Quê? Ah, claro", respondo.

Começo a comer quando o dr. Komisaruk revela seu conselho. "Você tem um vibrador?", ele quer saber. "Um vibrador poderoso, é disso que você precisa."

Largo o pão. Meu apetite desaparece de uma hora para a outra. O cientista, o cara que, segundo eu imaginava, me injetaria células-tronco orgásticas ou algo assim, está me dando o mesmo velho conselho: um vibrador.

"Porque os menos potentes, eles não... eles precisam causar impacto", declara. "Você precisa de um bom impacto, não só de um tremor, mas de um tremor impactante."

Ele larga os talheres e chega o prato para o lado, a fim de liberar espaço. "A coisa deve ser assim", diz ele, batendo na mesa com o punho até que nossos garfos e facas chacoalhem.

Olho sem graça para os nossos vizinhos, preocupada que estejam entendendo o teor da conversa. Mudo rapidamente de assunto.

Enquanto encerramos o jantar com uma montanha de sorvete de manga, ele promete entrar em contato comigo assim que tiver verba. Mal pode esperar para me colocar num aparelho de ressonância magnética funcional e ver o que a minha conexão cérebro-boceta anda aprontando. Quanto a mim, mal posso esperar para chegar em casa e me esconder embaixo da cama. Sinto que estou muito longe de gozar, que dirá gozar numa máquina.

Bagagem

Moro no último andar de um edifício antigo no Brooklyn. Tenho uma vista panorâmica do sul de Manhattan. Os prédios projetam-se em direção ao céu; o pôr do sol abarca a paisagem; os últimos raios solares refletem nas janelas e me deixam, pernas balançando na escada de incêndio, cor-de-rosa fluorescente. Olho para as luzes que tremulam e imagino quantas mulheres estão tendo um orgasmo na cidade – em oito milhões de habitantes, há cerca de quatro milhões de vulvas com o potencial para isso. Não ouço nada além dos carros que passam, mas estou certa de que há muitos gemidos rolando. Sempre que estou à distância, fico mais ligada ao que os outros estão fazendo.

Pessoas como Carl, por exemplo, que chamo de Colecionador. Ele mora no porão e tem um transtorno obsessivo conhecido como Hoarding ou Colecionismo; ele guarda e coleciona tudo. Da minha janela, vejo os sacos plásticos brancos, pretos e quadriculados que acumula no pátio. Quando a pilha chega ao segundo andar, um caminhão enorme aparece e some com tudo. Em seguida, ele recomeça com um saco no canto da parede.

Seria ótimo se o caminhão também pudesse levar embora parte da bagagem reprimida no meu cérebro.

As três mulheres que habitaram o meu quarto antes de mim se mudaram em menos de um ano para morar com noivos recém-encontrados. O quarto tinha o poder mágico de encontrar homens – bom, isso até eu vir para cá. No aniversário da minha mudança, comemorei a habilidade de quebrar encantos comprando um Cabernet barato na loja de vinhos da esquina, aonde também gosto de ir para paquerar os caras que lá trabalham. São todos simpáticos, bonitos e elegantes. Acho também que são todos gays.

Mas não preciso de homem. Estou muito ocupada.

Já reparou no que acontece com os casais? Eles começam bajulando-se, em seguida apodrecem, depois morrem. Minha melhor amiga, Fiona, vive esses estágios desde que tinha seis anos de idade – seu primeiro relacionamento se deu todo ao longo de uma partida de queimada. Há pouco, ela casou-se depois de dois meses namorando Pedro. Segundo ela, os orgasmos com ele são os melhores que já teve, e o pênis dele é enorme. Quando Fiona pediu minha opinião, respondi que o divórcio está aí para isso. Ela disse que foi o melhor conselho que já recebera. Eu tive a minha dose de relacionamentos, mas felizmente ela teve o suficiente por nós duas – os tais estágios tomam muito tempo, e só tenho uma vida para chegar aonde quero.

Embora não esteja procurando um namorado, devo admitir que durmo com um elefante de pelúcia chamado Earl e costumo acordar agarrada à sua tromba peluda. Será que o meu subconsciente está querendo me dizer algo?

Se eu fosse um homem, é bem possível que me tornasse gay. Uma simples punheta é capaz de excitar um pênis – eu não teria que lutar com esse pedaço de carne mole que se encontra entre as pernas das mulheres. As minhas pernas.

Os homens são tão descomplicados que precisam extravasar em parquinhos, parques e praias para aumentar o desafio. Quando tinha dez anos, nas praias de La Jolla, na Califórnia, um sujeito botou o pau para fora e começou a acariciá-lo orgulhosamente diante de mim, como se fosse uma garotinha que alisa seu belo rabo de cavalo. Fiquei chateada – e com razão. O pênis era imenso, tão grande quanto o meu tronco.

"Eu vi o pênis de um estranho", gritei para os meus pais.

Eles tentaram me acalmar com tapinhas nas costas.

Naquela noite, passei o jantar rabiscando faróis: gigantescas bases cilíndricas com telhados triangulares. Meu pai se debruçou sobre o desenho fálico e disse: "Hum, vejo que seu subconsciente está trabalhando".

Talvez eu ainda esteja tentando entender o quão descomplicados são os homens; um dos meus rabiscos recorrentes é uma palmeira ladeada por cocos.

Conheci pela internet as duas mulheres com quem divido o apartamento. Ambas têm pouco mais de trinta anos. Leigh é designer e procura um homem. Conversamos sobre como estamos gordas, como nos achamos gordas e como devemos emagrecer, em geral comendo algo extremamente calórico. Já Ursula é ex-gerente de investimentos e se tornou documentarista. Ela tem os três gatos que mencionei antes: Buddy, Sika e Lucy. Eu e coisinhas peludas geralmente não nos entendemos (em mais de um sentido), como ficou claro quando um deles defecou na minha cama na semana em que me mudei. Por associação indesejada, porém, acabei me transformando numa espécie de gateira. Não restam dúvidas de que passo mais tempo com gatos do que com homens.

Ursula é a verdadeira gateira, mas, apesar do estereótipo, tem um namorado. Ela está tentando decidir se vai ou não morar com ele. Eu recorro aos meus pais, Ken e Deena, como referência. Estão casados há 34 anos e às vezes parecem ser a mesma pessoa: Keena. Eles falam sempre na terceira pessoa do plural. Se Ursula está disposta a se partir ao meio – transformar-se em Urs- ou -ula –, que vá em frente, coabite.

O orgasmo favorito de Fiona é com o tal vibrador do coelho. Leigh diz que seus orgasmos são melhores quando toma uma boa quantidade de vinho antes. Já Ursula afirma ser capaz de se excitar só com o pensamento. Ela tem apenas que se concentrar na própria boceta até que tenha um orgasmo espontâneo, ali mesmo na cadeira.

Tenho que admitir, estou muito curiosa e me sinto bastante inadequada no momento.

Fiona – como a minha mãe e o resto do mundo – vive dizendo que preciso explorar o meu corpo sozinha antes de ter um orgasmo com um parceiro. Mas eu sempre sonhei que um homem acertaria o alvo e me pouparia o trabalho de explorar meu próprio corpo enquanto poderia estar explorando o mundo. Há muito o que fazer lá fora.

Servir bebidas, por exemplo. Algo que decidi fazer em dois bares diferentes – o ACE Bar e o Bleecker Bar – enquanto dou um tempo na minha carreira de jornalista em prol do orgasmo. Esses bares têm fliperama, sinuca e dardos, mas o jogo mais popular é, de longe, procurar uma companhia para a noite. Estar nesses lugares é como assistir a um programa no Discovery Channel sobre os rituais de acasalamento da nossa espécie, o que não é muito diferente do meu último emprego. Trabalhei como repórter no *Village Voice* durante um ano. Estive insaciavelmente atraída por assuntos relacionados a sexo – pornogami (origami pornográfico), o cruzamento das ruas Seaman e Cumming* (Fiona morava ali por perto) e a vida amorosa de homens na casa dos trinta com problemas de aprendizagem – até que fui demitida. Motivo: mau gosto.

Já acompanhou um grupo de deficientes mentais? Tenho uma certa inveja; eles nunca saem da sétima série. Podem se comportar de maneira obscena e grosseira, coçar a virilha em público – extravasando seu lado animal – e sair impunes. Parecem muito confortáveis no papel de seres humanos, agindo em total conformidade com o que sentem.

É isso que as pessoas no bar parecem tentar fazer com o álcool que consomem. Elas ficam numa espécie de estado de retardamento temporário, com ausência total de inibição. Era de se supor que o cérebro tornasse as pessoas mais espertas, mas ele só nos faz reprimir melhor nosso verdadeiro eu.

Talvez isso explique minha compulsão por vinho tinto – apenas uma ou duas taças toda noite. Talvez para me lembrar ou, em alguns casos, me fazer esquecer quem *devo* ser.

Ao som dos sucessos mais recentes, os homens entornam misturas tóxicas para anular o bom-senso a fim de agir movidos por seus impulsos. As moçoilas também querem anular o bom--senso. Para isso, lançam olhares indicando aos rapazes entorpecidos que lhes tragam bebidas. Todos querem perder suas inibições; sem isso, não podemos levar um estranho para casa, pois o bom--senso nos faz negar praticamente todas as oportunidades.

Até que me saio bem na hora de explorar a sexualidade alheia – no bar, na escrita –, mas faço um péssimo trabalho quando

---

* A pronúncia do nome dessas ruas é idêntica à pronúncia das palavras *semen* e *coming*, que significam esperma e gozar, respectivamente. (N.T.)

o assunto sou eu. Culpo meu bom-senso, entre outras coisas, pela minha falta de orgasmos.

    O rosa fluorescente do céu vai ficando cada vez mais púrpura. Convivo com pequenas fibras que habitam o corpo vítreo do meu olho. Meu primo, oftalmologista, afirma que a maioria das pessoas tem isso, que ele chama de moscas volantes, mas aprende a conviver com elas. Para mim, esses fiozinhos, que aparecem aqui e ali na minha vista, são tão evidentes como um sinal de trânsito luminoso. Eles me lembram que as pessoas, até quando olham para o mesmo mundo, têm diferentes perspectivas. Agora mesmo, enquanto meus olhos percorrem o horizonte, minhas moscas volantes se comportam de maneira totalmente inconveniente, pipocando como fogos de artifício. Cruzo os dedos, torcendo para que sejam um prenúncio do que ocorrerá na minha região pélvica.

Letras maiúsculas

Mencionei a ideia de escrever sobre a busca pelo orgasmo à minha família. Cada um reagiu à sua maneira, mas, de um modo geral, todos demonstraram abertura em relação à sexualidade. Antes de mais nada, meus pais não se surpreenderam com minhas dificuldades orgásticas.

"Sempre soubemos que você é o tipo de flor que demora a desabrochar", declarou minha mãe. Meu pai concordou. Quase sempre concordam um com o outro. São Keena, lembre-se. Essa história de flor que demora a desabrochar tornou-se um refrão na minha vida. Aos dezoito anos, as pessoas ainda me davam tapinhas na cabeça e apertavam minhas bochechas. Sabe o que Fiona estava fazendo a essa altura? Tendo orgasmos.

Eu não estava muito preocupada com a reação dos meus pais; já supunha que me apoiariam. Às vezes, penso que *esse* apoio está na raiz do meu problema. Embora suas calças boca de sino já tenham sido devoradas pelas traças, ainda são os mesmos hippies admiradores do amor livre. Os dois chegaram até a largar a faculdade juntos nos anos 60.

Havia sinais de que eram incomuns, mas nunca consegui expressar essa diferença em palavras. Quando as outras mães acenavam para seus filhos no parquinho, apareciam axilas nuas. Quando a minha mãe fazia o mesmo, eu via que dela brotava uma coisa peluda no mesmo lugar. Tentava ensiná-la a acenar com os cotovelos colados ao corpo ao mesmo tempo em que ela tentava me convencer de que toda mulher tinha pelos debaixo dos braços e de lá não devia tirá-los. O método científico me fez questionar sua crença até que, aos onze anos, finalmente obtive fortes evidências: uma babá depilando as axilas diante de mim.

Hoje eles são donos de um viveiro de plantas, mas meu pai fez doutorado em psicologia com ênfase em terapia sexual. Sempre me orgulhei da sua antiga profissão, achava *cool* e tal, mas nunca perguntei detalhes – os rumores eram suficientes para matar minha curiosidade. Ouvi uma história sobre meus pais terem sido modelos voluntários em uma série de palestras sobre sexo quando eram mais novos. Por meio de slides e mais slides projetados numa tela, demonstravam as melhores posições sexuais para alunos de graduação. Nunca quis saber dos pormenores, temendo que sacassem o projetor e realizassem uma exibição de slides.

Eu e meus irmãos soubemos por eles tudo sobre sexo. Na verdade, não me lembro de uma época em que não soubesse de onde vinham os bebês. Tinha orgulho de conhecer os fatos da vida quando outros da minha idade não podiam nem concebê--los. Imagine a cara das outras escoteiras mirins ao me ouvirem discorrer sobre os detalhes da procriação em volta da fogueira enquanto deveríamos estar cantando "Kumbaya". Seja como for, eu raramente cantava a música. Já era bem difícil ter que recitar toda manhã na escola a parte do Juramento de Lealdade que trata de Deus. Fui criada na cultura judaica numa área predominantemente católica e conservadora. Meu único dever religioso era exigir massinha de modelar branca e azul – as cores do Chanucá – no lugar da vermelha e verde para fazer nossos habituais enfeites de Natal. (Esse era o jeito de minha mãe mostrar aos professores que existe mais de uma maneira de ser.) Mas voltemos aos meus papos sobre sexo com as escoteiras mirins.

"Sua mãe está errada", declarei. "O papai coloca o negócio dele no negócio dela."

Fiz uma demonstração com um palito e um marshmallow. Depois disso, não havia mais conversa, apenas silêncio e a carranca da líder do grupo.

Se pensarmos bem – e eu pensei bastante –, meus pais hoje ganham a vida com o sexo vegetal. Às vezes acho que escolheram a atual profissão por ser o único meio legal de se envolver o dia todo com alguma forma de reprodução e ainda ganhar dinheiro com isso. Afinal, durante nossa infância e juventude, o vocabulário das conversas durante o jantar consistia em palavras como procriação, fertilização, polinização cruzada, hibridação e germinação (sendo que muitas vezes não estávamos falando de plantas).

Minha teoria é de que os Keena eram abertos demais sobre sexo e acabei me rebelando. É como alguém que cresceu proibido de ingerir doces e assistir à televisão; depois, quando está na faculdade, só faz comer chocolate e acompanhar todas as séries de TV. Talvez essa timidez em relação à minha sexualidade seja, na verdade, um indício do caráter revolucionário que existe dentro de mim.

Aí vai uma contradição minha: embora tímida quando o assunto sou eu, fico totalmente à vontade para tratar da sexualidade alheia. Sinto que, de tanto conversarmos sobre sexo quando eu era criança, o tema acabou se transformando numa atividade lógica, cerebral para mim, mas me deixou incapaz de lidar com ele de modo sensual.

Quando defendi a ideia do livro para os meus pais, eles ficaram empolgados. Na verdade, meu pai começou a me ajudar com a pesquisa. Ele me enviou uma série de artigos relacionados a sexo que encontrou em jornais. O último veio do *North County Times*, jornal de San Diego, e falava sobre a objetofilia, condição em que as pessoas desenvolvem um relacionamento romântico com objetos. Uma mulher estava apaixonada por um órgão Hammond e temia infidelidade sempre que o técnico fazia reparos. Também recebi do meu pai um catálogo que divulgava filmes de educação sexual. Valeu, pai.

Minha mãe vê o projeto como algo que se transformará no mais novo Grande Romance Americano, não importa que este livro não seja um romance. Ela me apoia bastante e espera que, depois de resolvidas as minhas agruras orgásticas, venham os netos.

Eles só tinham uma advertência a fazer: não escrever orgasmo com letras maiúsculas.

Assim: ORGASMO.

Esse é o bordão favorito dos Keena. Estão sempre me dizendo para não escrever nada com letras maiúsculas. Acho que isso é para ser uma espécie de perspectômetro. É o jeito deles de dizer que não me preocupe com as pequenas coisas, e para eles tudo é pequeno. Meu pai tem a vista ruim. Quando experimento seus óculos fundo de garrafa, o mundo se converte numa enorme ladeira. Fico imaginando se essa perspectiva tem algo a ver com sua mentalidade prática. Preocupar-se é desnecessário. Todos deveriam parar com o drama, deslizar pela inevitável ladeira da vida e aproveitar, pois não há nada a fazer lá embaixo além de apodrecer sob a terra. Escrever em letras maiúsculas só faz criar obstáculos no que poderia ser um percurso suave.

Nem sempre concordo.

ORGASMO – viu só?

De qualquer forma, tenho meu próprio perspectômetro. É a tatuagem de formiga que carrego no antebraço. Sempre que fico ansiosa, olho para ela e lembro que ao menos não preciso me preocupar em morrer esmagada por um sapato. Se bem que ultimamente ela só tem me feito pensar sobre o sexo entre as formigas. Elas são tão pequenas – como é que trepam?

Meus dois irmãos mais velhos reagiram a seu modo ao meu projeto. Logan, que é apenas um ano mais velho do que eu, exclamou: "Vai lá, maninha, não deixe o orgasmo escapar!".

Já Matt, o irmão mais velho dos três e um especialista nato em implicar com os caçulas, fez questão de me provocar. "Todos vão chamá-la de piranha", disse. "Sem ofensa. Quem avisa, amigo é."

Orgasmos não correspondidos

Além de serem abertos em relação à própria sexualidade, meus pais se amam tanto que chega a enjoar. Os Keena se conheceram no ensino médio, na Venice High School em Los Angeles. Com a minha idade, já tinham o primeiro filho. Eles são inseparáveis. Os Keena trabalham juntos; os Keena dormem juntos; os Keena comem juntos. Era de se esperar que o café da manhã e o jantar fossem suficientes, mas não, os Keena também combinam de almoçar juntos no trabalho. Se a minha mãe quer tomar um banho, meu pai pede que espere para que os Keena possam tomar banho juntos. Cresci achando que pessoas casadas não podiam tomar banho separadas. Sério.

Recentemente, conversava ao telefone com a minha mãe sobre relacionamentos e ela tagarelava sobre meu pai como se fosse um novo namorado. Toda contente, ela veio me contar como ele corre atrás dela pela escada.

"Você acha que eu não sei disso?", perguntei.

Surpresa, ela ficou muda.

"Mãe, morei com vocês por dezessete anos, lembra? Meu quarto ficava do lado da escada. Dava para ouvir."

"Ops, é verdade", disse ela, rindo convulsivamente.

Se fossem pais responsáveis, teriam dado um exemplo mais realista. Será que se dão conta de como minhas expectativas românticas são altas? O que eles têm parece inalcançável nos dias de hoje. *Dá para ser normal?! Que tal o divórcio ou uma traição? Vocês podiam pelo menos quebrar um pratinho aqui e outro ali de vez em quando.*

Certa vez, confrontei os dois sobre essa perfeição inalcançável.

"Não coloque nossa relação em letras maiúsculas", foi a resposta dos Keena.

Ao crescer com essa referência, passei a acreditar que nada poderia corresponder a isso – até meus amigos diziam que aquele era o casal mais lindo que já tinham visto. Eu também pensava que amor e orgasmo eram indissociáveis – o orgasmo era fruto do amor, não algo que uma pessoa poderia provocar em si mesma. Isso parecia tão claro que nunca contestei a ligação. Sendo assim, quando me apaixonei pela primeira vez, aos dezessete anos, estava convencida de que meu primeiro orgasmo era seguro e certo. Evan e eu namoramos no último ano do ensino médio e logo rotulamos um ao outro de "meu primeiro amor". Ele era lindo. Tinha a pele morena e aveludada; o queixo esculpido, no qual pusemos um piercing; o corpo magro e alto de corredor, onde eu me encaixava perfeitamente; e olhos que sorriam mesmo quando ele franzia o cenho.

Programamos com muito cuidado nossa primeira cópula. Chegamos a discutir a música de fundo: *Satellite*, da Dave Matthews Band. Eu coloquei a música; ele, a camisinha. As únicas testemunhas foram os adesivos brilhantes que colei aleatoriamente no meu teto – e a minha lagarta, um dragão barbudo chamado Velcro, sentado em silêncio no seu aquário.

No dia seguinte, contei com orgulho à minha mãe o que havia acontecido. Em resposta, meus pais me deram seu exemplar gasto do Kama Sutra. Os Keena me aconselharam a curtir o sexo, não colocá-lo em letras maiúsculas; isso não precisava ser uma coisa de outro mundo. Mas era, porque eu estava APAIXONADA.

Nos meses seguintes, esperei que o orgasmo – o tal orgasmo de que as pessoas tanto falavam – desse as caras. De alguma forma, passei a acreditar que me fazer gozar era dever do homem. Sendo assim, disse a Evan que ele estava deixando a desejar e ficaria incumbido de comprar as camisinhas até que eu tivesse um orgasmo. Ele gozava durante o sexo, por que não eu? Afinal, éramos ou não éramos iguais? Todas as ondas do feminismo já haviam estabelecido isso. (Depois do nosso rompimento, quando eu queria ser ultramasoquista, imaginava Evan com uma moçoila safada que comprava camisinhas por atacado, fazia sons de estrela pornô e arqueava as costas como uma iogui em êxtase na postura do cachorro olhando para cima – isso era ela tendo múltiplos orgasmos. Os olhos e a boca de Evan sorriam em sincronia quando isso acontecia.)

Evan e eu experimentamos e nos divertimos. Sempre senti o êxtase do ponto de vista emocional, mas me perguntava quando ocorreria a erupção física. A ideia de que virgens trancadas no quarto com nada mais do que seus próprios dedos podiam estar tendo orgasmos enquanto eu ficava a ver navios nem passava pela minha cabeça. Orgasmo sem amor soava paradoxal.

Na época, meu relacionamento me remetia ao dos meus pais. Fiquei encantada com a ideia de que havia encontrado meu companheiro e de que espelhávamos minha referência suprema no que dizia respeito a relacionamentos. Como meus pais, tornamo-nos um – Marvan ou Evra. Perdemos nossas identidades na unicidade e saboreamos cada momento. Largava meus amigos num piscar de olhos para ficar com ele. Largava tudo para ser seu mundo. Eu achava que era assim que tinha de ser.

Fomos aceitos em universidades diferentes. Entrei na Universidade da Califórnia em Los Angeles e ele, em uma universidade no norte do país a oito horas de distância. Ele abria mão de tudo para me visitar e chegou a pedir transferência para ficar comigo. Quando a transferência foi aceita, cortei o vínculo antes que ele pudesse arrumar as malas. Tinha medo de compartilhar minha identidade daquela forma e questionava o quão realista seria dois seres viverem e amadurecerem como um. Parecia-me que uma parte do todo seria sempre subjugada. Além disso, não era possível que a vida fosse apenas casar e expelir clones meus.

Não sei se isto tem caráter simbólico ou não, mas tenho tratado meus relacionamentos como as plantas que ganho dos meus pais: esqueço sempre de cultivá-los e nunca duram muito tempo.

O botão e a rosa

Fiona esteve ao meu lado durante todos os meus relacionamentos – o último terminou há três meses, mas durou só metade disso. Não tenho um namorado por mais de dois meses desde os meus 22 anos (e esse durou apenas três meses). Fiona acredita que saboto a maioria dos meus relacionamentos. Pode ser, mas que culpa tenho eu se o último cara tinha o hábito nada atraente de comer pacotes inteiros de biscoito na cama? Migalhas e mais migalhas iam parar nos meus lençóis. Elas me pinicavam e se metiam entre os meus dedos. Quem pode me culpar por dar um fim nisso?

Fiona e eu quase sempre andamos juntas; nosso único problema é que geralmente vamos a passos diferentes. Nós nos conhecemos quando tínhamos seis anos de idade e eu era nanica. Para que eu alcançasse a torneira do bebedouro, ela me colocava sobre seus joelhos. Se mais alguém tentasse me levantar, ela dava um chega para lá. Quando a senhora de cabelos grisalhos do refeitório beliscava minhas bochechas e dizia que me levaria para casa, Fiona fechava a cara e se agarrava ao meu braço para evitar que eu fosse sequestrada. Vinte anos depois, ela ainda cuida de mim.

Crescemos a um quilômetro e meio de distância uma da outra na Buena Creek Road. Ela foi educada na religião católica e só pôde convidar rapazes para passar a noite depois que saiu da casa dos pais. Já meus pais me deram a opção de chamar meu namorado para passar a noite antes que essa ideia me ocorresse. Ambas nos distanciamos das normas sexuais de nossos pais. Ela era aberta e intuitivamente sexual, ao passo que eu era tímida. Nossa paleta de cores também era distinta: ela tem olhos azuis, cabelos loiros e pele de porcelana; eu tenho a pele morena, o cabelo castanho ondulado e olhos da cor de um lago infestado de algas refletindo ao sol.

Já na segunda série, nossas diferenças começaram a ficar evidentes. Fiona estava ocupada planejando seu encontro com um aluno da quinta série chamado Mike, ao passo que eu choramingava no refeitório porque perdera a embalagem plástica dos meus talheres (eu padecia de uma imaginação fértil que, combinada ao medo da morte, me fazia crer que poderia ter engolido o plástico inadvertidamente e esquecido de engasgar). Enquanto eu fazia com que os funcionários do refeitório procurassem meu saquinho plástico, Fiona tinha seu primeiro encontro.

Esse negócio de flor que demora a desabrochar não ajudou muito. Fiona, claro, floresceu na puberdade como se tivesse tomado adubo. Certa vez, decidimos comparar nossos pelos púbicos. Fizemos desenhos. Meu pequeno triângulo estava repleto de rabisquinhos. Quando Fiona mostrou o dela, havia apenas dez longas espirais. Só então me dei conta de que penugem não valia. Apaguei tudo.

Enquanto eu me dedicava aos estudos, Fiona estava começando sua carreira de atriz e dançarina. Sua mãe a inscreveu em concursos de beleza – ganhou o Miss Pre-Teen San Diego e o Miss Pre-Teen California. Em vez de nos adequarmos uma à outra, recorremos às nossas diferenças para definir quem éramos. Criamos nossas identidades por contraste e nos ativemos ao nosso papel: ela era a sexy; eu, a excêntrica. Ao longo das últimas duas décadas, tentamos orientar uma à outra: ela sempre se certifica de que a chama da minha libido ainda está acesa, ao passo que eu ajudo Fiona a baixar um pouco o fogo.

Até hoje, ela continua à minha frente – vide seu recente casamento com Pedro. A primeira coisa que Fiona me disse sobre ele, o que aconteceu uma semana antes do casório, foi a respeito de seus dotes pélvicos. Segundo ela, o badalo do Pedro sempre a faz vibrar.

Fiona tentou me curar, muitas vezes. Quando tínhamos dezessete anos e confessei meu problema, ganhei dela um vibrador. Ele vinha numa caixa roxa que dizia Good and Plenty, mas não deu em nada. Guardei o aparelho na minha gaveta de calcinhas durante anos e nunca cheguei a colocar pilhas. Ainda deve estar lá, na Califórnia, a não ser que meus pais o tenham confiscado ou coisa parecida. Fiona me deu também outras dicas. Uma das suas táticas favoritas é usar a ducha móvel com jato pressurizado que tem no chuveiro. As minhas duchas, porém, sempre foram presas à parede.

Teria sido bom saber como me masturbar quando, certa vez, estava com um namorado na cama e ele pediu que me masturbasse na sua frente. Disse que isso o excitava. Eu queria agradá-lo, mas tive que recusar, pois não sabia exatamente o que fazer. Em seguida, fiquei assistindo a ele tocar punheta só de meias ao som de Frank Sinatra.

Não é que eu nunca tenha me masturbado. Eu já me masturbei. Pronto, falei. Eu me masturbei. Masturbação. Masturbar. Eu me masturbei, mas a coisa sempre foi muito mais ou menos. Quando era mais nova, recorria a diferentes objetos para fins de pesquisa. Como minha cadela, Suzie, que se valia do para-choque traseiro do nosso carro para coçar as próprias costas. Não que eu saísse por aí atrás de objetos fálicos em que sentar; eu era mais sutil do que isso. Andando de bicicleta, notei que era gostoso fazer uma pressãozinha extra contra o assento quando virava à direita ou à esquerda. (Não dava para sacar um selim quando meu namorado fã de Sinatra e chegado a uma meia pediu que me masturbasse, dava?) Eu juntava vários cobertores e aplicava uma dose agradável de pressão "lá", mas nunca passei disso.

Admito, contei uma mentirinha. Já toquei aquilo lá uma ou duas vezes, pele com pele, mas desisti. Fiquei com nojo. Fiquei com nojo de *mim*. Eu tinha medo daquela parte do meu corpo e, convenhamos, fica num lugar convenientemente ignorável. Se não explorasse a área, não seria obrigada a descobrir se havia algo errado – ou certo – com aquilo lá.

Gostaria que Fiona me ajudasse a comprar o tal vibrador que deixou o dr. Komisaruk quase hostil ao falar dele. Infelizmente, ela está numa turnê de oito meses com um espetáculo na Broadway, interpretando uma adolescente esnobe toda noite no palco. Ela teve que levar dois vibradores e pilhas extras para mantê-la estimulada e desestressada enquanto está longe do marido.

Retrato de uma inorgástica quando sexualmente inapta

Comecei a impor jogos obsessivo-compulsivos a mim mesma. *Se conseguir atravessar a rua antes que o sinal fique vermelho, terei um orgasmo.* Então, corro para garantir que vou ganhar. *Se um carro vermelho vier antes que eu passe pela terceira fenda na calçada, não terei um orgasmo.* Nenhum carro vermelho – ganhei de novo! As circunstâncias eram bastante promissoras, mas eu não estava fazendo progresso real algum e comecei a questionar minha saúde mental. Será que dá para ter um ligeiro TOC e não acreditar num deus? Pois era bastante evidente que sinais de trânsito e falhas na calçada tinham se tornado divindades para mim.

Eu sabia que meus problemas eram muito mais do que físicos, por isso decidi consultar um terapeuta de verdade. Felizmente, logo encontrei Rori. Seu sofá a deixava pequenina. Os braços azuis acolchoados batiam no seu ombro. Numerosos cachos castanhos animavam sua aparência como um tapete colorido alegra um ambiente. Todas as paredes eram brancas, com exceção de uma pintura de Van Gogh representando o correr de um rio. Acho que o intuito era acalmar, mas aquelas pinceladas marcantes me lembravam de *O grito*.

Encolhi-me no canto do sofá e agarrei uma almofada. Ficamos olhando uma para a outra. Ela não tinha expressão.

Mordi minha bochecha, esperando que ela falasse. Estou sempre mordendo ou cutucando alguma coisa.

Comecei a falar. Queria mostrar como era problemática, dizer tudo o que eu tinha de errado para ela não achar que estava perdendo tempo. Contei sobre meus reveses orgásticos, meus relacionamentos familiares e os vários romances que foram por água abaixo.

Depois de um tempo, ela voltou ao Evan, meu primeiro namorado sério. "O que vem à sua cabeça quando pensa nele?"

Cerrei os dentes e ponderei durante algum tempo. Minha língua descobriu que o inchaço no interior da minha boca crescera no curto período de 35 minutos. Mordi tanto a bochecha que criei um caroço do tamanho de um caviar de salmão.

"Não pense, diga a primeira coisa que aparece na sua cabeça", afirmou.

"Era como se eu fosse um filhote de cascavel", declarei. "Não sabia quanto veneno soltar, então soltava tudo."

"Você está falando do amor como veneno", disse Rori. Em seguida, ela devolveu a minha metáfora do amor. "E o que faz o veneno?"

"Mata", eu disse.

Putz, sou deprimente.

Decidi contar a minha outra teoria envolvendo o primeiro amor na esperança de parecer mais alto-astral do que no minuto anterior, quando conectei o amor à morte instantânea. Falei que esses relacionamentos fazem mossas no cérebro que não somem com o tempo. Sorri. *Viu? Melhor, não?*

"Você ouviu o que disse?", ela perguntou. "Mossas? Como numa batida de carro?"

Ela tinha razão. Toda a minha fala sobre algo tão sagrado como o amor era mórbida. Mas eu andava cética em relação ao amor. Expliquei o que sentia enquanto servia bebidas no bar. Via casais felizes por toda parte e pensava no amor que sentiam como mero mecanismo evolucionário para garantir a reprodução. Somos apenas máquinas de procriar. E se pudéssemos encomendar algumas sementes, plantá-las e fazer brotar crianças sem aborrecimento e sem comoção? Nesse caso, poderíamos aproveitar toda essa energia amorosa para alguma coisa útil.

Antes do meu encontro com Rori, não sabia se as minhocas na minha cabeça justificavam uma ida ao terapeuta. Quando saí de lá, senti-me problemática o suficiente para me tornar paciente regular.

Saí do prédio. Fui atravessar a rua. *Se pular três vezes e pisar no meio fio com o pé direito, tudo vai dar certo. Terei meu orgasmo.*

Falar dos meus ex-relacionamentos trouxe lembranças antigas. Parte de mim se fechou depois que perdi meu primeiro amor. Poderia ser chamada de piranha beijoqueira ou rainha do não fode nem sai de cima. É provável que tenha beijado mais da metade do time de frisbee da faculdade, mas nunca passei muito disso. Se chegava a ir para a cama com o cara, dava estrelas e cambalhotas para fora do colchão, o que servia ao mesmo tempo para excitá-los com a minha flexibilidade acrobática e fugir antes que alguém tirasse a roupa.

No verão de 2000, fui à Costa Rica; eu tinha dezoito anos. Lá, minha mente se expandiu, mas meus lábios vaginais continuaram trancados. Namorei Mario, um morenaço de San Jose. Ele tinha uma cabeleira longa e ondulada, e cada um dos seus fios negros correspondia a quatro dos meus. Suas sobrancelhas pareciam pelos de marta. Mario tomava um gole de chá de limão e, para acompanhar, cheirava uma carreira de cocaína. Com isso, tinha disposição para passar 24 horas tocando músicas românticas com sua banda. Descobri que os usuários de drogas não eram tão terríveis como pintavam os especiais da Disney. Com a cocaína sendo tão barata naquela região, quem poderia culpá-los?

Em cerca de um mês, Mario deixou claro que queria mais intimidade. Contei a ele que nunca tivera um orgasmo. Esse detalhe sempre deixa os caras excitados; é como a virgindade no século passado. Ele queria ser o meu primeiro – mas o tiro saiu pela culatra. Ele me disse que orgasmo só sem camisinha. Merda! Um choque cultural. Os especiais sobre sexo seguro foram muito mais convincentes do que os especiais sobre drogas, e eu me recusei. Ele ficou perplexo; confuso, seus pelos de marta se uniram. Para ele, sexo seguro significava tirar antes de gozar; camisinha era desconfiança. Eu não estava disposta a voltar para a universidade com herpes e um feto. Aposto que seriam suvenires costa-riquenhos de dar o que falar, mas preferi trazer apenas grãos de café e algumas fotos.

Brian foi meu namorado seguinte. Começamos a sair no meu segundo ano na faculdade. Ele era quatro anos mais velho e estudava Direito. Eu o admirava mais do que o amava. Para ele, eu devia ser uma espécie de agasalho peniano. Brian sabia exatamente o que dizer, e tudo era muito simples com ele. Isso era um sinal: nenhum ser humano pode fazer tanto sentido; se fizer, significa que existe muita estratégia envolvida. Ele não estava à altura do Evan, mas eu não precisava me preocupar com decepções amorosas. Como iria para a Espanha estudar, o relacionamento tinha um conveniente prazo de validade.

Ele tentava me masturbar, mas nessa época eu já tinha criado uma pista de obstáculos em volta do meu clitóris. Ficava nervosa com as minhas mãos "lá", que dirá com as mãos de outras pessoas.

Sendo assim, passamos a maior parte do tempo na mesma posição: papai e mamãe. Talvez ele encontrasse o meu ponto G, pensei. Se o homem pode pousar na lua, será que isso era pedir muito?

Parece que sim.

Gostava de fazer sexo com ele, mas, quando chegava a hora do vamos ver, não conseguia me concentrar. Era uma profecia autorrealizável: eu acreditava ser incapaz de ter um orgasmo; logo, isso era verdade. Havia momentos em que prestava atenção ao ventilador girando enquanto Brian falava sacanagem em cima de mim. Ficava lá, deitada, seguindo as pás com os olhos, tentando identificar cada uma, como um gato que assiste a um brinquedo de corda de pular. Em outros momentos, sentia que meu sexo desprovido de orgasmo era consequência da minha incapacidade de viver o momento, mas acabava me sabotando com minha transmissão ao vivo: *Força!* Não, nada de orgasmo. *Força!* Não, nada ainda. *Força!* Nadica de nada.

Minha prima me deu outra opção: fingir. "É só dizer que está gozando e respirar pesado. Jogue a cabeça para o lado, crave as unhas, brinque com seus mamilos até que fiquem duros – não dá para gozar sem mamilos duros –, contraia a vagina e pronto."

"Então basta dizer que estou gozando e eles acreditam?", perguntei.

"É basicamente isso", disse ela. "Não é difícil."

Mas nunca criei coragem para recorrer a esse método. Além do mais, não fazia sentido. Eu queria a coisa de verdade.

Outros amigos me diziam para ficar por cima. Jamais fiz isso porque não tenho ritmo. Achava que ele ficaria olhando para mim e eu seria obrigada a fazer um teatro orgástico – e nunca fui boa atriz.

Cogitei os barulhos que as pessoas fazem durante o sexo. Como é que isso funciona? Será que existe uma aula que eu possa fazer? Antes que pudesse obter uma resposta, ele já estava roncando ao meu lado. *Espera aí, o que foi que eu perdi?*

Passei por um período de seca no meu terceiro ano de faculdade, que cursei na Espanha. Olhando as fotos, parece que estava determinada a engordar, o que fiz muito bem. Assistia às aulas e me especializava em cerveja e tapas. Minha tia Judy ficou com pena de mim pela falta de contato masculino. Foi assim que ganhei meu segundo vibrador, que me foi enviado em entrega expressa do outro lado do Atlântico. Ele era grande, fluorescente e roxo. Tinha anéis em volta e era apropriadamente chamado Saturno. Mesmo querendo experimentá-lo, não consegui. Acabou transformando-se num objeto de decoração que ficava no console da minha lareira e fazia um baita sucesso. Enquanto fumavam um baseado, as pessoas com quem eu dividia o apartamento passavam o vibrador de mão em mão e viajavam enquanto acionavam as várias velocidades do aparelho.

Quando voltei para casa, no meu último ano na Universidade da Califórnia, sentia falta de pênis. É aí que o meio, dos cinco e meio, entra. Você sabe do que estou falando, os meios. Esses que acontecem em dias como o seu 21º aniversário. De repente, você acorda com uma dor de cabeça horrível, sentindo o bafo de um velho amigo. Essa pessoa está roncando no travesseiro ao seu lado e, após vagos flashes de um zíper emperrado e uma calcinha no chão, você tem quase certeza de que algo foi penetrado. Aí está o meio. O meu, pelo menos.

Depois disso, me formei. Estava sem emprego e não sabia o que fazer. Decidi então partir para a Índia atrás de trabalho. Esse foi o começo de muitas viagens pelo mundo.

Não dá para trazer o orgasmo de fora

Se soubesse que as atividades reprodutivas dos vira-latas eram indicativas do sexo na Índia, saberia de cara que me envolver com qualquer um seria algo complicado. Frequentemente, depois que o cachorro e a cadela cruzam, a ponta rósea do bilau do macho fica presa, e os dois acabam um de traseiro para o outro tentando correr em direções opostas. No máximo, conseguem ensaiar alguns passos desajeitados de dança; no mínimo, latem e ganem. Na Índia, estão todos produzindo bebês, tentando perpetuar a espécie, mas desviam o olhar uns dos outros como se aquilo que fazem não fosse realmente sexo.

Como era de se esperar, o tempo que passei na Índia não contribuiu em nada para aprimorar minha genitália. Minha vulva não encontrou o nirvana. Acho até que a minha boceta se retraiu ainda mais, se é que isso é possível. Quando cheguei a Bangalore, tinha 21 anos. Comecei a trabalhar num jornal inglês, meu primeiro trabalho em jornal. Todos os outros funcionários eram indianos. Divergíamos em muitas coisas. Para começar, eles não viam importância na minha primeira matéria: homens que mijam na rua e mulheres que os desprezam.

"Isso não é notícia", disse meu editor. "Os homens urinam na rua desde o início dos tempos."

Não sei como, mas acabei convencendo o pessoal de me deixar fazer a matéria. Outra diferença ficou evidente nos classificados do jornal, repleto de anúncios com aspirantes a esposa e marido. Casamentos arranjados ainda eram comuns, embora estivessem diminuindo em áreas influenciadas pelo Ocidente. Eu achava isso muito estranho e triste. E o amor? Aquele amor que faz você se esquecer de si mesmo, fazer coisas extremamente estúpidas e ficar cego a todos os defeitos do outro. Não é nisso que consiste o amor verdadeiro? Todas aquelas pessoas, um país inteiro, estavam perdendo algo importante, acreditava eu. Por outro lado, havia uma vantagem: talvez eles não tivessem de se preocupar em acabar decepcionados, como eu.

Mas, até onde pude observar, casamentos arranjados não impediam o desejo sexual. Parecia haver tanta repressão que muitos homens não se atreviam a olhar mulheres de sári. No entanto, quando o assunto era a "garota ocidental desinibida" – eu –, me examinavam ostensivamente, como se fosse um melão, apertando a minha bunda de vez em quando. Havia sempre olhares voltados para mim. Quando andava em um riquixá e parava no sinal de trânsito, os retrovisores das motocicletas de todos os homens mudavam de posição, e, no lugar de testas, queixos e orelhas, via dezenas de olhos refletidos na minha direção. Comecei a ficar na defensiva. Achava que todo homem só vinha falar comigo porque queria alguma coisa. Meu gênero criava um tipo de entrave que eu nunca sentira antes.

Talvez boa parte da atenção que recebia fosse minha culpa, pois não sabia a forma correta de me vestir. Usava para trabalhar o que acreditava serem roupas bem largas, mas o editor me chamou para um canto e avisou que meus jeans e camisetas eram sedutores demais. Eu teria que providenciar um guarda-roupa mais discreto se quisesse continuar trabalhando lá.

Tinha que ser cautelosa, pois não sabia mais como interpretar gestos. Esperava o pior de todos. Certo fim de semana, decidi viajar sozinha. Tinha vontade de fazer uma peregrinação. Procurei a mais próxima no meu guia de viagem: Thiruvannamalai, em que as pessoas cultuam o deus hindu Shiva caminhando ao redor do monte Arunachala. No caminho até lá, tive que ir de pé no ônibus. Um sadhu de manto alaranjado, um homem sagrado, estava atrás de mim. Eu podia jurar que ele tentava esfregar seu "homo erectus" em mim a cada pequeno solavanco, o que acabou gerando um efeito dominó. Eu instintivamente projetava minha pélvis para frente, fazendo com que a pessoa diante de mim fizesse o mesmo. Chegou a um ponto em que parecíamos fazer a ola num jogo de beisebol. Alguns – eu – diriam que parecíamos um bando de ninfomaníacos a caminho do nosso maior festival anual. Na verdade, é bem provável que aquele sadhu só estivesse tentando manter-se de pé.

Pouco depois, enquanto escrevia uma reportagem sobre onde encontrar o melhor masala dosa na cidade, avistei um homem de postura confiante ao lado de uma vasilha de batatas picantes. Amit usava camiseta, calças jeans e tênis All-Star. Acreditei que ele era como suas roupas – bastante ocidentalizado. À medida que conversávamos, sentia que finalmente tinha encontrado alguém que poderia me entender ao menos um pouco. Quando me chamou para sair, fiquei lisonjeada. Não hesitei em aceitar seu convite. Imaginava que tínhamos algumas crenças fundamentais em comum, como a mulher ser livre o suficiente para andar sozinha à noite. Na semana seguinte, partilhamos um jantar maravilhoso – ele pedira a um amigo que abrisse o restaurante até mais tarde só para nós. Em seguida pegamos um riquixá para a casa dele a fim de sentar e bater um papo. Quando chegamos lá, ele mudou da água para o vinho.

Não vou entrar em detalhes porque são horríveis. Ele era horrível. O babaca grosseirão tentou... você sabe o que ele tentou fazer. Mas eu gritei. Meus pulmões funcionam muito bem quando preciso deles. Tive sorte. Chutei, berrei e, mais do que tudo, corri feito louca.

Sua impressão digital ficou marcada no meu antebraço. Um baita círculo azul. No segundo dia, ficou esverdeado. No quarto dia, estava amarelado e quase imperceptível. A experiência, porém, continuou marcada. Não saía da minha cabeça, lembrando-me de contestar qualquer suposição sobre pessoas novas e de não julgá-las pela camiseta. Acima de tudo, o que fiz foi tentar esconder a minha feminilidade, o que, na época, parecia ser a maneira mais simples de evitar problemas.

Fechei-me ainda mais quando descobri que não era a única mulher a me ferrar – literal e figurativamente – ao confiar em homens. Em uma pequena aldeia chamada Mahabalipuram, fui à casa de uma senhora que vendia tecidos na rua. Ela disse que, se eu pagasse pelos ingredientes, cozinharia uma refeição para mim. A mulher me levou a um barraco feito de metal corrugado, o piso era de terra batida. Tínhamos de ficar abaixadas o tempo todo, pois o teto não tinha altura suficiente para ficarmos em pé. Enquanto ela abria a massa incrustada de insetos para o nosso naan, apontou para uma foto na parede. Mostrava um cara branco e alto com óculos estilo John Lennon, cabelos desgrenhados e mochila nas costas. Finalmente tinha descoberto por que ela me trouxera até ali, pensei eu. "Já viu esse homem?", perguntou.

Estreitei os olhos e estava pronta para rir – que ridículo acreditar que eu conheceria um cara qualquer só porque era branco! – quando vi entrar uma criança engatinhando. Sua pele era dez tons mais clara do que a de todos os outros – chocolate ao leite em meio a cacau puro. A filha da vendedora de tecidos, que tinha mais ou menos a minha idade, entrou atrás da criança e olhou fixamente para a foto. Ela começou a chorar e me implorou que lhe comprasse uma cerveja. Eu não sabia se ela tinha sido estuprada, paga ou se tinha acreditado na promessa de uma nova vida num país abastado. Talvez tenha passado por algo semelhante ao que me aconteceu com Amit, mas com menos sorte. Comprei um litro de Kingfisher. Ela matou a cerveja em poucos goles e logo me pediu outra.

"Ele é o homem mau", disse a mulher mais velha. "Se o vir, diga-lhe que tem uma filha em Mahabalipuram. Esperamos todo dia que volte." Em seguida, balançou a cabeça de um jeito que era ao mesmo tempo derrotado e desafiador.

Depois dessa pungente lição sobre relacionamentos sexuais, foi muito estranho e inesperado quando conheci Rafiq, um muçulmano de trinta anos com um bigode estilo anos 80 que ele chamava de *mouche*. Toda vez que o via, meus olhos secavam (vou deixar que você adivinhe para onde ia a umidade). Nunca imaginei que alguém como ele pudesse me atrair. Rafiq era o oposto de quase todos que já haviam me excitado – mais ingênuo até mesmo do que eu. Era um cara do interior, que viera à cidade grande para sustentar a família. Tinha oito irmãos, todos morando numa cidadezinha que ficava a três horas de ônibus. Com um salário de 150 dólares mensais, tentava desesperadamente economizar dinheiro para o dote das irmãs. Rafiq prometeu que todas se casariam antes que ele mesmo encontrasse uma esposa.

Trabalhávamos no mesmo jornal. Ele tinha mais ou menos metade da minha largura – dava para envolver seu pulso com o meu dedão e indicador. Preferia economizar algumas rupias para a sua família do que se sentar para comer. Rafiq só tinha duas camisas e dois pares de calças, mas vinha trabalhar todos os dias como se cada uma de suas peças de roupa tivesse sido lavada a seco e passada à mão. Sentava-se diante do computador e digitava uma reportagem com cutucadas calculadas, como se seus dedos fossem bicos de pássaros alimentando-se de sementes letradas. Seus óculos estavam sempre ligeiramente tortos. Como ele era trinta centímetros mais alto do que eu, nunca descobri se isso era devido às suas orelhas ou se o problema estava na armação. "Seus óculos estão tortos" – foi assim que quebrei o gelo certa manhã.

Começamos com conversas despretensiosas durante o almoço. Ele fumava um cigarro enquanto eu tomava meu chá com leite. Seu sotaque pesado era difícil de acompanhar – falava principalmente o urdu e o canarês –, mas eu gostava de ouvir mesmo assim. Podia me balançar ao som da sua cantilena e menear a cabeça em sinal de aprovação. Saímos juntos numa missão. Consistia numa típica reportagem feita todos os anos depois do Diwali, festival em que as pessoas, especialmente as crianças, soltam fogos de artifício nas ruas. Fomos a várias emergências pela cidade para contar quantos olhos tinham sido explodidos. Apesar das cerca de dez crianças que vimos com ataduras na cabeça, tivemos uma ótima noite. Ele parecia querer apenas me conhecer, nada mais. Gostei disso.

Logo chegou o Ramadã, e Rafiq ia para casa visitar a família. Perguntou-me se gostaria de conhecer sua cidade natal. Na época, eu não sabia o que isso significava. No caminho, Rafiq me contou que seu pai era um imame. Ciente do conflito entre palestinos e israelenses, mas sem conhecer muito mais do que isso sobre as relações entre muçulmanos e judeus, achei que seu pai me daria um tiro assim que eu entrasse na casa.

Quando chegamos ainda era noite. A mãe e as irmãs de Rafiq respeitavam o Purdah, ou seja, usavam burca quando saíam e ficavam escondidas quando homens estranhos entravam na casa. Não falavam muito bem o inglês, mas logo deram a entender que queriam ver as minhas pernas. Elas riam, apontavam e apertavam os olhos ao ver o branco que emanava das minhas panturrilhas. Perguntaram qual era a minha casta, o que poderia ser traduzido da seguinte maneira: "Que religião você pratica?". Olhei para o pai de Rafiq, sentado numa cadeira. Fiquei feliz por ele estar sentado nessa hora. A kurta alvíssima que vestia casava perfeitamente com a barba. Seus olhos me fitavam, mas não podiam me ver, pois estavam velados pela catarata. Somente as pupilas eram visíveis, como pássaros desgarrados voando por nuvens fofas. Ao contar que era judia, encolhi-me de medo, esperando o pior. Contudo, elas simplesmente balançaram a cabeça para a frente e para trás, riram e fizeram sinal para que eu levantasse a barra das minhas calças mais uma vez.

Já estava quase amanhecendo, por isso nos apressamos para comer o Suhoor, a refeição servida antes de um longo dia de jejum. A mãe de Rafiq era do tipo que não aceita não como resposta. "Coma mais, coma mais!", insistia. Ela me serviu meio quilo de arroz, quatro tipos de chutney e uma tigela de baingan bharta (beringela assada com condimentos) e me assistiu comer até que o botão do meu jeans estivesse prestes a arrebentar. (Cerca de uma hora depois, estava inclinada a apelidar seu prato de baingan peidarta. Fui a única a achar graça nisso. Os outros arrotaram.)

Não levei mais do que 45 segundos para conhecer a casa. Havia apenas um cômodo compartilhado, e acabáramos de comer em seu chão. A área da cozinha era dividida por uma pequena cortina de plástico, e o minúsculo armário tinha um buraco e um balde onde, aparentemente, todos faziam suas necessidades. Eles perguntaram se eu gostaria de me lavar. "Não, obrigada." Eu não estava a fim de descobrir como fazer isso num espaço tão restrito.

Após um longo dia conhecendo a cidade, Rafiq e eu voltamos à casa para jantar. Estava faminta. Quebramos o jejum com uma deliciosa tâmara e leite quente com açúcar. Depois, comemos o iftar. Havia tantos pratos de comida no chão que quase não sobrava espaço para todos os catorze sentarmos. Depois do jantar, as irmãs de Rafiq me puseram uma burca. Comentaram, alvoroçadas, como a roupa caía nos meus quadris, me fizeram girar e disseram que eu era "a mais bonita". Não sabia muito bem como encarar isso – eu não era mais do que um gigantesco saco preto. Até meus olhos estavam cobertos. (Mais tarde descobri que, das minhas roupas, Rafiq preferia uma capa de chuva amarela disforme que usei durante a época da monção.) Enquanto tirava a burca, elas perguntaram mais uma vez se eu gostaria de me lavar.

"Não, muito obrigada."

Todos aprontaram-se para dormir. Isso significava enrolar o tapete onde acabáramos de jantar e substituí-lo por outro tapete em que todos dormiríamos apinhados, como lápis de cor enfileirados numa caixa. Enquanto isso, Rafiq e eu subimos no telhado. Olhávamos para as construções vizinhas quando começou o chamado para a oração. Homens saíam de todas as casas e marchavam em direção à mesquita, cujo minarete projetava-se na paisagem, para a última oração do dia. Rafiq continuou ao meu lado. Foi muito romântico. Eu o beijei. Ele apontou para o próprio coração.

"Você está aqui agora", ele disse. "O mundo parece diferente. Eu te amo. Você é a minha Mara."

"Não, você não me *ama*", respondi. "Você *gosta* de mim."

Eu me recusava a usar a palavra amor. Era séria demais para mim. Sabia por experiência aonde aquilo podia levar.

A mãe de Rafiq subiu para nos espiar. Eu queria bater com a minha cabeça no chão. Era verdade: mulheres americanas *são* má influência. Somos desinibidas.

Quando ela saiu, Rafiq afirmou que me diria quando fosse o momento de nos casarmos. Comecei a engasgar com a minha própria saliva enquanto descíamos as escadas para ir dormir.

Na manhã seguinte, Rafiq teve que resolver algumas coisas na cidade. Fiquei em casa com as irmãs e a mãe dele. Quando olhei para fora, vi seu irmão mais novo andando de camelo no jardim. Elas me perguntaram se eu gostaria de ser a próxima. "Em outra oportunidade, quem sabe", respondi.

Preparávamos a refeição da noite. Comecei a chorar. Estava confusa e não sabia ao certo o porquê das lágrimas. Será que era fome ou apenas a cebola na minha tábua de corte? A mãe de Rafiq me disse para não chorar. "Eu te amo mais do que às minhas filhas", ela declarou. Olhei para as suas filhas. Elas olharam para mim. Chorei mais ainda. Onde eu estava? O que estava fazendo?

Antes que Rafiq voltasse para casa, sua mãe perguntou mais uma vez se gostaria de me lavar. Notei que todas estavam com a mesma roupa desde que eu chegara. "Por que me lavaria se vocês não se lavam?", perguntei.

"Quando as pessoas nos visitam, fazemos como elas", respondeu.

Ai, ai, ai!

Rafiq finalmente chegou em casa e tivemos mais um jantar farto antes de subir no ônibus que nos levaria de volta a Bangalore. No caminho, ficamos de mãos dadas, mas eu não tirava da cabeça que havia feito algo errado. Ele me disse que fui a primeira pessoa que beijou.

"A primeira?!"

"Um beijo significa muito, não?", perguntou. "Não é?"

Percebi que beijar estava em letras maiúsculas para ele. Assim: BEIJAR.

Nunca pensei muito sobre o que significa um beijo. Se tivesse pensado, não teria tido tempo para beijar todos os homens que beijei.

Quando voltamos a Bangalore, tive problemas de moradia. Acabei me instalando com Rafiq em seu barraco nos arredores da cidade. As paredes eram turquesa com adornos cor-de-rosa. Não havia móveis, apenas folhas de jornal aqui e ali e uma corda para pendurar roupa, que ia da porta até a janela. Os únicos objetos de decoração eram duas caixas de chocolate que meu irmão trouxera quando viera da Califórnia. Rafiq as grampeara na parede e escrevera "Doces Memórias" na tampa com caneta hidrográfica. Dormíamos no chão com nada mais do que um fino cobertor sob o corpo. A superfície era tão dura que fiquei com manchas roxas nos quadris de virar-me para lá e para cá. O banheiro era do lado de fora, e tomávamos banho com um balde. Ele aquecia a minha água com um bastão elétrico, mas tomava banho frio, como um homem. Nosso passatempo era chutar baratas nos cantos.

Ninguém do trabalho sabia da nossa situação. Seria considerada extremamente inapropriada. Continuamos como antes, chá com leite e cigarros no almoço. As únicas pessoas que eu via tocarem-se em público eram do mesmo sexo. Os homens davam-se as mãos, abraçavam-se e até se apoiavam uns nos outros. Isso não significava que eram gays; era só um meio de lidar com a falta de contato íntimo. Mas os olhares na minha direção não cessaram. Havia momentos em que ansiava por aquela burca. Comecei a vê-la como um tênue campo de força negro. Quando Rafiq e eu chegávamos em casa, compensávamos o tempo perdido e nos entregávamos à nossa intimidade, que era praticamente tudo o que tínhamos. Descobri que a idade ideal para aprender a beijar vai muito além da idade ideal para aprender uma língua; ele logo pegou a manha. Por muito tempo, nosso contato físico não passou dos beijos e das carícias. Rafiq gostava quando eu dizia Alá e massageava seus ombros; ele ria e seu "mouche" oscilava precariamente.

Rafiq contou que não sabia o que era sexo até o final da adolescência; de trás da cortina da cozinha, ouviu a mãe instruindo a irmã mais velha sobre a noite do casamento. Ele aprendeu a nunca se masturbar. Segundo Rafiq, isso ia de encontro à sua religião. Perguntei se, ainda assim, já tinha se masturbado. Ele disse que não queria nem pensar em tocar "lá" (finalmente tínhamos algo em comum). Quando falei que deveria experimentar, perguntou se doeria. Achei que uma aulinha cairia bem. Saquei uma camisinha da mochila. Abri o pacote e demonstrei, no meu dedo, a maneira correta de usar profiláticos. Ele ficou com nojo do lubrificante espermicida e saltou para o outro lado do cômodo. Lá estava eu – uma garota um tanto quanto pudica, para não dizer outra coisa –, diante de um rapaz ainda mais mal resolvido sexualmente. Tornei-me a professora.

Mas o que eu esperava obter há anos Rafiq conseguiu em segundos. Só que foi incapaz de curtir a sensação. "Parecia que precisava fazer xixi", disse ele, rindo sem graça e balançando a cabeça depois da sua primeira punheta. Isso não era lá muito excitante.

Enquanto sua falta de experiência era um problema para mim, minha experiência era um problema para ele. Eu estava escrevendo uma reportagem e precisava investigar se as clínicas de HIV eram confiáveis e seguiam o protocolo. Chamei Rafiq para ser meu cúmplice; ele entrou e fez o teste, fingindo que havia passado a noite com prostitutas em Mumbai. Depois do teste, partimos para o nosso tradicional chá com cigarros. Ele insinuou que eu, óbvio, não precisava fazer o teste, pois nunca fizera sexo também. A isso, respondi: "Bem, na verdade...". Ele ficou sem falar comigo por cerca de dois dias. Não é que estivesse com raiva. Estava completamente chocado e horrorizado com o fato de eu ter compactuado com a perda da minha própria dignidade.

Ele logo se recuperou, mas quanto mais se aproximava, mais eu me afastava. Sua doçura era sufocante. Sua avidez tornou-se incômoda. A ideia de unicidade era aterradora. Ele me chamava de querida ladoo, uma sobremesa indiana feita com ghee, farinha, açúcar e outros ingredientes que, depois de misturados, viram bolinhas. Vivia declarando seu amor por mim, ao que eu respondia: "Por favor, não diga isso". Nos divertíamos, mas a relação estava ficando cada vez mais frustrante; às vezes, levávamos vinte minutos para transmitir uma simples frase. Com frequência, em vez de dizer o que queria, ficava muda para evitar o esforço de ter que me explicar. Quando me frustrava, Rafiq parecia gostar mais ainda de mim. Ele dizia: "As pessoas só gritam com aqueles que mais amam, não é verdade?". Eu não estava satisfeita com quem me tornara. Éramos como cães vira-latas: lado a lado temporariamente, reunidos pelas circunstâncias, mas destinados a seguir caminhos diferentes.

Alguns meses depois, quando eu estava partindo, ele passou pela grade de segurança em frente ao meu portão de embarque para se despedir. Queria dizer mais um "eu te amo". "Ai, Alá. Não diga isso", falei irritada. Em seguida, virei as costas e fui embora.

Eu tinha planos de voltar a trabalhar na Índia depois de passar um mês em casa e renovar meu visto de trabalho. Contudo, à medida que me afastava, a sensação de liberdade era tal que não sabia se seria capaz de retornar. Queria que Rafiq se casasse, talvez do jeito que tinha de ser. De repente, casamentos arranjados começaram a fazer bem mais sentido. Aparentemente sem mágoas ou confusão, talvez essa fosse uma forma de proteger-se das ilusões – ou das expectativas irreais – acerca do amor.

Apesar de toda a nossa intimidade, Rafiq nunca me tocou da cintura para baixo; não deixei. Vivia dizendo a mim mesma que fazia um favor para ele ao impedir que suas mãos passassem dos meus quadris. Se desconhecia o significado de um beijo, imagine como não interpretaria a região pélvica. Era a única coisa, em meio à abundância de diferenças e estranhezas, que eu acreditava poder guardar para mim.

Fada madrinha da masturbação

Dr. Komisaruk fizera o orgasmo parecer tão simples como uma pescaria – obtenho um bom vibrador, lanço na minha vagina, fisgo um orgasmo e pronto. Sendo assim, queria alguém para me ajudar a escolher esse vibrador poderoso de que ele falou com tanta determinação. Fiona ainda estava fora, em Chicago àquela altura. Quem melhor para me ajudar, então, do que a Mãe da Masturbação, Betty Dodson?

Betty Dodson está para a masturbação assim como Mahatma Gandhi está para a resistência pacífica, como Jennifer Aniston está para o cabelo em camadas, como Pee-wee Herman está para o atentado ao pudor – as palavras são praticamente sinônimos. Se você diz "consolo" a qualquer pessoa vagamente relacionada à indústria do sexo, a reação é a mesma: "Já conversou com Betty Dodson?". Decidi, então, ligar para ela.

Demorou um pouco até que tivesse algum tempo. Betty estava ocupada organizando uma obra sobre orgasmo, mas finalmente concordou, em nome da lealdade feminina, em me ajudar a escolher meu primeiro vibrador.

Antes de peregrinar até a guru do clitóris, li o livro *Sex for One*, em que conta sua história de vida masturbatória. Betty cresceu no Kansas na década de 30 e mudou-se para Nova York com vinte e poucos anos a fim de se tornar artista. Ela acreditava que um pênis lhe daria um orgasmo, assim como eu. Sendo assim, encontrou um e casou-se com ele. (Felizmente, não fui tão longe.) O orgasmo da época era vaginal; orgasmo clitoridiano, segundo Freud, era um meio imaturo de a mulher gozar. Mas o pênis não fazia Betty gozar e, quando se divorciou, insatisfeita sexualmente, já tinha 35 anos. Isso aconteceu nos anos 60, e o movimento feminista estava prestes a ganhar força. Betty se envolveu e tornou-se gay por vários anos.

Em 1973, deu início aos workshops BodySex em seu apartamento. As mulheres se reuniam, e ela as instruía sobre a sua anatomia e como se masturbar com o massageador chamado Hitachi Magic Wand. Elas abriam as pernas umas para as outras a fim de se observarem, tiravam fotos e olhavam as próprias vulvas com espelhos. Betty dizia ter lábios vaginais semelhantes ao papo de uma galinha. Elas descobriam que cada vulva era singular, como leite derramado. Viam figos, flores, orquídeas e conchas. Betty categorizou alguns tipos: a Boceta Clássica, simétrica; a Barroca, com dobras complexas; a Gótica, com arcos; e a Dinamarquesa Moderna, com linhas simples. Tudo isso era muito interessante e tal, mas, quando pensava na minha, tinha certeza de que seria diferente, bizarra e excêntrica, como um edifício de Antoni Gaudí.

Depois de anos à frente do workshop, ela aposentou-se e deu início às sessões individuais. Hoje, autointitula-se "consultora de orgasmo" e ensina técnicas de autoestimulação por 1.100 dólares a sessão, o que pode levar uma tarde inteira. É a CEO da masturbação.

Há tempos que eu precisava de alguém para me ensinar técnicas de masturbação; o tema nunca chegou a ser abordado nas minhas aulas de educação sexual. A única coisa que aprendemos na escola sobre sexo (além das conversas sobre quem estava fazendo o quê com quem nos jogos de verdade ou consequência que aconteciam no recreio – e de que eu não participava, pois não tinha maturidade o suficiente) foi como tomar conta de um saco de dois quilos de farinha, que a nossa professora de educação sexual da oitava série – na verdade, a professora de ciências – chamava de "bebês de farinha". Não era de se espantar que a minha escola tivesse alta incidência de adolescentes grávidas – todos achavam que poderiam misturar seu bebê com ovos e leite para fazer um bolo caso se cansassem dele.

Mas não culpo a professora. Ela tinha que seguir as regras: na escola havia um programa que pregava a abstinência sexual, o que não deixava muito espaço para o clitóris.

Eu brincava ansiosamente com meu caderno de anotações parada diante da porta da Betty. Talvez ainda não estivesse pronta para ela, alguém tão importante na área do orgasmo feminino.

Afinal, estava no início da minha jornada. Tentei me preparar para qualquer coisa: vibradores pulando pelo chão; móbiles fálicos ejaculando luzes coloridas; mulheres nuas deitadas em pufes comendo Cheetos e desenhando vulvas com o pó amarelo do biscoito.

Bati. Ninguém atendeu. Toquei a campainha. Ninguém atendeu.

Quando me virava para ir embora, a porta se abriu.

Preparei-se para muitos cenários, mas não este: postado no hall de entrada, estava um jovem de peitoral definido vestindo cueca e camiseta, ambas pretas e justas. Era magro e alto, tinha cabelos castanhos ondulados e usava óculos de aro fino. Os óculos descansavam sobre uma tromba bastante proeminente.

"Betty Dodson?", perguntei.

"Ah, você está aqui para a entrevista", disse ele. "Meu nome é Eric, sou assistente de Betty." Ele estendeu a mão, que apertei relutante. Você confiaria num homem só de cueca?

Isso foi tudo o que ouvi durante algum tempo. Ele disse outras coisas, mas não prestei atenção; estava ocupada demais olhando para aquele volume e imaginando se me pediriam para tirar a roupa. Que calcinha eu estava usando? Droga, era diferente do sutiã. Ele apontou para o chão, onde havia vários sapatos alinhados. Tirei os meus. Fui conduzida à sala de estar. Fiquei atordoada. Só pude captar fragmentos. Havia um tapete azul e cadeiras de plástico contra a parede. Havia um teclado ergonômico em que, prontas para a ação, pousavam as mãos de Eric. Havia o desenho de uma mulher nua, de lado, pendurado perto da janela. Havia várias joias em forma de boceta: uma boceta de jade num vaso de terracota, uma boceta de prata, um colar de contas de boceta. Havia caixas de massageadores Hitachi Magic Wand empilhadas. Uma fileira de falos de vidro sobre a lareira chamou a minha atenção. Todos tinham um gêmeo idêntico refletido no espelho atrás deles. Meus olhos varreram cada um de cima a baixo. Alguns eram longos e lisos, com estrutura bulbosa na ponta. O que mais me intrigou tinha bolinhas, quase como espinhos, ao longo do corpo e do saco escrotal transparente – um pênis-cacto. Meus pais ficariam orgulhosos.

"Sabe o que Betty costuma dizer sobre esses objetos?", perguntou Eric, examinando-me como eu os examinara.

"Não", respondi.

"Ela conta que já trepou com todos eles", disse, rindo. "É sensacional. Ela tem uma história para cada um. Quem trepou com eles. Quando treparam com eles. Onde treparam com eles."

Não era bem o meu tipo de humor, mas tentei rir conforme me afastava lentamente dele.

Nunca imaginei que um bocetão de seda vermelha seria algo capaz de me relaxar, mas foi isso o que aconteceu. Vi, na prateleira de Betty, uma Wondrous Vulva Puppet, como a que comprei de Dorrie. Comecei a voltar ao normal, possivelmente graças ao meu poder vulvalucionário latente. Em seguida, uma mulher pequena, mas parruda, saiu do quarto dos fundos com um telefone à orelha e me fez sinal para entrar. Tinha os cabelos grisalhos, vestia uma blusa preta e calças legging na altura da panturrilha.

Betty sentou-se. Eu mesma encontrei um lugar para mim diante dela. Estávamos no seu quarto. Havia apenas um computador, uma mesa, uma grande cama roxa e uma bola de Pilates no canto. Betty não é mais a Mãe da Masturbação – ela é a Avó –, mas, aos 78 anos, não parece ter mais do que sessenta. Talvez afagar a vagina seja o antídoto perfeito para o envelhecimento. Eu queria o meu orgasmo mais do que nunca.

Ela foi direto ao ponto. "Então, você quer ter um orgasmo", afirmou. "Comecei a me masturbar aos cinco anos. Lá estou eu com a mão na vagina, no clitóris e digo: 'Hum, isso é bom' e chamo de minha cosquinha. A minha mãe responde: 'Gostoso, né?'. É assim que todos deveríamos crescer, mas poucos tiveram essa oportunidade."

"Na verdade, meus pais sempre foram muito abertos", declarei.

"Ah, você é dessas", ela respondeu. "Você tinha que se opor. Eles odeiam sexo, você ama sexo. Eles amam sexo, você odeia sexo. Quantos anos você tem?"

"Tenho 26."

"Você é daquelas que demoram a desabrochar", concluiu.

Quis frear o papo com um pouco de conversa fiada, tentando criar algum tipo de conexão antes de continuar. "Também tenho uma vulva de pelúcia", eu disse, apontando para o hall. "A minha se chama Picchu."

"Ah, sim, da Dorrie", respondeu. "Elas são anatomicamente inadequadas".

Betty rolou a cadeira até o computador e colocou os óculos – eles lembravam os aros de um sutiã, dois meios círculos sustentando seus olhos. Começou a navegar por sua página na internet, muito séria, como a dra. Masturbação. Imaginei Betty aproximando um estetoscópio do meu clitóris, medindo a minha pulsação.

Decidi me abrir e contar a ela tudo o que desejava fazer. Queria escrever sobre mulheres, feminilidade e sexualidade. Achei que ela me compreenderia e até me encorajaria.

Não foi o que aconteceu. Betty era insistente, decidida e obstinada. Ela me disse que não escrevesse palavra alguma ainda.

"Primeiro o orgasmo!", exclamou. "O orgasmo é a sua base. É o alicerce para todo o resto."

Ela me fez parecer um ser inferior por nunca ter gozado. Acho que percebeu o olhar de desespero estampado no meu rosto.

"Vamos lá. Pense em alguém que nunca teve um orgasmo." Betty começou a canalizar alguém que nunca tivera um orgasmo antes. Ela andava em círculos com os pulsos moles e falava com vozinha de bebê.

"Minha sexualidade é uma incógnita para mim", choramingava. "Não tenho ideia do que seja e para todo lugar que olho é sexo, sexo, sexo. Sou tão inocente. Sou uma vítima. Sou boba. Sou mal informada. Estou totalmente por fora."

Ela voltou a se sentar.

"Mais óbvio que isso, impossível."

Estava difícil entender aonde ela queria chegar. Eu fora até ali para escolher um vibrador, não para ser arrasada.

"Aos 26 anos, você parece uma menina de quinze ou dezesseis", declarou. "Parece uma adolescente."

"Neste instante?", perguntei. "Dezesseis?"

"Você emite vibrações infantis", disse. "Você é muito pueril.

Assim que puser seu orgasmo em ação, será mulher. Mas, convenhamos, agora não passa de uma menininha."

Acho que ela estava tentando me provocar e me fazer agarrar seus consolos e baixar as calças ali mesmo. Seria mais uma história para a sua coleção. Mas mantive a calma. A honestidade dela me agradava, mas confesso que estava na defensiva.

"Sei das coisas", retruquei.

"Você é inteligente, mas não o suficiente para saber como se dar um orgasmo." Ela riu. Ela riu durante um bom tempo.

Segundo Betty, assim que tivesse meu primeiro orgasmo, minha energia se transformaria. "Sua mamãe e seu papai ficarão muito orgulhosos de você", disse ela. "Você vai ligar para eles e dizer: 'Mãe, pai, sou uma mulher ORGÁSTICA! Estou trepando com todo mundo que vejo pela frente em Nova York!'. Sacou?"

Aham.

Mas suponho que o menosprezo é só um meio de preparar o terreno pois, em seguida, ela começou a agir como o modelo masturbatório que eu tanto esperava – minha fada madrinha da masturbação. Perguntou se eu tinha namorado. Respondi que não. De acordo com Betty, isso era perfeito, pois eu precisava aprender a me amar antes que pudesse dizer a um amante como me satisfazer (já ouvira isso antes, claro, mas desta vez eu estava disposta a seguir o conselho). Segundo ela, hoje em dia muitas garotas pensam que vão se apaixonar e a coisa vai simplesmente acontecer. Acreditam que basta um pênis; se aquele for o cara certo, sua vulva vai gozar. "Nada disso é verdade", disse ela. "Você vai trepar e não vai gozar."

Tentei tirar o foco de mim por um momento. Perguntei se a nossa cultura exalta o sexo casual. Eu achava que sim. Toda vez que assistia a *Sex and the City*, invejava aquelas mulheres que podiam pular na cama com o homem que bem entendessem, tirar daquilo o que desejassem e seguir em frente. A resposta de Betty me surpreendeu.

"Quem dera nossa cultura exaltasse o sexo casual", refutou. "Até a Samantha, quando ficava bêbada, procurava o homem da vida dela. Não é a imagem de uma mulher emancipada. É a de uma mulher desesperada. Sem falar que, na vida real, ela é totalmente monógama, totalmente casada e muito, muito certinha."

"Ela não escreveu um livro sobre sexo?"

"Pois é, aí está um exemplo de o quão desfodida é a nossa cultura", disse Betty. "Uma atriz interpreta uma mulher que faz muito sexo e vira expert no assunto."

Fiquei com aquela palavra na cabeça por um tempo: desfodida, desfodida, desfodida.

Era assim que me sentia.

Sentamo-nos confortavelmente diante do computador e começamos a discutir a melhor maneira de me colocar nos eixos. De acordo com Betty, antes de mais nada, é importante fazer os exercícios de Kegel, contraindo os músculos pubococcígeos, que muitos professores de ioga chamam de assoalho pélvico. Segundo ela, são os mesmos músculos que usamos para interromper o fluxo de urina. Contraindo e relaxando esses músculos repetidas vezes, eu reduziria o risco de sofrer de incontinência urinária e aumentaria a probabilidade de satisfação sexual.

"Ninguém vai notar que está fazendo os exercícios", afirmou. "Você pode fazer no metrô e até na fila do supermercado."

Betty logo passou para questões mais técnicas de masturbação; ela contou que, depois de quatro décadas pensando e repensando a prática, concluiu que o melhor é começar com a masturbação manual e, aos poucos, passar para vibradores cada vez mais intensos.

"Depois que você se acostuma com algo, é difícil voltar atrás". Ela me mostrou, então, um pequeno aparelho, um tiquinho maior do que um aparador de pelos nasais.

"Este aqui é Water Dancer", disse ela. "Há muitas mulheres apaixonadas por ele."

Betty recomendou Dancer para começar, mas me mostrou e falou sobre outros modelos. Vimos o Passionette, que tem três velocidades e é totalmente silencioso – ótimo para alguém que divide o apartamento com outras pessoas. Em seguida, vimos o Strawberry, com três velocidades – parecia um guidão de bicicleta. Depois, topamos com um gigantesco consolo preto de borracha, o Nimbus.

"Este aqui é a mamãezona que assusta todo mundo", disse ela, dando risada. O Nimbus, mesmo em duas dimensões, me fez colocar em prática os exercícios de Kegel que acabara de aprender;

contraí meus músculos pubococcígeos com tanta força que nem o menor absorvente conseguiria passar por ali. Relaxei um pouco quando nos deparamos com um delicado aparelho amarelo.

"Este negócio não faz nada por mim", disse Betty. "Mas sou uma égua velha de guerra."

Quando não havia mais vibradores, ela apresentou minha última opção. Betty levou sua mão à boca e afirmou: "Você também pode cuspir na mão e pôr a sua patinha lá embaixo".

Ela falou que os consolos vêm depois, mas já me deu um conselho. Sugeriu que eu fosse a um supermercado e comprasse várias hortaliças fálicas: é melhor saber que tamanho encaixa melhor antes de investir em algo mais permanente. Segundo ela, a abobrinha é a hortaliça mais confiável, mas tinha um alerta a fazer com base em experiências anteriores: os olhos da mulher costumam ser maiores do que a vagina.

Perguntei se o meu orgasmo poderia variar de acordo com o aparelho que usasse.

"Querida, um orgasmo é um orgasmo. Todo esse negócio de maior, melhor, descomunal – tenha dó, esse é o mito americano. Concentre-se em ter um orgasmo!"

Betty subiu em cima da mesa e começou a tirar DVDs da prateleira, alguns feitos por ela. Empilhou quatro nos meus braços – *Selfloving*, vídeo de um dos workshops BodySex; *Celebrating Orgasm*, que mostra suas sessões particulares; *Orgasmic Women*, com treze estilos diferentes de masturbação feminina; e *Viva La Vulva*, uma espécie de apresentação audiovisual genital.

Quando voltou para a cadeira, fechou o computador e olhou para mim. "Dê um nome para a sua boceta", aconselhou. "A minha se chama Clitty Anne. Meu nome é Betty Anne, logo: Clitty Anne."

"O meu é Mara Rose."

"Clitty Rose", disse ela. "Nada mal. Clitty Rose, gosto desse nome!"

Levantamos e ela me deu uma palmadinha. "Clitty Rose."

Eu estava eufórica. A Mãe da Masturbação acabara de apelidar a minha boceta. Senti que ela havia me acolhido como discípula.

Perguntei se ainda fazia sexo e se tinha dicas para me dar. Ela disse que sua vida é sexo, seu trabalho é sexo, e que isso geralmente é suficiente para satisfazê-la. Caso contrário, ela tem o Eric. "Moro com esse lindo jovem e ele está sempre disponível quando quero."

Não podia acreditar. Meus circuitos estavam tão sobrecarregados que não consegui abrir a boca.

Ela me deu outra palmada, encaminhando-me para a sala de estar. Nosso tempo tinha acabado. Avistei mais uma vez os consolos em cima da lareira e, assim que o fiz, ela começou sua história.

"Já ouviu a piada que costumo contar?", perguntou, mas não me deu tempo de responder que sim. "Fiz sexo com cada um desses aí."

Não sabia o que dizer e acabei perguntando se ela os lavava depois. Assim que a pergunta saiu da minha boca, senti, mais do que nunca, como se tivesse dezesseis anos.

"Não. Deixo neles todo o suco de boceta que é para você poder cheirar." Maliciosa como uma irmã mais velha, ela me deu um empurrãozinho na direção da lareira. "Vá lá, cheire!" Ela dava gargalhadas.

Betty foi cruel, mas era por amor. Sabia que estava do meu lado. Betty me levou até a porta e passou meu dever de casa. Tinha que assistir aos DVDs e examinar meu corpo e todos os detalhes da Clitty Rose com um espelho.

"Você precisa conhecê-la", advertiu.

Ela disse que a única maneira errada de se masturbar era ficar frustrada enquanto o fazia – isso leva tempo.

"Não transforme isso numa tarefa. Faça com a frequência que puder", sugeriu. "Não faço nada diariamente, exceto cagar, comer e dormir."

Caso seus conselhos não surtissem efeito, ela ofereceria seus serviços como parceira sexual substituta – e os de Eric também. Isso me assustou mais do que o Nimbus, talvez porque Eric estivesse sentado bem ao meu lado, sorrindo.

Enquanto saía pela porta, ela bradava: "Vá lá e me deixe orgulhosa! Não esqueça: se quer algo bem feito, faça você mesma!".

Programada, desprogramada e programada de novo

Depois que cheguei da Índia, não podia voltar. Não sabia como encararia Rafiq. Ele acabou se tornando uma distração. Todo dia me estressava pensando na reportagem que estava escrevendo ou na que tinha de escrever, e ele procurava me acalmar. "Você está tentando correr mais do que as pernas", dizia. "Mantenha o ritmo, assim você aguenta mais tempo." Mas eu não queria manter o ritmo, queria ir mais alto, mais rápido, mais longe. Eu não podia voltar, já estivera lá. Tinha que seguir em frente. Tinha que progredir.

Eu me inscrevera no mestrado em jornalismo da Universidade de Colúmbia e, enquanto esperava pela resposta, mudei a passagem de volta à Índia para que pudesse ir ao Peru. Meus amigos da Espanha, aqueles que amaram o vibrador Saturno, haviam me dito que Cusco era o lugar mais mágico do planeta. Precisava de um pouco de magia para me ajudar com as minhas ambições. Planejava viver como eremita numa cabana na montanha e escrever meu primeiro romance. Não queria nada que pudesse me distrair, nenhuma tribulação romântica. Comecei a escrever as primeiras páginas antes de partir. O livro seria sobre uma garota que tivera de abandonar o amor para expandir seus horizontes.

Meus amigos, especialmente Fiona, me diziam que eu estava fugindo de alguma coisa. Eu respondia que aquele papo de fuga não passava de um chavão cinematográfico. Não estava fugindo de nada. Estava buscando algo. Estava vivendo.

No início de 2004, aos 22 anos, pousei em Cusco, uma pequena cidade andina com mais de três mil anos de história. Serve de base para viajantes a caminho de Machu Picchu. A cidade fica nas montanhas, mais de três mil metros acima do nível do mar. Para impedir que meu cérebro saísse pelas orelhas, tomava uma xícara atrás da outra de chá de coca, que é feito com a mesma planta que a cocaína. O chá ajuda a prevenir o mal de altitude. O povo nativo mastigava a folha de coca quase que religiosamente. Para os já aclimatados, essa folha retardava a fome e agia como um estimulante tipo o café. Depois de um tempo, eles cuspiam as folhas no que pareciam ser montes de esterco em miniatura. Aluguei uma casinha na lateral de uma montanha. Certa vez, contei: precisava subir cerca de duzentos degraus e uma ladeira íngreme para chegar da praça central até a porta de casa. Minha bunda ficou tão dura que desafiava a gravidade e ficava cada vez mais empinada.

Comecei escrevendo de seis a dez horas por dia e mal olhava à minha volta. Só me permitia sair para comprar mantimentos. Depois de aproximadamente três semanas nessa rotina, esbarrei com um grupo de jovens argentinos que moravam na cidade há alguns meses. Meu espanhol era aceitável, então bati um papo com eles.

Paco, Carlos e George haviam se mudado para Cusco em busca de uma oportunidade. Na Argentina, não conseguiam arranjar emprego. O país passara por uma crise econômica poucos anos antes, e a questão que atormentava muitos jovens não era o que fazer quando crescer, mas o que havia disponível nos classificados.

Ao longo da semana seguinte, os argentinos passavam pela minha casa constantemente. Eles me faziam sair da cadeira e riam de mim por trabalhar enquanto o sol brilhava. Queriam saber qual o sentido de trabalhar se eu não me divertia. Respondi a eles que trabalho era diversão. Concluíram que aquilo que ouviram acerca dos americanos devia ser verdade: *americanos vivem para trabalhar.*

Os três me convidaram a participar do seu mundo por um dia.

Atuaram como meus guias particulares. Sentamos em círculo, e eles me ensinaram a tomar erva-mate, um chá de folhas soltas que se bebe num vasilhame feito do fruto seco da cuieira. A cuia fazia parte dos rapazes como qualquer outra extremidade do seu corpo. Tomar o mate era um ritual social, mas também um bom estimulante. Sentávamos e conversávamos durante horas enquanto Paco despejava a água, reabastecendo a cuia conforme ela passava de mão em mão – todos sorvendo o líquido do mesmo canudo de metal. Meus novos amigos me falaram a respeito dos *breecheros*, pessoas do local que frequentam bares na esperança de encontrar um estrangeiro ou estrangeira com quem passar a noite. O principal objetivo era arranjar um meio de sair do país; outra boa possibilidade era fugir com a carteira cheia de dinheiro. Eles me levaram para as ruínas de um templo atrás da minha casa com nada além das estrelas e o som de uma flauta para nos guiar. Enquanto Carlos tocava de leve a minha mão, fizemos oferendas de penas e pétalas para os deuses e deusas incas.

Tentei voltar ao trabalho, mas a cada dia que passava ficava mais tentada a encontrá-los. Quando saíamos para explorar o mercado local, amaldiçoava a minha bunda; ela parecia querer andar na frente dos rapazes e chamar sua atenção. Minhas mãos também eram perversas; não paravam de brincar com os meus cabelos, insistindo em balançá-los sobre meus ombros e colocá-los atrás da minha orelha, todas faceiras. Cada uma das partes do meu corpo estava tentando me sabotar.

Certo dia, subimos até o topo de uma montanha com um xamã. A chuva caía fina. Nós nos instalamos numa barraca e começamos a beber um líquido feito com um cacto alucinógeno conhecido como San Pedro. Supostamente, não estávamos fazendo aquilo pela "viagem", mas pela "iluminação do espírito". Segundo a tradição, os andinos usam a planta para a cura espiritual. A droga não fez efeito, mas meu espírito ficou bastante iluminado quando Carlos começou a acariciar meus pés com os dele dentro da barraca.

Não voltei a escrever depois disso; minha personagem principal permaneceu inalterada, uma garota sem amor ou autoconhecimento, pois Carlos desviara minhas energias. O que eu podia fazer? Estava ocupada demais traduzindo seus cílios: eram tão longos que, quando ele piscava de uma determinada maneira, eles comunicavam tanto quanto as suas mãos, que se debatiam como as de um italiano ao falar. Depois do peso da Índia, ele aliviou o meu fardo. Em vez de exercer o papel de noiva, assistia ao Carlos ficar doidão e preparar tonéis de cozido para quem tivesse coragem de experimentar a sua gororoba.

Carlos e eu não perdemos tempo. Tudo indicava que ele só sabia duas jogadas: beijar e trepar.

Sabe quando você está conversando com alguém sobre trivialidades insípidas e, sem querer, ouve trechos de um papo extremamente picante? Você quer virar para o lado e prestar atenção na conversa alheia, mas não pode porque seria descortês. O sexo se tornara isso para mim. Era como se estivesse presa a uma discussão interna marcada por tolices monótonas e mundanas, mas não pudesse evitar a distração com fragmentos da conversa picante que rolava na minha região pélvica. Eu não sabia como me interromper para participar plenamente da discussão lá embaixo.

Estou certa de que Carlos teria topado se eu tivesse dito o que queria, mas, até aquele momento, eu ainda não tinha parado para pensar sobre o que me excitava. Além disso, já é difícil dizer as coisas certas em inglês, que dirá expressar meus desejos em espanhol. Sexualmente, era preguiçosa. Em vez de encontrar meios de me esquivar, como tinha feito com outros namorados, ou guiá-lo, como tinha feito com Rafiq, estava satisfeita em ficar lá deitada, deixando que Carlos se divertisse. Passei a pensar na minha vulva como um buraco. Os pelos e o que mais tivesse lá embaixo eram apenas adereços do fosso.

Aprendi a definir o prazer com base na proximidade entre mim e o meu amante, não por espasmos e formigamentos ou pelo revirar dos meus olhos. Quanto a Carlos, nunca notou coisa alguma. Estava ocupado demais se divertindo.

Nós dois sempre nos falávamos em espanhol. Eu estava no lugar de Rafiq, na total dependência de outra pessoa que me ajudasse a compreender longas sequências de verbos conjugados, que provavelmente estudei, mas já esquecera há tempos. Embora tenha sido frustrante no início, descobri que uma nova língua me permitia assumir uma persona diferente. Nada parecia tão sério numa língua que eu mal conhecia. Desliguei-me da ambição incontrolável e me senti livre fazendo absolutamente nada. Comecei a tingir e vender camisetas. Passava o resto do meu tempo trabalhando por cinquenta centavos a hora num café chamado Pi, a cerca de oitenta degraus da minha casa.

Lá conheci um cliente chamado Noam. Estava sempre na estrada, viajando pelo mundo a trabalho, mas a casa dele ficava nos Estados Unidos. Eu preparava seus expressos a passos de formiga enquanto conversávamos sobre tudo, desde a destruição da Amazônia até a melhor barraquinha de sucos da feira local. (Eu evitava a barraquinha em que testículos de boi recém-cortados ficavam pendurados sobre o recipiente de água.) A voz de Noam era tão profunda que dava a impressão de fazer as xícaras de café tilintarem, mas era também tão gentil que chegava a me arrepiar as costas. Certa vez, nossa atração fez com que nos aproximássemos inconscientemente. Nossos lábios estavam prestes a se tocar quando fomos interrompidos por uma procissão; uma multidão carregava pela rua uma estátua de Jesus crucificado. A imagem de Jesus ensanguentado me lembrou pecado, e pecado me lembrou que a boca que se achegava era a boca errada. Eu estava namorando Carlos. Nossos lábios logo se afastaram. Embora nunca tenhamos passado disso, tinha a sensação de que nossos caminhos se cruzariam mais adiante.

Depois de quatro meses no Peru, estava completamente satisfeita com a minha rotina diária. Preparava expressos, comia *choclo con queso* (milho e queijo) na praça, vivia com dor de estômago por causa da *chicha* (bebida fermentada de milho) e fazia banquetes de guacamole com as gigantescas *paltas* (abacate) peruanas. As atividades humanas essenciais – comer, dançar, dormir e trepar – tornaram-se as mais importantes, pois não havia nenhum tipo de pressão externa determinando que o nosso valor estava exclusivamente associado às nossas realizações. Naquela cidadezinha, parecia que ninguém era melhor ou pior do que ninguém, desde que fosse uma boa pessoa. De certa forma, perdi toda a vontade de progredir na vida. Passei a acreditar que, na verdade, progredir talvez fosse regredir; altos salários e cargos não significavam nada se você não pudesse ser feliz. Foi então que, certo dia, enquanto servia um latte, meus pais ligaram para dizer que eu tinha sido aceita no mestrado em jornalismo. Hesitei. Talvez não quisesse mais aquilo. Nunca fora tão despreocupada.

Decidi que o mestrado em jornalismo não era mais para mim.

"Você está de brincadeira comigo?", perguntou a minha mãe.

Com isso, com essas simples palavrinhas, fui reprogramada. Imediatamente voltei ao padrão americano, em que o título ou os dígitos de um salário são referenciais de sucesso. Arrumei as malas e dei uma de imperialista para cima de Carlos, impondo meus ideais. Afirmei que o que era melhor para mim – voltar para a escola – também era o melhor para ele. Eu o coagi a voltar para a Argentina e matricular-se numa universidade. Viajamos de ônibus durante dois dias para chegar a Buenos Aires. Ficamos num pequeno apartamento com o pai de Carlos, que perdera tudo – uma casa enorme, o dinheiro destinado à faculdade dos filhos – com a crise econômica.

Fiquei duas semanas por lá. Carlos me levou para conhecer a cidade, mas a maior parte do tempo ficamos no apartamento ouvindo música e tomando mate – mate com leite, mate com casca de laranja, mate com um pingo de expresso. Conforme o dia de partir se aproximava, mais nos aproximávamos. Coisas que eu nunca poderia dizer na minha língua – eu te amo – podia dizer em espanhol – *te quiero* –, pois era como se vivesse num mundo de fantasia, como se tudo fosse perder a validade depois que eu voltasse para casa. Em inglês, as palavras estavam muito carregadas de significados, mas em espanhol estavam livres de carga emocional prévia.

Quando parti, chorei uma poça no casaco de Carlos. Lágrimas pendiam dos seus cílios, mas eu estava determinada a levar a vida a sério novamente. Fiquei decepcionada comigo pelo pouco que alcancei enquanto estive fora.

Asas de morcego

Vivemos juntas mais de um quarto de século, eu e minha vulva, mas nunca olhei diretamente para ela. Betty e todos os livros que ensinam a ter um orgasmo diziam que examiná-la é o primeiro passo. É impressionante como é fácil evitar uma parte do próprio corpo. Talvez eu possa pôr a culpa disso na evolução. Já reparou que todos os orifícios do corpo estão estrategicamente localizados de maneira a ser quase impossível observá-los diretamente? Os homens praticamente nascem com um pau na mão, mas imagine as mulheres das cavernas. Se quisessem ver qualquer coisa, tinham que olhar para o reflexo da sua boceta no lago.

Quem sabe, se eu tivesse nascido na China do século II – quando a perseguida tinha apelidos tão lisonjeiros como "Terraço da Joia", "Lotus Dourado" e "Botão de Peônia Aberto" –, talvez soubesse lidar melhor com as coisas. Mas, poxa, as meninas americanas crescem brincando com Barbies, que não têm nadinha "lá embaixo". A Barbie não tem lábios vaginais, mamilos nem os desalinhados pelos púbicos. Ela nunca vai soltar inoportunos gases vaginais ou exalar qualquer cheiro que não seja de polietileno fresco, e Ken nunca ficará com um pelo público preso entre os dentes.

Precisava de algumas ferramentas para a minha inspeção: uma banheira de espuma, algumas velas para criar o clima e um espelho. Queria que o momento fosse especial.

Pulei na banheira. As bolhas de sabão estalavam nas minhas orelhas e a espuma entrava pelas minhas narinas. O objetivo do banho era me relaxar para que pudesse conhecer meu corpo e me preparar para o escrutínio. Não me importava de ficar pelada, só não tinha o hábito de olhar para *lá*. Passei uma aguinha, dei uma esfregadinha e pronto, lá estava eu de volta a ensaboar as extremidades. Tentei me concentrar, mas, como acontece com o sexo, comecei a divagar sobre temas irrelevantes, como a capacidade de penetração da radiação Wi-Fi em banheiras de louça.

Sequei-me com a toalha. Passei um cotonete atrás do outro até que meus canais auditivos ficaram esfolados (sei que isso faz mal, mas é tão gostoso). Fui até meu quarto e fiquei de pé sobre o cobertor. Olhei para meu reflexo da cabeça aos pés. Não sabia o que tinha acontecido; estava habituada a ficar nua o tempo todo.

Antes de eu fazer dez anos, minha família estava quase sempre nua. Era como se vivêssemos em uma minicolônia nudista, nadando nus, lendo nus, assistindo à TV nus e jogando Ludo ou Lig 4 nus. Meus pais não acreditavam nem em pijamas, eram especialmente contra o uso de roupas de baixo na hora de dormir. Para eles, essa era uma conspiração da indústria de roupas íntimas. O elástico podia cortar a circulação do sangue até o cérebro em desenvolvimento.

Mesmo mais velha, era conhecida por nadar nua de vez em quando. É bem provável que existam fotos minhas em algum lugar – tomara que não reveladas – coreografando a construção de uma pirâmide formada pelos corpos nus de amigos meus. O problema só acontece quando há intimidade. Quando o nudismo ocorre em massa, os corpos nus não passam de camadas de pele. Já quando duas pessoas interagem, ou quando estou sozinha, ele adquire outro significado.

Dei uma volta de 180 graus em frente ao espelho para me avaliar. Meu problema estaria resolvido se eu fosse apenas um par de nádegas andando pela cidade, pois fico orgulhosa quando olho para a minha bunda. *Eu fiz isso!* Lamentavelmente, porém, estou conectada a extremidades problemáticas de todo tipo.

Meus peitos são pequenos demais. Quando era mais nova, aventei a hipótese de que os seios fossem como os peixes e crescessem de acordo com o aquário. Mas acabei atinando que nunca passaria de uma garota com peitos pequenos usando sutiãs com enchimento. Minhas bochechas são muito grandes; um convite a beliscões. Gostaria de ser mais curvilínea entre os ombros e os quadris. Algo um pouco mais côncavo do esterno até a cintura cairia bem. Gostaria também que meus bíceps fossem mais finos do que os meus antebraços e que estes tivessem a metade da espessura que têm. Minhas pernas são tão deformadas que parecem jiboias enquanto digerem um porquinho-da-índia.

Em suma, gostaria de me cortar ao meio e enfiar os restos dentro do sutiã.

Quer ouvir uma coisa realmente deprimente? Fiona e eu furamos os mamilos quando tínhamos dezoito anos. Tirei os piercings há alguns anos, mas os pobrezinhos nunca voltaram à forma anterior. (Meu medo é que, se algum dia decidir procriar, o leite das duas torneiras extras afogue minha prole ou transforme meus bebês em pedaços de carne obesos e diabéticos.)

Há ainda o fato de que tenho mamas peludas. Você sabe do que estou falando – não tenho uma juba de leão nem nada, só um pouquinho de pelo ao redor do mamilo. Fiquei traumatizada ao ouvir *Loveline** certa noite. Adam Carolla** recebeu a ligação de um homem horrível que deplorava os fios de cabelo no mamilo da namorada. Sei que somos mamíferos. Sei também que mamíferos têm pelos, mas por alguma razão são um problema sério na mulher. À noite, a cada duas quartas-feiras, arranco religiosamente os meus cinco fios de cabelo (tá bom, seis), amaldiçoando-os enquanto caem no chão.

Realizei meus testes de gordura: arqueei as costas para ver quantas dobras se formavam. Apenas uma: aceitável. Examinei a região entre os meus parcos seios e as minhas axilas para saber se peitos intermediários de gordura estavam se desenvolvendo. Com as duas mãos, apertei e soltei rapidamente a gordura da minha barriga. Essa não foi uma boa ideia.

Chegara a hora de avaliar a dita cuja, de entender o porquê de todo aquele estardalhaço floral. Afastei os grandes lábios com o indicador e o polegar.

Olhei.

Em seguida, olhei para o meu rosto no espelho.

---

* Programa de rádio que, além de dar conselhos médicos e amorosos, transmite ao vivo ligações de ouvintes. (N.T.)

** Apresentador do programa entre outubro de 1995 e novembro de 2005. (N.T.)

Eu conhecia aquela expressão. Foi assim que fiquei quando fui ao banheiro vomitar depois de descobrir que os tacos de uma das festas no viveiro dos meus pais foram feitos com Bob, porquinho de estimação do meu irmão.

Não, não. Aquilo definitivamente não era normal. Tinha alguma coisa errada com a Clitty Rose. Não se parecia nada com uma flor. Não se parecia com uma concha. Não se parecia com um figo. Não era nem Grega Moderna nem Árabe Chique. Depois de ver a Clitty Rose, entendi por que não dera muita atenção a ela. Como Georgia O'Keefe conseguiu escapar impune das suas representações da genitália? Sua estética floral dos lábios vaginais dominara a simbologia vulvar por mais de meio século, e por isso aqui?

Todo esse papo de flor não passa de propaganda feminista.

Por que a gente não chama a coisa pelo seu verdadeiro nome: um morcego do avesso voando para trás.

Um ano em Bangcoc faz uma inorgástica esquecer que tem perereca

Depois do Peru, minha região pélvica não teve nem um momento de diversão durante um ano inteiro. Eu estava ocupada demais com o mestrado em jornalismo na Columbia e empenhada em progredir na vida. Acredito que se tivesse me dado ao trabalho de espiar entre as minhas pernas naquela época, minha feminilidade teria atrofiado, quase esmorecido. Quando me formei, não tive tempo nem para pensar em trepar. Parti imediatamente para Bangcoc, na Tailândia, onde trabalharia como repórter.

O ano seguinte conseguiu acabar totalmente com qualquer possibilidade de orgasmo – e não foi só porque não fiz sexo. Regredi sexualmente em Bangcoc. A cidade é louca. Talvez não seja louca; talvez tenha apenas me deixado louca. De qualquer forma, descobri que muitos dos estereótipos e rumores de que ouvimos falar acerca de Bangcoc são verdadeiros, o que me obrigou a passar um ano inteiro na secura, me deixou assexuada e me fez pagar por contato humano.

Não demorei muito a sacar que meu 24º ano de vida seria solitário. Meu editor era de Nova York. Ele dirigira uma revista nos Estados Unidos durante dois anos. Reza a lenda que vivera numa cabana em um parque nacional havaiano fumando Maui Wowie durante sete anos antes de se mudar para Bangcoc. Sua esposa tailandesa abandonou-o para ir para o Ocidente. Ele queria continuar no Oriente. Estava ocupado procurando outra mulher tailandesa para ocupar o lugar da anterior. Perguntei por que tailandesa. "Mulheres tailandesas são mais divertidas!", exclamou. Outro homem, que estava no país há 27 anos, concordou na hora: "Ah, é. Muito mais divertidas!". (Em minhas viagens, descobri que existem dois tipos de pessoa que deixam seu país de origem: as aventureiras e aquelas que não se encaixam no lugar de onde vieram. Deixarei que você conclua que tipo mais encontrei.)

Mais divertidas? Mais divertidas do que uma judia americana de um metro e meio?

Pelo menos os monges que andavam pela cidade de cabeça raspada e manto alaranjado viam a todas nós da mesma forma – não tinham permissão para tocar em nenhuma. Não importava a cor, o credo ou o país de origem, bastava ter uma vagina para ser considerada suja.

A Tailândia tem orgulho do seu legado. É o único país asiático que nunca foi colonizado. Os tailandeses dizem que adoram *sanuk*, diversão, acima de tudo. Se não é *sanuk*, é perda de tempo. O país é também a "terra dos sorrisos"; é o que dizem em todos os comerciais de turismo. Eles passaram a promover esse slogan de modo mais enfático depois do tsunami: sorrimos mesmo quando ocorre uma tragédia generalizada. E é verdade. O sorriso é a expressão facial padrão, mas um sorriso pode significar muitas coisas – pense nas inúmeras palavras que os esquimós supostamente têm para neve. Quando me lancei para abraçar a tradutora que me ajudara com a minha primeira reportagem, ela deu um salto tão grande para trás que quase foi atropelada por um *tuk tuk* desgovernado. Descobri que o contato físico é inaceitável, a não ser que você pague por ele. Em lugar disso, o *wai*, uma discreta reverência, é a maneira apropriada de agradecer.

Eu tinha dificuldade em fazer amigos. Muitos repórteres do jornal já tinham estabelecido uma vida por lá, e alguns dos novos repórteres estrangeiros já tinham formado casais entre si. Uma garota cuja situação era similar à minha – solteira, branca, mulher – estava tão feliz e era sempre tão meiga que, toda vez que falava com ela, me transformava numa versão plastificada de mim mesma para garantir que não acabaria com a festa dela. Ela durou três meses antes de voltar para casa. (Eu também carregava uma bolsa amarela de Oaxaca que fedia como um animal molhado toda vez que ficava úmida. Isso não deve ter contribuído muito para as minhas amizades, já que chovia muito.) Quanto a mim, colocava cada molécula do meu corpo no trabalho. É isso o que faço melhor, creio eu.

Quando o toque era uma impossibilidade, era toque o que eu queria. O único contato epidérmico que experimentei durante semanas a fio foram as minhas coxas grudando uma na outra por causa da umidade. Eu precisava de algum toque que não fosse consequência das minhas pelancas de gordura. Uma possibilidade era encostar-me discretamente em um dos homens que dirigiam os mototáxis, o que era divertido na sua imprudência – por pouco esses motoristas conseguiam desviar de outros veículos em meio ao engarrafamento. Mas cada viagem também injetava no meu sistema respiratório fumaça correspondente a dois maços de cigarro – a poluição dos canos de descarga dos ônibus se estendia e lambia o transeunte como uma enorme língua quente.

Uma massagem tailandesa, pensei eu, seria a maneira perfeita de obter algum contato físico. Fui a um estabelecimento bem ao lado do meu apartamento. Um cartaz dizia: sinuca, caraoquê e massagem tailandesa. No interior, havia uma enorme janela; atrás dela, um grupo de garotas animadas jogava cartas. Todas usavam calças que pareciam ter sido pintadas no corpo. A pele delas parecia bronzeada e macia como a de mulheres photoshopadas em um anúncio da Neutrogena. A situação era peculiar. Meu cérebro latejava igualzinho a quando colei na prova de espanhol no ensino fundamental – era como se estivesse com medo de ser pega fazendo algo errado. Mas eu ainda não sabia como a coisa funcionava, por isso não queria julgar. Escolhi a garota com o número oito preso à blusa e todos comemoraram – sorrisos de todos os tipos abundavam. Em um quartinho bolorento, ela subiu em mim como se fosse um trepa-trepa. Quando ficou de pé nas minhas coxas, levantou o meu tórax puxando os meus braços e me torceu para a esquerda até que as minhas costas estalassem pelo menos dez vezes, comecei a entender o fetiche dos homens pelas mulheres tailandesas. Ela esperou na cabeceira da cama até que me vestisse. Por que não ia embora? Virei de costas enquanto colocava a blusa. Ela riu. Reagi a toda aquela felicidade com um sorriso de desprezo; eu queria privacidade. Depois, perguntei a um colega o que tinha sido aquilo.

"Elas tinham números? Você selecionou sua massagista por

uma janela?" Em seguida, ele esclareceu: "É bem provável que ela estivesse esperando para ver se você queria um final feliz. Aquilo era um bordel."

"Ah, é claro!", respondi. Foi aí que me dei conta da indústria do sexo.

É possível que a minha visão de Bangcoc dissesse mais sobre mim do que sobre o lugar. Quando não estava trabalhando, sentia-me atraída pelo lado sórdido de Bangcoc. Como olhar para o vaso depois de uma boa cagada, o comércio sexual era ao mesmo tempo fascinante e repulsivo para mim. Eu ia para Soi Nana e Patpong, as duas regiões mais famosas pela prostituição e pelos bares de striptease da cidade. Havia outras atividades disponíveis – poderia ir a museus, shoppings ou parques –, mas minha fascinação perversa me atraía, e minha repulsa não me deixava sair de lá. Eu acreditava que a indústria do sexo comandava o cérebro de todos. Na verdade, comandava o meu. Eu estava numa espiral descendente. Num lugar repleto de orgasmos, nunca estive tão distante dele.

Quando via mulheres reduzidas a mercadoria, a pedaços de carne, a algo que se compra com os trocados que sobram depois de uma noite de bebedeira, a prática confirmava tudo o que temia ser verdade. Os homens não queriam uma cabeça pensante, não queriam uma companheira. Queriam uma fêmea que pudessem comprar, controlar e reduzir ao seu bel-prazer. Lá, os homens enfim se sentiam como reis do pedaço, pois podiam comprar uma jovem atraente pelo preço de um McLanche Feliz. Fiquei muito, muito cansada das histórias que ouvia. Um homem que mantinha relações com uma tailandesa enquanto sua família estava nos Estados Unidos, por exemplo.

Quando o homem tocava a mulher, a personalidade dela não importava mais; ela desaparecia e se transformava num corpo vazio. Quanto mais via homens interagindo e fazendo negócios para fins puramente físicos, mais me desligava do meu próprio corpo e transferia todo o meu ser para a minha mente. Zelava pela minha segurança. Tornei-me um cérebro conservado em pote de vidro.

Sei que as pessoas podem se dar mal por causa dessas generalizações radicais. Em Bangcoc, conheci casais multirraciais que se amavam de verdade, e não porque um dos dois tivesse sido comprado. Um amigo também me contou que sua namorada tailandesa fora assediada por outro homem bem na frente dele; este cara acreditava que todas as tailandesas que acompanhavam homens brancos eram prostitutas.

Bangcoc era o oposto da Índia; eu era invisível para todos os homens como um fiapo na meia de alguém. Era atrás das mulheres tailandesas que todos iam. Eu era tão ignorada que comecei a esquecer que era uma mulher. Toda a vida, entendera a minha feminilidade como algo natural – na Índia, cheguei a tentar escondê-la –, mas em Bangcoc ela começou a parecer transitória, como uma tênue camada de perfume acidentalmente removida no banho. Boa parte da minha identidade era construída com base nas reações alheias a mim. Sentia saudades de momentos que antes odiava, das manifestações objetificantes quando um cara qualquer na rua dava risadinhas sarcásticas, emitia sons desagradáveis com a boca, fazia comentários obscenos ou jogava beijinhos. Quando isso acontecia, pelo menos eu sabia que existia.

Não ajudava em nada o fato de os tailandeses frequentemente se dirigirem à mulher como "senhor". Não era culpa deles, foi assim que os pronomes de tratamento acabaram traduzidos, mas não conseguia evitar a frustração. Quando os ameaçava com dentes à mostra e gritava: "Eu não sou um SENHOR!", eles me davam um dos sorrisos do repertório, aquele que dizia: *Tire essa farang maluca da minha frente*. "É senhora! SENHORA! Veja se aprende!" Se eu tivesse colhões, teria baixado as calças e exibido a minha pererequinha bem ali. (Espera, tem alguma coisa errada – colhões, pererequinha –, mas você entendeu.)

Todas as mulheres eram tão pequenas que, mesmo sendo baixa para os padrões americanos, me sentia o King Kong em meio a um bando de Pequenos Pôneis. Quando revirava as lojas atrás de roupas, os donos me olhavam de cima a baixo e, com um sorriso e um olhar de não-se-atreva-a-alargar-isso-aí, exclamavam: "Não grande!". Acabei ficando levemente anoréxica durante um ano. Nutria-me ao perambular pela cidade inalando o vapor das frigideiras, que chiavam com verduras e alho, e o cheiro de pimentas frescas socadas num pilão, que queimava tanto as minhas narinas quanto o pujante odor de urina na Índia. Não se engane como eu: deixar de comer não transforma sua estrutura óssea de europeia ocidental robusta com ares de camponesa em algo mais esbelto; só faz com que perca cabelo.

Vou contar sobre uma das poucas vezes em que um homem me deu uma cantada naquele ano. Fui a um show de sexo entre homens com um amigo gay tailandês. Era a única mulher na plateia composta de homens histéricos. Os rapazes subiram ao palco vestindo calças apertadas, todas em cores vibrantes como extravagantes luzes de natal. Levavam números pregados perto da virilha e desfilaram exibindo sua "protuberância" antes de começarem as verdadeiras acrobacias, que incluíam contorções sexuais que eu nunca poderia compreender, mesmo que sodomia fosse o tema da minha tese de mestrado. Depois do show, os rapazes tailandeses, cuja renda provinha sobretudo do sexo com os espectadores gays, desceram empolgados do palco para me cumprimentar – eu, sua única chance de conseguir uma garota. Por mais estranho que pareça, suas investidas, ainda que apenas por dinheiro, foram curiosamente lisonjeiras àquela altura. Mas tive que recusar a oportunidade. Pode me chamar de careta, mas não quero uma doença venérea. Em vez disso, continuei com as minhas massagens semanais para dar conta da minha cota de contato físico. Encontrara um outro lugar, em que a luz era forte e as mulheres não tinham números pregados na calça.

Enquanto estava na Tailândia, Fiona veio me visitar. Nós duas estávamos passando por momentos difíceis. Ela acabara de terminar um relacionamento e estava de namorado novo. Mas o problema era com seus agentes em Nova York: disseram que ela precisava se livrar das bochechas de querubim. Aparentemente, diretores de elenco não estavam à procura de atrizes para interpretar mocinhas ingênuas cujo rosto não tivesse uma cratera de cada lado. Ela não sabia como proceder, já que não existe um meio de fazer dieta do pescoço para cima e o resto do seu corpo já era suficientemente gracioso para os padrões alheios. Ao mesmo tempo em que eu passava fome e ela malhava, refletíamos sobre o absurdo das normas e pressões culturais, que tratam a magreza como coisa divina. Ela decidiu eliminar da sua vida os agentes, junto com aquele último namorado.

Logo que Fiona foi embora, cansei de tentar lutar contra o que parecia ser a atitude preponderante; distanciei-me da situação e passei a olhar tudo como se fosse uma comédia do absurdo. Foi então que, finalmente, fiz dois amigos: Gavin, da Inglaterra, e Pete, dos Estados Unidos. Ambos exibiam o comportamento que eu odiava e temia, mas àquela altura me tornara imune a tudo. Joguei a toalha. Decidi participar. Recusava-me a deixar que aquilo continuasse a me afetar.

Eu ia aos bares de striptease com Gavin e Pete. Cavalgávamos o touro mecânico tomando cerveja. Víamos mulheres que abriam garrafas e atiravam bolinhas de pingue-pongue ou dardos com a vulva. É claro que eu ficava indignada, especialmente quando a bolinha vinha na minha direção. Mas, inevitavelmente, pensava se as coisas não seriam diferentes caso eu tivesse coragem de enfiar uma daquelas bolinhas Lá Dentro e reunisse bastante força nos músculos pubococcígeos para lançá-la no ar.

Tanto Gavin quanto Pete eram professores e me deram a oportunidade de conhecer o mundo masculino dos expatriados. Frequentemente procuravam prostitutas após uma noitada. Depois de anos na Tailândia, estavam anestesiados, e pagar era a norma. Quando encontrávamos amigos deles nos bares, podíamos chegar num momento em que alguém dizia: "...e foi assim que decidi nunca mais transar com um transexual". Eles contavam como faziam testes de clamídia (que frequentemente davam positivo) à moda antiga, introduzindo um cotonete na cabeça do pênis. Depois, saíamos para beber cerveja e aliviar a dor.

Gavin queria voltar para a Inglaterra, mas temia o que as pessoas diriam. Se contasse que vivera em Bangcoc por três anos, sabia o que iam pensar. Eu não podia discordar.

"Mas não quero que pensem isso", disse ele. "Como vou conseguir uma namorada?"

Perguntei por que fazia aquilo, então. "É muito fácil", respondeu. "Recebemos tudo de bandeja."

Meus irmãos vieram me visitar por uma semana. Sem pestanejar, pedi a Gavin e a Pete que fizessem uma excursão conosco pelos melhores bares de dança exótica. Havia também palácios, o famoso buda reclinado e museus, mas não: eu começara a pensar que homem só queria saber de mulher. Fomos a uma boate em que as mulheres dançavam de uniforme escolar e sem calcinha sobre um teto transparente. Sempre que se esfregavam contra a superfície, todos que estavam no primeiro andar passavam a conhecê-las muito bem. Uma das dançarinas ficou especialmente encantada pelo meu irmão, e comecei a encorajá-los. Dizia a ele que podia ficar com o meu apartamento aquela noite. Tinha pirado totalmente. Achava que só assim ele se divertiria.

"Mara, qual é o seu problema?", perguntou. "Você está me assustando."

Nesse meio tempo, Fiona ligou para contar que terminara com outro namorado e estava agora com Pedro. Ele gostava até de comida crua, a nova onda da Fiona. Ela ia se casar com ele depois de dois meses juntos.

Foi então que disse a ela que o divórcio está aí para isso.

Naquele momento, estava no auge do cinismo no que se refere a relacionamentos. Mas Fiona continuava à minha frente e, aos 24 anos, tornou-se esposa.

Imaginei que ela logo teria filhos, então lá se iria o meu sofá-cama pós-Bangcoc.

Enquanto noticiava fenômenos culturais revolucionários como o lançamento de roupas para gordinhas e cruzeiros festivos pelo rio Chao Phraya, meu chefe começou a patrocinar protestos contra o então primeiro-ministro Thaksin Shinawatra. Os defensores de Thaksin postaram-se diante do nosso escritório para protestar. Certa vez, uma pequena bomba caseira explodiu no nosso pátio, embora não tenha prejudicado mais do que parte da vegetação. Em seguida, um grupo de brutamontes cobriu um dos nossos escritórios com onze sacos de cocô de porco. Acho que, àquela altura, tornara-me bastante niilista. Ficava à espera de bombas, caos, destruição. Talvez só quisesse uma desculpa para ligar para os meus amigos nos Estados Unidos e dizer que não se preocupassem, que eu estava bem. Quem sabe só quisesse uma distração, algo que me arrancasse da realidade em que decidira viver.

Em todo caso, pedi demissão. Contudo, não estava pronta para voltar para casa.

Escrevendo uma reportagem, conhecera um homem que trabalhava com refugiados karens da Birmânia. Sua organização estava ligada à educação. Ele fazia viagens perigosas para Kayin a fim de distribuir livros didáticos e disseminar conhecimento entre minorias étnicas desalojadas pela junta militar de Myanmar. (Embora Myanmar seja o nome oficial do país, muitos continuam a chamá-lo de Birmânia, pois a população não pôde participar da mudança por meio do voto.) Como eu estava sem emprego, ele me convidou a ir até Mae Sariang, perto da fronteira da Tailândia com a Birmânia, para ensinar jornalismo a uma das karens. Minha aluna logo inventou um apelido carinhoso para mim, Naw La Uh, que, segundo ela, significa sra. Feia.

Mae Sariang é um lugar lindo. Deixou-me revigorada. Foi inclusive responsável pelo meu maior contato sexual daquele ano: minha bicicleta e eu sacudindo ao longo de um canal sinuoso, meus cabelos voando ao vento e minhas partes baixas se divertindo, afinal.

Os homens de meia-idade e suas prostitutas ficaram esquecidos; os karen colocaram as coisas em perspectiva. Eles tiveram de lidar com situações que a maioria de nós teve a sorte de nunca imaginar e é incapaz de conceber. Quando visitava os refugiados, não raro alguém dizia: "Tive sorte, só meu marido e meu irmão morreram". Uma dessas vítimas tinha uma foto das torres gêmeas do World Trade Center desabando presa à sua fina parede de bambu. Ela me disse que amava os Estados Unidos e estava muito feliz, pois sabia que um dia viriam à Birmânia para lutar pela liberdade e pela democracia. Tive vontade de chorar – e, finalmente, não por mim.

Depois de conviver com os karen durante um mês, fiquei curiosa para conhecer a Birmânia. Em meu segundo dia no país, conheci um americano, o dr. Reynolds, que trabalhava para uma organização internacional. Era um cara simples. Tinha os cabelos encaracolados, curtos e alourados e o corpo desengonçado. Embora tivesse mais de um metro e oitenta, trinta centímetros a mais do que eu, era capaz de me olhar nos olhos. Ele me via de verdade.

Em Bangcoc, eu vivera num ambiente em que era impossível fugir à sexualidade. Já no lugar onde ele morava há um ano, até shorts podiam ser considerados indecentes. De alguma forma, aqueles dois extremos permitiram que nos encontrássemos no meio. Ele me convidou para sair em Yangon, capital da Birmânia. Lá, comprou amendoins cozidos de um vendedor na rua; fiz um montinho com eles e nele desenhei uma carinha sorridente. Aí está o quanto regredi. Agia como uma criança no jardim de infância com uma queda pelo coleguinha e achava que poderia impressioná-lo brincando com a comida. Acho que funcionou, pois logo tomamos a direção da casa dele – a poucos quarteirões de Aung San Suu Kyi, a ativista pró-democracia que estivera em prisão domiciliar por mais de dez anos.

Dr. Reynolds inclinou-se para me beijar. Fiz beicinho. Aquele seria o meu primeiro beijo em mais de um ano e eu estava mais do que pronta. Inclinando, inclinando, inclinando, inclinando... De repente, eu não estava mais lá. Entrei em pânico. Não consegui lidar com a recém-descoberta intimidade, sem a qual o ano anterior me ensinara a viver. Fugi para o canto oposto do sofá e olhei para ele com cara de criança perdida no supermercado. Ele permaneceu calmo enquanto tentava convencer o meu id a descer do teto e a minha libido a sair do esconderijo. Meu coração pulava de medo. Se ele queria o meu corpo, não restavam dúvidas de que desprezaria o meu cérebro. Seu toque me faria desaparecer.

Pobre coitado. Ao comer amendoim cozido e beber cerveja, não sabia que mais tarde estaria na sala de casa com uma lunática. Àquela altura, o conceito de atração sexual me era tão estranho como os gafanhotos cozidos que eu comera na minha primeira semana no sudeste da Ásia. Enquanto ele me levava de carro para o albergue, eu corava de vergonha. Aung San Suu Kyi era prisioneira involuntária em seu próprio país, ao passo que eu havia me internado voluntariamente numa cela criada por mim mesma.

"Desculpe", declarei. Bati apressadamente a porta do carro, evitando o que ele diria em seguida.

Depois de alguns dias, nos encontramos novamente. Acho que o seu estado de privação era tão profundo quanto o meu, pois ele foi capaz de ignorar minhas idiossincrasias e me reintroduzir pacientemente no mundo da interação física. Como em Cusco, as coisas aconteceram rápido. Descartamos as preliminares – a menos que você leve em conta apalpar a minha barriga e tirar a minha pressão (afinal, ele era um médico; eu tinha que aproveitar). Era de se esperar que todas aquelas bolas de pingue-pongue me fariam entender melhor do assunto, mas eu me alienara completamente do meu corpo – de certo modo, o rejeitara. Quando fomos para a cama, é possível dizer que fiquei conscientemente inconsciente. Não senti muita coisa, mas sentir não era o meu principal objetivo naquele momento. Estava feliz só de ser tratada como mulher.

Continuei a visitá-lo com frequência durante o mês que passei na Birmânia. O contato humano me fascinava. Era como se eu estivesse sem bateria e só o toque pudesse me recarregar.

Com o dr. Reynolds na cabeça, voltei a Bangcoc para fazer as malas. Descobri que meu amigo Gavin passara por uma adversidade enquanto eu estivera fora. Por causa da censura à internet, não conseguiu entrar em contato comigo. Gavin comprara uma mulher para passar a noite com ele e acordara três dias depois com uma baita dor de cabeça e muito espaço na estante – computador, iPod, aparelho de DVD e som haviam sumido. Ao deixar Bangcoc para sempre, dei a ele uma estatueta de Ganesh, deus hindu que supostamente remove obstáculos e resolve assuntos de cama. Não é que aprovasse sua relação com prostitutas, mas gostava dele e queria que trepasse regularmente.

Assim que voltei para casa em San Diego, comecei a pensar em qual seria o meu próximo passo na carreira. Enquanto não tomava uma decisão, fui trabalhar como garçonete no Olive Garden. Um dos pontos altos do trabalho foi receber, junto da gorjeta, o cartão de visitas de um psicoterapeuta com o seguinte recado: "Se quiser, por favor, ligue". O cartão foi parar na máquina de lavar com o meu avental sujo de molho, e as palavras desapareceram.

Comecei a procurar emprego como jornalista, e o *Village Voice* mostrou-se especialmente interessado. Depois de passar três meses em casa e me tornar expert em ralar queijo sobre massas, fui para Nova York trabalhar como colunista para o jornal semanal.

    No período que passei em casa, consegui manter contato com o dr. Reynolds. Ele também voltou para os Estados Unidos. Nos vimos duas vezes. Era cômodo morar a um voo de distância. Isso queria dizer que eu não precisava romper muitas das minhas barreiras ou dedicar o tempo em que podia estar trabalhando a construir um relacionamento. Ainda assim, tinha alguém para quem ligar e podia me enganar achando que os meus relacionamentos íntimos eram apropriados à minha idade. Já no meu terceiro mês em Nova York, ambos estávamos consumidos pela carreira. Falávamo-nos cada vez menos, até que paramos de nos falar completamente. Comecei a canalizar minha energia sexual para a página do jornal, mas logo tomei ciência do meu padrão de artigos voltados para o sexo (constrangedoramente, por indicação de outras pessoas). Havia muito mais sexo nas minhas reportagens do que na minha vida. Aos 26 anos, percebi que era tão ignorante em relação à minha sexualidade quanto aos dezoito. Merda!

Viciada em respiração

"Não há dúvida de que é uma flor!", exclamou Fiona. "É um lírio. É uma linda orquídea. É, sim."
    Não consegui convencer minha amiga. O'Keefe já tinha contaminado seu cérebro. Fiona ainda me aconselhou a, como ela, fazer fotos nuas para poder admirar o meu corpo. Eu poderia me ver através dos olhos de um artista. Disse que ela estava louca de posar nua. "Você sabe o que acontece com as mulheres quando suas fotos nuas vão parar na internet", argumentei.
    "Não me envergonho", respondeu. "Elas são liiiiiindas."
    Ela esticou "lindas" como se fosse um elástico; quanto mais prolongasse a palavra, mais poder ela ganharia ao chegar à última sílaba. Não que uma palavra prolongada por dois minutos pudesse influenciar o que as pessoas diriam quando pusessem as mãos nas suas fotos nuas. *Pornografia*, é o que diriam.
    Há cem anos, esse negócio de orgasmo não era uma questão complicada. A sexualidade feminina não parecia importante. Li sobre isso no livro *The Technology of Orgasm*, de Rachel Maines. Ao primeiro sinal de ansiedade, falta de sono, irritabilidade, nervosismo, fantasia erótica ou lubrificação vaginal, eu teria sido levada ao médico. Ele teria me diagnosticado como histérica, me levado para a sua "mesa de operações" vibratória – por uma quantia, claro – e massageado a minha vulva com a mão ou algum "aparelho terapêutico" até que tivesse um "paroxismo histérico", quando estaria curada.
    Infelizmente, a Associação Americana de Psiquiatria tirou a histeria da sua lista de enfermidades em 1952. Suponho ser algo bom que a excitação feminina não seja mais considerada uma doença, mas fico pensando se os planos de saúde cobririam isso.
    Hoje existem vários orgasmos dentre os quais escolher – muito mais do que eu imaginava. Há o pessoal do orgasmo clitoridiano, que inclui a Vovó da Masturbação. Para ela, o planeta

clitóris gira em torno do orgasmo-sol. Há também a pós-modernista da pornografia Annie Sprinkle, amiga íntima de Betty, que acredita no orgasmo como uma galáxia corporal completa (ouvi dizer que elas vivem brigando por causa disso). Annie fez sexo com 3.500 pessoas em dez anos – parte pesquisa, parte diversão – e diz que, embora cada orgasmo feminino seja único como um grão de areia, eles podem ser divididos em sete categorias: orgasmos oníricos, microgasmos, orgasmos intravaginais, orgasmos energético-respiratórios, orgasmos clitoridianos, orgasmos combinatórios e megagasmos. Segundo ela, este último é tão potente que pode demandar uma "parteira de orgasmos". Ela registrou um megagasmo de cinco minutos em seu filme *Sluts and Goddesses* e declarou que os presentes experimentaram microgasmos empáticos a reboque.

Senti que precisava dar passos pequenos; não podia exigir um megagasmo de saída. Além disso, queria dar um tempo nas vaginas. Para isso, fui a um workshop sobre orgasmos tântricos promovido por Barbara Carellas, educadora sexual e adepta do Tantra Urbano. Segundo ela, ao final de duas horas, estaríamos gozando sem desabotoar nada; vaginas seriam inúteis para isso – o que, naquele momento, eu achava ótimo. Pequenos passos.

"A experiência humana é erótica", foi a primeira coisa que ela nos disse.

Barbara parecia a personificação do orgasmo num show do Grateful Dead. Ela vestia uma roupa alucinante, tingida em tons de rosa e laranja. Até seus cabelos louros tinham mechas rosa-choque. Além disso, usava óculos grossos e ovais.

Intitulava-se uma expansionista sexual e dizia que tudo poderia ser sexo desde que tivesse intenções sexuais por trás. Ficou danada da vida quando Bill Clinton, um reducionista sexual, disse que um boquete no escritório não era sexo. Descobri que muitas lésbicas sentiram a mesma coisa. Se o sexo fosse apenas um pênis penetrando uma vagina, então a vida sexual de toda lésbica seria nula. Expandir a definição de sexo é uma questão de igualdade.

Ela montou seu equipamento de som numa pequena sala de aula. Cerca de dezesseis pessoas reuniram-se em círculo. "A grande maioria pratica o orgasmo Monte Santa Helena*", afirmou Barbara. Contraem todos os músculos e têm uma pequena e insatisfatória explosão. Desde criança, aprendem a se masturbar clandestinamente. "Não respire, cale a boca e goze rápido." Segundo Barbara, é isso o que normalmente acontece. As pessoas pegam o hábito e não sabem como mudar. De acordo com ela, a respiração é capaz de mudar a consciência e levar ao êxtase: "Você vai se perder em algum lugar entre a Terra e a Lua".

Todos olhavam boquiabertos enquanto Barbara deitava no centro do círculo e projetava a pélvis para a frente. A palestrante demonstrava o Orgasmo Energético Contrai e Segura. Ela inspirava profundamente e expirava. "O instrumento mais erótico é a respiração", explicou. "É mais importante do que um vibrador. A maioria das pessoas mal respira para sobreviver." Segundo Barbara, é importante dissipar a energia sexual pelo corpo respirando profundamente – antes de gozar –, pois leva a uma experiência de corpo inteiro.

"Você deve sentir uma jarra de vinte litros de energia", disse ela, referindo-se ao corpo todo, "em vez de uma xicarazinha de café." Barbara colocou a mão em forma de concha junto à vulva para indicar o que seria a xícara de café.

À medida que balançava, seus braços giravam como moinhos de vento. Ela começou a fazer os exercícios de Kegel. "Eles levam a energia da fornalha para o resto do corpo", disse ela, agarrando mais uma vez a vulva. A palestrante parecia incapaz de se constranger, mas algumas pessoas no círculo começaram a rir em sinal de desconforto. Ao respirar, Barbara insuflava ar nos seus chacras, que são centros de força espiritual no corpo. Segundo ela, cada chacra está ligado a um som; se você não estiver gozando, pode ouvir seus companheiros e brincar de "adivinhe onde está o orgasmo". Ele é profundo e ressoante quando está próximo dos órgãos genitais e fica cada vez mais agudo até se transformar numa espécie de ganido ao atingir o topo da cabeça. Enquanto seu corpo balançava, ela soava como um piano quando dedos correm sobre as teclas da esquerda para direita. Seus braços começaram a se debater. Ela respirava, arqueava e tremia.

---

* Vulcão localizado no estado de Washington. (N.T.)

Era uma visão e tanto; Barbara experimentava o mais fantástico dos orgasmos num ambiente nada romântico – uma sala de aula iluminada por lâmpadas fluorescentes – e sem tirar nenhuma peça de roupa. Eu achava que ela só podia estar fingindo, mas essa é uma das suas técnicas. Barbara diz que devemos fingir até que seja verdade. Ela contraiu todos os músculos e inspirou profundamente mais três vezes. Em seguida, segurou a respiração. Quando expirou, contorceu-se com se tivesse formigas nas calças – ou dinamite.

Barbara olhou para nós e disse: "Agora é a vez de vocês". Seis pessoas já tinham desertado. Todos nos deitamos e começamos a respirar. "Concentrem-se na energia da respiração e do movimento", disse ela. "Essas ferramentas dão à mente algo eroticamente construtivo para fazer no lugar de se preocupar e perder o foco durante o sexo. Não se desconcentrem do corpo." Ela andava entre nós e nos levava ao transe pela fala. "Imagine o líquido quente do interior da Terra circulando pelo seu corpo", disse. "Faça um exerciciozinho de Kegel sempre que for possível."

Eu inspirava e soprava como se tentasse apagar um fogo descontrolado. Isso eu sabia fazer; sabia respirar. Mas, porra, minhas mãos começaram a formigar. Ouvia em estéreo uma sinfonia de suspiros e gemidos que saíam das bocas ao meu redor. Recusava-me a participar. Barbara nos pediu que visualizássemos uma casca de cores brilhantes e energias eróticas em torno dos nossos corpos ofegantes.

"Não parem de respirar!"

Vinte minutos depois:

Meus lábios viraram pedras. Não conseguia mexê-los. Sentia pressão no meu peito. "Contraiam!", gritou. Os gemidos cessaram à minha volta. Ouvia apenas grunhidos abafados aqui e ali. "Soltem!" Meu corpo esquentou-se e senti como se estivesse numa cama de cactos. Meus lábios se contraíram e meus olhos estremeceram. Senti-me tonta, enjoada e fraca.

Sobre um tapete de corpos convulsos, Barbara sorriu e assegurou: "Se fizerem isso durante o sexo, nunca ficarão decepcionados com a reação orgástica".

Não quero ofender Barbara – a experiência foi boa e tal –, mas aquilo não podia ser um orgasmo. Aquilo era hiperventilação.

Fantasma

Rori, minha terapeuta, usava botas até os joelhos e uma saia que pairava cerca de dez centímetros acima deles; bebia Diet Snapples enquanto eu desembuchava histórias. Ela dizia que não havia limite de lágrimas, na terapia ou na vida. Você pode chorar indefinidamente; há sempre outra caixa de lenços no armário. Mas eu me recusava a chorar. Toda vez que sentia um nó na garganta, impedia o choro mudando de assunto.

Àquela altura, ainda tentava demonstrar o grau das minhas inadequações, tentava mostrar que tinha problemas suficientes para justificar minhas dificuldades orgásticas. Contei a ela sobre o meu primeiro emprego, na sorveteria Baskin Robbins. Contei que meu chefe, aos 32 anos, tinha o dobro da minha idade. Eu ria enquanto falava disso, pois gostava de fingir que eventos potencialmente traumáticos eram engraçados. Isso fazia parte da brincadeira de não colocar nada em letras maiúsculas que os Keena me ensinaram: nada é grande coisa se você não permitir que seja.

Meu chefe era casado. Certa noite, parou atrás de mim enquanto eu esfregava o chão. Disse que eu estava fazendo errado e queria me mostrar como se faz. Depois, levou-me de carro a um lugar que eu não conhecia, apesar de ter morado naquela área toda a minha vida. Estava escuro. Minhas lentes de contato saltaram; metade da minha vista estava embaçada. Ele falou de estatísticas; disse que 75 por cento dos casais traem. Perguntou se eu gostaria de ajudá-lo a fazer parte da maioria. "Não, por favor", respondi.

Durante meses, sonhava que aquele homem estava escondido na traseira do meu carro. Fazia meus amigos me acompanharem para todo lado.

Depois de contar isso a Rori, eu já não ria mais. Mas também não estava prestes a chorar. Não chorava por causa disso desde a noite em que aconteceu. Ele não me estuprou; a situação, apesar de desenganadora, não merecia lágrimas.

"Sofrer é permitido", ela disse.

Foi então que as lágrimas começaram a escorrer. Elas não paravam. Se o corpo humano era sobretudo água, eu temia chorar até ser apenas ossos.

O monge que entende de pererecas

Existe uma pessoa na cidade que sempre me faz sentir melhor. Ele fica na feira da Union Square.

Estava a caminho de lá quando passei por uma mulher com uma sacola em que estava escrito "Shoe-Gasm" – mais uma modalidade de orgasmo que eu desconhecia. Vagava pelas várias barracas de verduras, dando uma olhada nos produtos; parecia a estação perfeita para itens fálicos. O monte de abobrinhas me fez lembrar Betty. Ainda não tinha comprado o vibrador – e, porra, os exercícios de Kegel! Tinha me esquecido dos exercícios de Kegel. Comecei a contrair meus músculos pubococcígeos feito louca, compensando o tempo perdido, enquanto me dirigia à barraquinha em que Atman vende seus bolinhos veganos. Ele só está na feira às quartas e aos sábados, das sete da manhã às cinco da tarde; o resto do tempo, passa no seu ashram no norte do estado. Tinha o hábito de visitá-lo depois de um dia difícil no *Village Voice*. Ele sempre tinha respostas, mesmo quando eu não tinha perguntas. Como seu sotaque era muito pesado, eu precisava usar meus instintos para interpretar metade dos seus conselhos, o que levava a uma dose saudável de introspecção.

Parece que Atman fora magicamente teletransportado de Punjab, sua cidade natal, para um traje urbano casual típico de contador. Sua pele é da cor dos seus muffins de cereais, adoçados com suco natural de maçã, e seus cabelos grisalhos, mais pretos do que brancos, saem pelas laterais do boné de beisebol.

Quando eu morava na Índia, fazia pouco das pessoas que iam para lá em busca de um guru espiritual. Acreditava que cruzar o oceano para visitar um lugar desconhecido não era o meio de alcançar a espiritualidade desejada. Por isso, não entendia por que procurava um monge indiano numa barraquinha de muffins no meio da cidade de Nova York para me ajudar a entender a minha boceta.

Mas a razão não era capaz de me deter. Peguei um bolinho – minha terapia culinária – enquanto ele me beijava a bochecha. Cochichei na orelha dele: "Posso falar com você sobre uma coisa?".

Contei a ele sobre a minha situação – o orgasmo, o livro, tudo.

"Sobre a sua flor?", ele gritou. "Você está escrevendo sobre a sua flor!"

Ele também achava que era uma flor? Pelo visto, as feministas fizeram uma ótima campanha com essa besteira de flor. Mas eu não queria contrariar um guru.

"Isso, a minha flor", confirmei. "Algum conselho?"

"A sua flor é como a mãe", ele respondeu. "É a coisa mais importante. Isso é só o começo."

Minha situação era constrangedora. As pessoas estendiam notas de dinheiro, esperando para comprar muffins e cookies. Tentei pagar pelo meu bolinho; ele continuou falando.

"Por que a gente aperta cada vez mais lá embaixo?" Disse isso apontando para a minha virilha. Enquanto pessoas famintas nos encaravam, ele contava que ninguém usava calcinha ou cueca no seu ashram. "Por que apertar, apertar, apertar esses espaços? Qual o propósito? Precisamos de ar para respirar."

Eu estava vermelha de vergonha. Dei um passo para trás, ainda estendendo o dinheiro. "Por favor, pegue logo isso", pensei.

"Na intuição, você tem todas as ferramentas e esquemas", disse ele, enquanto me dava o troco. "Há uma clareza cristalina, que nunca deve ser confundida. Não se esqueça do toque ficcional para a mente neurológica."

Não tinha ideia do que ele estava falando.

"Uma coisa prática", ele continuou. "Borrifar água de rosas lá dentro e às vezes cortar um pouquinho os pelos."

Era assim mesmo que Atman falava.

"Mas como ele, um celibatário, sabia tanto sobre pererecas?", matutei. Enfiei meu bolinho goela abaixo como se a iguaria pudesse obstruir aquela linha de raciocínio e decidi aceitar os fatos. Atman agora era o guru oficial do meu hemisfério sul. Ele me abraçou. "Amor, amor, amor para o eu."

Embora fosse estranho e quase perturbador que um monge tivesse acabado de me aconselhar a cortar os pelos da minha perereca na frente de mães e seus filhos, a visita me reanimou. As coisas começaram a melhorar. Quando fui trabalhar naquele fim de semana, comecei a olhar para cada um dos clientes do bar como uma expressão concreta do orgasmo: afinal, todos nascem de pelo menos um orgasmo, se não de dois. Havia orgasmos andando, falando, dançando, beijando, bebendo e fazendo papel de bobos em todo lugar. Orgasmos me davam gorjetas e derramavam cerveja em mim. Até eu era um orgasmo servindo bebidas.

A vagina chegou a se instalar no meu subconsciente. Tinha constantes sonhos vulvários. Saí de férias com a minha família e eles queriam ver do alto uma tal cidade com ares de conto de fadas. Entramos numa vulva peluda e voadora. Logo nos juntamos a um bando de vulvas voadoras que carregavam estrangeiros como os *tuk tuks* tailandeses. Entramos em formação de V, com a minha família à frente. Quando a brisa começava a destruir meus cabelos, acordei. Ainda me incomoda não saber como as vulvas pousam, sem falar no quanto me perturba o fato de a minha família ter se juntado a mim.

Parei de diferenciar as minhas chaves pela cor. Passei a identificar a que abria a minha porta da frente pela depressão em forma de V que me lembrava uma vulva. A respiração pesada dos corredores de Prospect Park e o ranger ritmado do meu ventilador de teto começaram a soar indecentes. Não podia comer uma banana em público sem imaginar que seria presa por comportamento indecente com uma fruta indefesa. Quando perguntei a uma amiga se queria café e ela respondeu que gostaria de um grande e preto, tive que rir. Sem falar que passei a acordar agarrada à tromba do meu elefante de pelúcia, Earl, mais do que de costume.

Conclusão: meus países baixos estavam acordando.

Precisava de um novo meio de canalizar toda essa recém-descoberta excitação. Infelizmente, parte de mim obviamente pensava que o caminho mais direto para o orgasmo implicava companhia masculina. Afinal, eu estava impregnada por essa ideia há mais de um quarto de século. Para encontrar candidatos e alcançar minha meta orgástica mais rápido, coloquei meu perfil num site de relacionamentos chamado Nerve. Já tentara encontrar namorados pela internet antes, mas descobrira que isso consome tanto tempo quanto um emprego. Logo, desisti. Agora, porém, parecia-me válido o tempo que isso consumia, pois fazia parte da minha jornada. Meu apelido era Euphorbia anoplia, o nome em latim do último cacto que eu matara (seu cadáver ainda está apodrecendo em cima da minha cômoda). Achava que esse era o primeiro passo para aceitar a minha criação.

Bati um papo com Leigh, com quem divido o apartamento, já que ela também andava à cata na internet. Leigh fez um resumo da cena nova-iorquina: os homens tinham que ter dinheiro, e as mulheres tinham que ser magrinhas. "É por isso que vou à academia", ela disse enquanto saía pela porta.

O primeiro cara com quem saí era alto e tinha cabelos encaracolados. Ambos declaramos no nosso perfil gostar de observar as pessoas – são tantos os que dizem no perfil gostar de observar as pessoas, que as ruas devem estar repletas de observadores que observam os observadores observando –, mas não tínhamos muito mais do que isso em comum. Antes que pudesse me dar conta, estava dizendo a ele que não gostava de gatos (ele tinha um gato) e não ia muito ao teatro (ele era dramaturgo). Só pensava em como queria pegar um de seus cachos, esticá-lo e vê-lo enrolar de volta. O encontro terminou. Ele queria meu verdadeiro e-mail – só nos comunicávamos através do site –, mas eu temia divulgar meu nome completo.

A questão no século XXI não é *se*, mas *quando* vão pesquisar seu nome no Google. Eu tinha alguns desafios pela frente, para não dizer outra coisa, e você está lendo o motivo. É de se esperar que, se o cara com quem está saindo sabe o seu nome completo, ele também conhece o seu recorde de corrida no ensino fundamental, sabe sobre a sua briga com o professor de psicobiologia por causa dos comentários maldosos que você deixou na página da disciplina na internet e viu a sua foto depois de beber à vontade na festa de casamento da sua melhor amiga. No meu caso, o pretendente poderia encontrar algo assim: "Mara Altman está escrevendo um livro sobre nunca ter tido um orgasmo".

Vá em frente. Procure meu nome no Google.

Faixa preta

Eu tinha um encontro marcado com a minha boceta. Tinha acabado de sair do banho e vagava em direção ao meu quarto. Aquela era a noite; finalmente faria algo a respeito daquele negócio de masturbação. Não podia – não queria – deixar tudo nas mãos dos homens. Acabara de comprar uma garrafa na loja de vinhos da esquina (todos os vendedores ainda eram lindos, e gays) e bebi até ficar meio grogue. Não via problema em beber sozinha. Bom, não estava sozinha. Estava com Clitty Rose. Olhei para o meu triângulo negro, imóvel como um guepardo antes de atacar sua presa. Tomei outro gole e mergulhei a mão na minha fenda como se fosse desentupir uma pia, temerosa em descobrir o culpado pelo bloqueio, mas tentando realizar a tarefa de maneira rápida e eficiente. Senti o entorno. Nada muito terrível. Está certo, um pouquinho nojento. Como banana amassada. De um modo geral, inofensivo.

Foi nessa hora que minha mãe ligou. Não devia ter atendido, mas provavelmente queria ser interrompida. Ela perguntou como andavam as coisas, se havia algum relacionamento em vista. Contei que conhecera um cara chamado Joe na internet. Disse que gostava bastante do sujeito, mas talvez ele só achasse que eu pularia facilmente na cama com ele pois já sabia do livro. "Não se preocupe", ela respondeu. "Tudo vai dar certo."

Em seguida, ouvi meu pai ao fundo: "E ela vai chegar lá!".

Não dá para explorar a perereca depois de uma ligação dos Keena, dá? Seria quase incestuoso ou algo assim.

Além do mais, eu tinha coisas a fazer. Sempre havia coisas a fazer.

Voltemos ao Joe. Eu o conhecera cerca de uma semana antes. Já tínhamos saído algumas vezes. Tinha vergonha de todas as minhas reações a ele. Joe tinha olhos castanhos que me olhavam fixamente. Seu maxilar quadrado emoldurava um beicinho que eu podia passar horas mordendo. Não era muito alto; os nossos passos, seu braço nos meus ombros ou na minha cintura, tinham um ritmo incrível. Tínhamos muito em comum. Ambos éramos escritores. Ambos tínhamos cabelos castanhos, também. Contudo, eu não sabia dizer se ele gostava mesmo de mim ou só queria saber da Clitty Rose.

Beijou-me carinhosamente no nosso primeiro encontro. Depois que nos despedimos, pesquisei seu nome no Google. Encontrei sua página no MySpace e baixei algumas músicas que ele compôs e gravou. Sei quando gosto de alguém, pois adquiro uma necessidade absurda de comunicação. Tinha de exercitar, e muito, meu autocontrole – segundo Leigh, o protocolo exigia que aguardasse o segundo contato do Joe. Sendo assim, me preparei para passar a semana ouvindo a minha voz interior dizer coisas a ele.

Mas antes que a semana terminasse, ele me ligou tarde da noite – no limite da hora para uma ligação de quem está obviamente apenas atrás de sexo casual – e disse que a noite estava bonita demais para ser desperdiçada. Queria saber se eu estava interessada numa caminhada. Leigh teria dito que aquela não era uma boa estratégia. Mas ela não estava em casa, e respondi que sim. Logo que ele chegou de bicicleta, comecei a cantarolar uma das suas músicas sem perceber o que estava fazendo; quando me dei conta, esbugalhei os olhos e transformei a melodia num bocejo estridente e constrangedor. Passeamos pelo parque e deitamos na grama admirando a lua. Era outono; as folhas farfalhavam sob nós. Fiquei contentíssima quando Joe me beijou, porque já estava cansada de fingir que sabia do que ele estava falando quando discorria sobre a comparação de Foucault entre a sociedade e a prisão pan-óptica. Fiquei de pesquisar sobre o assunto na Wikipédia depois. Quando nos levantamos, comecei a tirar folhas de grama do meu cabelo emaranhado e ele espanou o meu braço. Era a minha tatuagem de formiga; Joe achou que ela estava andando para o meu cotovelo.

Pouco tempo depois, estávamos no meu quarto. Ele tirou a camisa. Com a boca, levantou a minha blusa até o peito. Impedi o movimento na altura do ferrinho do meu sutiã. Não sabia por que ele estava ali. Será que só estava com tesão e não conseguia dormir? Eu queria aproveitar o momento e sentir prazer, mas não conseguia. Comecei a jogar na defensiva – sou faixa preta na arte de me defender nas preliminares – e a bloquear qualquer tentativa de tirar a minha roupa.

"Como vou saber que não serei apenas um capítulo ou uma nota de pé de página no seu livro?", ele me perguntou enquanto sentávamos na cama.

Eu não podia acreditar no que estava ouvindo. Ele tinha me ligado primeiro; era ele quem estava investindo no relacionamento.

"Como vou saber se não é *você* que só quer ser um capítulo no meu livro?", retruquei. "Ou o responsável pelo meu primeiro orgasmo?"

Os dois demos de ombros. Ele me beijou de novo.

"Agora é a hora de desencanar ou ir para casa", ele disse.

Levei-o até a porta.

Se abrir um bar, eles vêm

No bar, conheci um designer gráfico que trabalha sobretudo com tipografia. Sem mais nem menos, ele me disse que a **Braggadoccio** é a fonte mais erótica, pois é grande e pesada. Além disso, quando pronunciamos seu nome, os lábios ficam em posição de boquete. Os bares colocam o sexo na cabeça. Não entendo muito bem como o cheiro desagradável de álcool misturado a perfume barato, a camada grudenta de álcool sob os meus sapatos e o pesadelo auditivo que são centenas de pessoas gritando umas com as outras podem ser fatores tão eróticos quando interagem, mas são. "Bar" e "sexo", essas duas palavrinhas vivem uma espécie de relacionamento simbiótico. Sobrevivem uma da outra. É possível também que sexo fosse simplesmente a estação em que eu estava sintonizada. Um casal mais velho de turistas, que parecia comum em todos os sentidos quando se sentou na minha área do bar, logo estava me perguntando onde podia encontrar alguém (ou "alguéns") para uma orgia. Felizmente, nisso podia ajudá-los. Sabendo a resposta por causa do meu último emprego, peguei um exemplar do *Village Voice* e abri na página de anúncios de acompanhantes, um cardápio completo de pessoas. Eles me disseram que adoravam Nova York.

Certo dia, um cara entrou quando meu turno estava no fim. Nosso encontro foi muito feliz e inesperado para ser descartado. Ele era mais velho, cerca de cinquenta anos; tinha cabelos longos e ralos; e uma barriga que se projetava em ângulo reto. Poderia facilmente apoiar uma bebida e talvez até um controle remoto em cima dela. Comecei a bater papo com o sujeito, como faria com qualquer cliente. Acontece que ele era o pai de um dos seguranças, o Bam Bam. Bam Bam era propenso a fazer comentários ofensivos para a equipe feminina, inclusive para mim. Ele falava coisas do tipo "Quero te chupar feito manga" ou "Mostre os peitos, vá". Eu não levava em consideração suas declarações, pois sabia que não passavam de um meio desesperado – assim como o seu braço todo tatuado e o seu corpo excessivamente malhado – de mostrar para os outros que existia um pênis em algum lugar no meio daquelas coxas inchadas. Como o exibicionista que eu conhecera quando tinha dez anos, Bam Bam queria que todos soubessem como ele era descomplicado. Todos sabíamos.

O pai, bem diferente do filho, era uma pessoa amável. Estendeu a mão, apresentou-se como Barry Goldman e disse que estava encantado. Depois de conversarmos mais, revelou que trabalhava na indústria do sexo e ensinava manipulação e massagem do ponto G bem como BDSM*. Barry contou que era famoso por suas festas mensais de podolatria. Além disso, estrelava em seus próprios vídeos pornôs sadomasoquistas. A maior parte das filmagens eram realizadas na sua casa em Jersey City, numa sala que ele chamava de masmorra.

"Ensino casais a costurar bocetas, a colocar agulhas nos peitos, essas coisas." Disse isso com a naturalidade de um cliente que pede uma Budweiser.

Sem saber como responder, entrei no meu modo de ação padrão: "Quer beber alguma coisa?".

Ele pediu uma cerveja não alcoólica.

O quê? Eu achava que duas garrafas de tequila eram pré-requisitos para costurar bocetas. Porra, duas garrafas de tequila são pré-requisitos só para ouvir falar em costurar bocetas.

Quando fui pegar a cerveja, tomei um trago de Jäger. Precisava de coragem líquida. Lá estava alguém que poderia me ajudar a expandir os meus limites. Eu estava intrigada, mas também um pouco receosa. Contei a ele sobre o meu projeto e perguntei se poderia visitá-lo um dia desses. "Só estou curiosa", afirmei. "Só curiosa."

Ele disse que orgasmos eram seu forte; até ensinara algumas mulheres a ejacular. Garantiu ser paciente e contou que era capaz de passar um dia inteiro preparando a mulher para um *fisting***.

---

* Acrônimo derivado de bondage e disciplina (BD), dominação e submissão (DS) e sadomasoquismo. (N.T.)

** Prática sexual que consiste em penetrar o ânus ou a vagina com o punho cerrado. (N.T.)

Assentindo com a cabeça, respondi: "Isso é muito simpático da sua parte". Ele me deu seus dados e piscou para mim. Li o papel quando saí do trabalho; lá estava escrito "Masters of Pain" (Senhores da Dor). A única coisa que sabia de S&M aprendi com um vendedor na Tailândia. Ele estava tentando vender seu estoque sobressalente de mata-moscas elétricos como instrumentos de prazer. Tudo o que ele disse sobre o assunto foi isto: machuca.

De olhos vendados

Adiei a ligação para Barry Goldman porque Joe estava sempre no topo da minha lista de afazeres. Apesar do jeito como as coisas terminaram da última vez, tínhamos outro encontro marcado.

Sentados na escada de incêndio, acariciávamos um a perna do outro enquanto ouvíamos uma coletânea de música folk. Ele cutucou a minha tatuagem de formiga e disse: "Parece que ela está tentando chegar a algum lugar".

"Não é o que todos fazemos?", pensava eu.

Sob nós, havia apenas cimento escuro. O lixo que o meu vizinho, o Colecionador, acumulava obsessivamente no pátio acabara de ser recolhido. Ninguém tinha nenhum tipo de bagagem naquele momento; pelo menos, não que eu pudesse imaginar. Eu estava usando um sutiã sem armação e sem mecanismos traiçoeiros nas costas – não havia desculpas para impedir os meus peitos de se libertarem quando requisitados. Queria dar a Joe um pouco mais que da última vez; um pequeno rastro de migalhas para indicar que, em algum momento, haveria um caminho até a boceta. Conversei com amigos muitas vezes, e todos concordamos: um cara quer fazer sexo imediatamente, mas, se a gente dá muito rápido, ele perde o interesse. Além disso, não estava pronta. Queria ser capaz de fazer sexo casual, mas ainda não chegara a esse ponto. Se é que um dia chegaria.

Isso me incomodava. Não achava que as coisas tinham que ser assim. Acabei acreditando que a libido feminina era mais fraca do que a masculina. Segundo os ditames da sociedade, impulso sexual é negócio de homem, e as mulheres devem ser recatadas. Elas seriam as responsáveis por segurar essas incontroláveis máquinas de sexo. Acho que a propaganda funcionou comigo; castrou a minha concupiscência. Se fez isso comigo, imagine a licença que deu aos homens de pensar e viver de acordo com as suas engenhocas de cuspir esperma. Eles aprendem que têm outro cérebro no meio das pernas. Estão sempre falando em "pensar com a outra cabeça". Já imaginou se as meninas ouvissem desde o início da puberdade que a boceta tem um cérebro capaz de subjugar aquele que o crânio protege e que elas podem culpá-lo por lapsos de discernimento?

Fomos parar na cama e começamos a nos apalpar. Quando eu beijava atrás dos seus lóbulos, ele fazia sons meigos com a respiração. Joe sabia exatamente o que estava fazendo ao acariciar o meu corpo, mordiscar minha barriga e manipular minhas auréolas até que se transformassem em dois pequenos nós. Eu tentava imitar seus ruídos de prazer enquanto buscava em seu corpo o próximo local a manipular.

Antes desse quarto encontro, eu parara de procurar outros caras no Nerve. Esperava que tudo desse certo com Joe. Mesmo em uma nova mídia, os papéis dos gêneros conseguiram persistir. O cara corre atrás por e-mail e a garota decide de quem ela gosta e de quem ela não gosta. Ainda olhava o site todos os dias para ver as mensagens e, claro, inspecionava Joe. Podia ver que ele estivera online recentemente. Tudo bem. Tinha muita menina bonita para ver e, quem sabe, ele estaria me vigiando também.

Ele sacou uma máscara de dormir azul de seda e colocou sobre o rosto. Havia cometas, luas e estrelas desenhados em amarelo. A borda era preta. A música parou naquele exato momento. Eu tinha uma boa desculpa para uma pausa. Precisava levantar e apertar o play. Nesse meio tempo, poderia perguntar que porra era aquela. Estava um pouco assustada.

"Faça o que quiser comigo", disse ele, com as pernas e braços abertos em cima da cama.

Eu não sabia o que fazer.

"O que você está aprontando?", perguntei. "Você faz isso com todo mundo?"

Ele riu e disse que a ideia do meu livro estava sobrecarregando a nossa relação. Ele escrevia em um diário de sonhos há anos e gostaria de incluir alguns dos seus interesses na jogada, daí a máscara de dormir. Joe usara o futuro naquela frase; tudo indicava que não tinha intenção de desaparecer tão rápido. Achei a declaração absolutamente encantadora e soube demonstrar muito bem como ele era descomplicado. A máscara caiu; seu rosto se contraiu como uma passa e voltou ao normal como uma uva. Minhas faculdades permaneceram intactas enquanto as dele entravam em êxtase. Senti-me poderosa ao vê-lo se contorcer de prazer. Joe abriu os olhos. Encarei fixamente seu olho esquerdo; aprendi essa técnica no livro *Urban Tantra*, de Barbara Carellas. Segundo o livro, pelo olho esquerdo era possível acessar a alma. Queria ver se podia conectar a alma dele à minha, mas seus olhos fecharam-se de novo, e Joe se transformou num pedaço de carne esgotado e satisfeito.

Sentia como se estivesse nos observando do teto e não podia acreditar nas coisas que não sabia a respeito daquele homem nu. Não sabia se ele conseguia comer de pauzinhos. Não sabia se ele abaixava a tampa do vaso. Não sabia nem a sua cor favorita. Mas sabia que gosto ele tinha na minha boca.

Ele tentou retribuir o favor e começou a descer pelo meu corpo, mas eu não estava pronta para liberar o perfume da Clitty Rose. Todo homem que tenta essa façanha fica preso na tesoura. Minhas pernas, como cobras, entrelaçam o cara impedindo que chegue mais perto. Sempre me preocupei com o cheiro, o gosto e a aparência. Não quero assustar um pobre coitado. Quando conto às minhas amigas que nunca experimentei o sexo oral, elas quase sempre engasgam. Às vezes, quando falo disso com Fiona, tenho medo que ela realmente tenha um ataque do coração. Contorci-me até que minhas pernas estivessem bem apertadas em volta de Joe. A menos que tivesse um pé de cabra, ele não conseguiria se desvencilhar. Nós nos abraçamos e nos beijamos. Em seguida, deitamos imóveis, minha bunda perfeitamente encaixada na sua região pélvica em posição fetal.

Coloquei o CD para tocar de novo; não queria silêncio. Ele perguntou quantas vezes eu era capaz de escutar o mesmo CD, como se o modo de repetição fosse um sacrilégio. Joe se vestiu e deixou a máscara na minha mesa de cabeceira. Ele queria que eu testasse meus sonhos com ela, mas parecia que estava deixando um pedaço de si para dormir comigo. Levei-o até a porta. Nossos lábios se tocaram. Ele saiu com um sorriso de orelha a orelha. Fui até a cozinha me servir de um pouco de sorvete – meu orgasmo culinário da noite. Comecei a imaginar os efeitos desse hábito na minha cintura. Parei de comer. Fui para o quarto, levei a máscara de dormir até o rosto e aspirei; seu cheiro era forte como o de um quarto fechado cheio de maratonistas. Caí no sono com ela na mão e sonhei que beijava estranhos.

Ao longo dos dias que se seguiram, tive pensamentos muito doentios. Pensamentos constrangedoramente doentios. Fiquei com nojo de saber que era capaz de pensar daquele jeito. Veja bem, eu não queria sossegar. Não queria depender de ninguém. Não sabia nem se queria um namorado. Quando vi pais andando pela vizinhança com bebês a tiracolo e pensei que Joe ficaria fofo com um daqueles cangurus multicoloridos, além de ficar confusa tive vontade de vomitar. Essas ideias não podiam ser espontâneas. Botava a culpa nos inúmeros comerciais de amaciante em que a mãe fica radiante só de esfregar o rosto na cueca recém-lavada de seus filhos rubicundos.

Estava esquecendo que queria ficar sozinha... Por outro lado, via o que acontece com as pessoas quando ficam mais velhas, velhas e sozinhas. Sem marido ou mulher, sem filhos, elas acabam criando vínculos desconcertantes com seus bichos de estimação, praticamente beijando seus animais na boca em pleno parque e babando de emoção sempre que cagam na rua. Não queria depender de ninguém, mas também não queria ser uma solteirona, uma mulher solitária que cozinha refeições elaboradas para o seu lagarto. (Não sei se já notou, mas não sou muito chegada a mamíferos. Já tenho pelos suficientes na minha vida, e nos lugares errados.)

"Não escreva correndo para ele", dizia Leigh. "Não ligue para ele, não se mostre tão disponível."

Mas, por mais que tivesse nojo, era isso o que eu queria fazer.

Janelas

A turnê de Fiona estava em Connecticut. Aquela noite, ela alugara um carro para vir a Nova York. Quando abracei minha amiga, pude sentir os movimentos da sua coluna vertebral. Nunca a vira tão magra. Ela me contou que estava tendo problemas com Pedro. Quem me dera não comer quando estou com problemas. Estava me sentindo mais gorda do que nunca, e ainda havia uma garrafa de vinho com quinhentas calorias a ser aberta. Eu tentava aplacar as angústias de Fiona como ela aplacava as minhas. "Mara, você não está gorda", ela disse. A primeira tentativa não funcionou. Pedi que repetisse. "Mara, você não está gorda", disse outra vez. Droga, a segunda tentativa também não funcionou, mas não seria justo pedir que repetisse pela terceira vez, ao menos não quando os sinais de choro começavam a aparecer no seu rosto – olhos reluzentes, sobrancelhas contraídas, bochechas coradas, narinas trêmulas. Tentei fazer com que desaparecessem fazendo Fiona rir.

"Para com isso", respondeu meio rindo, com os olhos ainda úmidos. "Estou sofrendo, esqueceu?"

Fomos para a escada de incêndio – a mesma em que Joe e eu estivéramos há pouquíssimo tempo – e bebemos uma garrafa e meia de vinho, falando cada vez mais alto enquanto nossos fígados tentavam acompanhar o consumo. Falamos de arrependimentos e de orgasmos.

Segundo Fiona, o sexo é um diálogo sem palavras. Numa relação saudável, dizia ela, a penetração é uma conversa e tanto. Minha amiga se valia de movimento, fricção e sensação para avaliar seus relacionamentos amorosos. "Tenho orgasmos desde os onze anos de idade", declarou. "Agora, quero orgasmos que reverberem na minha alma."

"Como é que você pode ser tão exigente com o tipo de orgasmo?", pensei eu. "Pelo menos você tem orgasmos!" Mas aquele não parecia um bom momento para dizer isso.

"Eu e Pedro não estamos fazendo amor", contou. "Estamos só trepando. É só sexo."

Perguntei a ela se tinha náusea vaginal. É um mau sinal quando se tem isso. Náusea vaginal é quando você permite que algo entre lá dentro, geralmente de caráter membranoso e masculino, e, ao pensar no assunto mais tarde, sente pequenas pontadas vaginais de arrependimento. Já tive isso antes.

"Não", ela respondeu. "Dessa vez, a minha náusea é intuitiva."

Ela seguira a sua intuição quando se casou conhecendo Pedro há apenas dois meses. Agora o casamento estava desmoronando diante de seus olhos. No último ano e meio, ela ficava chocada toda vez que se olhava no espelho. "Sou uma esposa!", dizia ela, incrédula.

"Talvez eu não tenha nascido para ser casada", refletiu. "Não quero ter filhos. Não quero comprar uma casa com ele. Não quero nada permanente."

Ela achava que, ao se casar, tudo entraria nos eixos. Contudo, o casamento lhe impôs parâmetros impossíveis; era como tentar prender um elefante numa gaiola. Tanto quanto eu, Fiona crescera com os meus pais como exemplo. Ela acreditava que a oficialização da interdependência – tornar-se Fiondro ou Peona – era o meio de deter seu desejo insaciável por novidade. Ser casado, por lei, significa estar junto até que a morte os separe. Ela podia focar essas palavras em vez de se concentrar num carinha qualquer para vencer a crise. Mas isso não estava funcionando.

Enquanto balançávamos nossos *pés pela janela*, Fiona disse que podia sentir sua decisão vindo à tona. Ela não queria depender de Pedro para nada. "Eu não me sinto mais bonita quando ele me olha", confessou. "Quero que ele olhe nos meus olhos e enxergue tudo sobre mim."

Lembrei a ela que eles ficaram separados durante quatro meses por causa da turnê. "Talvez isso faça parte do motivo", sugeri.

"Você é minha melhor amiga", disse ela. "Pare de defender o Pedro!"

Não queria magoar a minha melhor amiga. Não queria que ela percebesse o meu ceticismo. Mas ela me conhecia muito bem.

"Por que você está me olhando desse jeito?", perguntou.

Não pude evitar que meu olhar revelasse um pouco da minha descrença. Ela era uma namorada em série; desde os quinze anos, ela era a namorada de alguém. Eu vivia perdendo Fiona na medida em que ela mergulhava na novidade de uma personalidade recém-descoberta. Cada novo garoto que conhecia era milagrosamente melhor que o anterior. Ela via todas as características que o tornavam maravilhoso – o oposto de mim, já que só conseguia me concentrar nos pontos que impediam o sujeito de ser o Príncipe Encantado. "Nunca me senti assim antes!" Esse era o refrão de todos os seus relacionamentos novos. Sempre gostava quando ela dava para elogiá-los por telefone. Assim, eu podia revirar os meus olhos em paz.

Acho que tenho um pouco de inveja de como ela consegue se soltar e entrar de cabeça no desconhecido. Enquanto ela se apaixonava e empregava seu corpo para fins orgásticos, eu estava ocupada angustiando-me com coisas como a morte. Desde que me entendo por gente, tenho consciência do sexo e da morte; eles parecem ser daquelas coisas que você simplesmente cresce sabendo, como respirar, engolir e soltar a bexiga. Mas as noções de sexo e morte, que supostamente são comuns a todos, nunca me caíram muito bem. Já aos sete anos tinha obsessão pela morte, e desde então sou contra o óbito. Meus pais nunca acreditaram no além-mundo, então meu pai me consolava dizendo que eu não saberia quando estivesse morta. Estaria a sete palmos do chão. Tudo preto. O nada. Isso não fazia efeito algum. A única coisa boa da angústia era a onda provocada pela falta de oxigênio entre os meus gritos de desespero.

Imaginava o globo visto do espaço, os continentes verdes boiando num mar de matéria azul. Estaria enterrada em algum lugar da acidentada América do Norte. Haveria uma lápide e uma pequena árvore fazendo sombra no gramado. Plantamos evidências para mostrar que existimos. Queremos ter uma lápide, descobrir alguma coisa, ganhar um prêmio, escrever um livro, passar adiante os nossos genes, causar impacto. Fazer barulho. Gerar um eco que seja ouvido depois de decomposto o nosso corpo. Mas quem vai lembrar seja lá o que deixemos para trás quando nem o mundo existir mais?

O orgasmo é um distanciamento momentâneo da vida. Os franceses o chamavam de *le petit mort*, a pequena morte. Shakespeare escreveu sobre a relação entre orgasmo e morte; os tibetanos também. Deixe-se perder na morte, deixe-se perder no outro, deixe-se perder na vida, deixe fluir seus sentidos. Distanciamento da consciência, ausência de lógica; erradicação da identidade; perda de controle. O orgasmo é a essência do que há de bom; é a vida concentrada. É ainda mais fácil pensar assim quando você nunca teve um orgasmo, acho eu.

"M, é um orgasmo, um espasmo muscular – não é o fim do mundo", argumentou Fiona.

Não seria mais do que isso? O orgasmo fez com que Fiona duvidasse do seu casamento; me fez reexaminar a minha vida.

De manhã, saímos para um café. Vimos bebês gritando, seus rostos contraídos transformando-se em beterrabas enrugadas antes de jorrarem litros de água salgada. Seus donos expiravam.

As mesmas perguntas não saíam da cabeça da Fiona. Caso se divorciasse, será que se arrependeria mais tarde? Se continuasse casada, será que aos 35 anos sentiria a necessidade de começar tudo de novo?

"Serei uma divorciada e não tenho nem trinta anos", desabafou. "Decidi me casar por algum motivo. O que foi que eu vi?"

A perspectiva de cada indivíduo é forjada pelos seus próprios olhos, tal qual uma janela customizada para o mundo. Mas toda janela embaça. Podemos limpar ou embaçar nossa janela, dependendo da situação. No início, Fiona queria ver determinadas características em Pedro – a vontade é poderosa, especialmente a dela. Sendo assim, essas características se formaram, como a predileção dele por ioga e bolo de banana desidratada com tâmaras.

"Talvez o casamento seja uma instituição anacrônica", ponderou.

Minhas janelas concordavam.

Antes que ela fosse embora, contei sobre Joe. Disse que me achava fraca quando alguém dominava meus pensamentos daquela forma. Eu tinha um caso grave de paixonite aguda. Havia cheirado sua máscara de dormir tantas vezes que acreditava ter aspirado tudo o que podia e agora o dorminhoco emanava de mim.

"É só se deixar levar", aconselhou Fiona. "Confie em você. Tudo vai dar certo."

Ela aceitou o próprio conselho e voltou lúcida para Connecticut.

Às vezes odeio meu cérebro

Há um montinho de cimento em frente à porta do ACE Bar. É cruel, eu sei, mas às vezes entre um pedido e outro vou até lá atrás de diversão e assisto ao tumulto do ritual de acasalamento. A saliência sempre pega as pessoas desprevenidas, especialmente depois do quarto drink – e mais especialmente ainda a mulher que decidiu aprimorar seu andar sedutor com um salto alto. Tornozelos viram enquanto mãos se agitam e a gravidade puxa o traseiro numa velocidade para a qual ela não estava preparada, mas o tombo sempre vem acompanhado de um sorriso, pois a dor só virá no dia seguinte. Ela já entornou todas e está sob o efeito entorpecente da dopamina e da noradrenalina liberadas pela presença daquele que a segura em seus braços. Os hormônios induzidos pela paixão tornam o casal insensível para o mundo exterior, insensível para o fato de que o segurança e eu estamos rindo da cara deles. Mas quando ele a toca, ela não está nada anestesiada; a sensação chega a 250 quilômetros por hora no seu cérebro. Sinto um pouco de pena do casal. São vítimas de seus próprios impulsos químicos, que os manipulam como um titereiro que, onisciente, sincroniza os movimentos das suas marionetes. Ele toma um gole, ela faz o mesmo segundos depois. Onde está o livre-arbítrio? Depois de um abraço que não dura mais do que vinte segundos, uma rajada de oxitocina, o mesmo troço que irrompe durante o orgasmo, inunda o cérebro do casal, especialmente o dela. Na mulher, que agora arqueia as costas enquanto joga os cabelos nos ombros com um recatado sorriso por trás do colarinho da jaqueta, a onda neuroquímica relaxa a amígdala cerebral e o córtex cingulado anterior (o primeiro alerta o corpo de que é preciso temer, o último controla o pensamento crítico). Com isso, ela fica muito mais propensa a desconsiderar as possíveis falhas do seu novo amante e permite que o ritual do acasalamento siga seu curso – a espécie precisa se propagar. Eles vão acordar amanhã de manhã desprezando a noite anterior; tudo não passou de uma elaborada farsa criada pelo cérebro. Ela vai ficar pensando por que ele se recusava a fazer contato visual e esqueceu de deixar o número do telefone quando saiu; ele já vai estar longe e felicitando-se por não ter mordido a isca. Não é o momento de ser fisgado, mas sim de jardinar; ele precisa capinar todo o quintal antes de espalhar as sementes.

    O que posso dizer? Eu estava com os nervos à flor da pele. Estava com TPM. Eu tivera o que acabou sendo o meu último encontro com Joe no dia anterior. Enquanto esperava no meu apartamento, ansiosa pela chegada do homem que acreditava ser meu namorado, finalmente peguei meu mascote – Picchu, o fantoche de vulva – e coloquei a minha mão lá atrás. Manipulei os lábios vaginais de pelúcia com tanta argúcia quanto a química cerebral manipulara aqueles dois desconhecidos. Eu estava empolgada. Coloquei correndo Picchu na sua bolsinha de seda cor-de-rosa e desci voando as escadas para encontrar Joe. Passamos uma hora ouvindo música brasileira ao vivo num bar ali por perto. Ele me deu a mão enquanto andávamos em direção ao meu apartamento e me falou de suas preocupações com a carreira. As pessoas não compartilham coisas assim com qualquer um, compartilham?

    Bom, aí vai a história de quando o meu mundo caiu. Um novo CD já estava no som para demonstrar meu amplo gosto musical. Apertei o play. Imediatamente começamos a rolar no meu colchão. Ele estava nu antes que eu pudesse contar até cinco, e eu estava sem nada exceto a minha melhor calcinha, preta de rendinha. Nós nos transformamos num emaranhado de pele. Seria impossível discernir onde eu terminava e ele começava se não fossem seus pelos pretos. Ele sussurrou que gostava de mim e que me achava bonita. Todos bons sinais, não? Ele me deixou esfolada de tanta esfregação antes de começarmos a cogitar se havia uma camisinha por perto. Depois eu tentava entender melhor as preliminares – depois é sempre a hora certa. Aquele era o nosso quinto encontro. Era apropriado. Acho. Achava. Sei lá. Procuramos por todo canto por uma embalagenzinha de alumínio.

Ele estava montado na minha barriga, procurando desesperadamente em todos os buracos da sua carteira, saco mergulhado no meu umbigo. Fui acometida por pensamentos da mesma forma que pássaros se lançam à janela, implacavelmente. A sinergia entre a região pélvica e o cérebro se rompeu; eu tinha perguntas a fazer. Não é esperado que as pessoas percam completamente a razão quando se entregam à paixão? Droga! Por que eu não parava de pensar? Perguntei se ele fizera o exame nos últimos tempos. Ele disse que sim, que estava tudo certo. Em seguida, anunciei que precisava saber se a pessoa gostava mesmo de mim antes de fazer sexo com ela. Se algum dia vi um queixo cair, foi o dele.

O jogo virou naquele exato momento. Passamos da linha e avançamos por território sexual desconhecido. Ele me perguntou se eu estava falando sério.

"Sim."

"Estou nu", disse ele, sem parar de mexer na carteira.

Alegou que gostava de mim, queria trepar comigo e estava certo de que gostaria de fazer isso várias vezes, mas não estava pronto para a monogamia. Acabara de terminar um relacionamento seis meses antes e queria sair com muitas mulheres. Acho que ele merece crédito pela honestidade.

"Não sinto uma necessidade incontrolável de namorar você", declarou.

Ai! Necessidade incontrolável. Precisava falar assim? Joe perguntou se eu queria continuar saindo com ele sem compromisso. Eu disse que não. O jogo termina quando você tem uma resposta.

Saí de baixo dele e troquei o CD pelo mesmo que tocara sem parar em nosso encontro anterior. Eu me senti livre. Voltei a ser eu mesma. O que tinha acontecido comigo? Num breve ataque de humor, ele perguntou se tínhamos direito a sexo de despedida. Cheguei mesmo a pensar no assunto; pensei se não era disso que eu precisava. Talvez finalmente gozasse caso não tivesse nada a perder. Aproveitar a oportunidade? Mas com a hesitação veio a presciência, e soube que no dia seguinte teria um vazio entre as pernas e uma necessidade incontrolável de baixar mais músicas dele no MySpace. Estávamos abraçados na cama quando eu disse que ele sairia perdendo. Disse que eu era uma pessoa especial; mas estava sobretudo tentando me convencer. Lamentava a perda daquele que via como companheiro e cúmplice orgástico em potencial, ao passo que Joe tentava se conformar com o fato de que eu nunca mais mostraria como ele era descomplicado. Ambos lastimávamos o fato de que nos encaixávamos tão bem e não descobriríamos se a conexão final seria perfeita.

Ele não queria aceitar de volta a máscara de dormir. Eu não queria aquilo... mas queria. Ele deixou a máscara na minha mesa de cabeceira. Não vou mais me derreter por suas vibes noturnas bolorentas e malcheirosas! Ele perguntou se podíamos sair como amigos; é claro que eu queria sair, mas não como amigos. Fiquei em silêncio e lancei um olhar ao mesmo tempo melancólico e irritado como quem diz: "Vá chupar seu próprio pau!".

Depois, saí xingando a caminho da geladeira.

Venho por meio desta processar-me por difamação

"Mara, você está racionalizando", disse Rori. Lá estava eu no seu consultório de novo. Embora nos encontrássemos apenas uma vez na semana, sentia como se estivesse sempre lá. Aqui estou eu onde estou de novo.

"Mas como você se sente?", perguntou. "Joe falou que não quer se envolver e você não tem nenhum problema com isso?"

Sorri. Sorrir dói. Mordi a bochecha até criar um calombo do tamanho de um mamilo ereto.

"Estou bem", respondi. "Não quero mesmo um relacionamento. É uma perda de tempo."

"Isso não significa que não dói", retrucou.

Eu não pretendia chorar por algo em que não acreditava. Foi só o sorriso bonito acompanhado de um pênis que me deixou confusa. Joe fora um ataque de insanidade momentânea.

Rompimentos estavam no ar. Do outro lado do país, Fiona estava preparando Pedro para o divórcio. Ela já estava lendo *Comer, rezar, amar*, de Elizabeth Gilbert. Ela soubera pela mãe, que ouvira na Oprah, que esse era um livro obrigatório para qualquer um que estivesse prestes a se separar. Contou que iria a um ashram indiano numa missão de autoconhecimento assim que a turnê acabasse, em fevereiro. "Só vou meditar", afirmou. "Vou me encontrar." Não abri a boca. Quem era eu para saber onde ela se encontraria ou deixaria de se encontrar?

Cerca de uma semana depois, recebi um pacote do Joe. Subi as escadas rindo e me preparei para abrir o embrulho, imaginando que pudesse conter um pedido de desculpas, um boneco de corda que, ao ser acionado, diria: "Êpa! Eu quis dizer que tenho uma necessidade incontrolável de estar com você!". Nada disso. O pacote trazia seis livros sobre sexo: *The Female Brain, Sperm*

Counts, *The History of Sin*, *Impotence* e *The Humble Little Condom* (talvez ele devesse ter ficado com este como lembrete para depois). Um pequeno bilhete estava preso no último livro, escondendo o título: *Virgin*.

O bilhete dizia: "Mara, achei que esses livros podiam ajudar na sua pesquisa. Joe".

As meninas com quem divido o apartamento tentaram me consolar dizendo que aquele era um meio tortuoso de declarar que gostava de mim. Mas eu achava que ele estava querendo me provocar, dizer algo como: "Eu sei gozar e você não sabe". Apoiei os livros contra a parede. Eles me serviam de banquinho. Eu esfregava a bunda neles.

Como se já não estivesse me sentindo suficientemente mal àquela altura, um dos meus cinco homens e meio ligou para contar que alguém lhe enviara um link: "Mara Altman está escrevendo um livro sobre nunca ter tido um orgasmo". Ele disse estar chateado por as pessoas estarem postando notícias maldosas sobre mim. Disse também estar certo de que, se eu entrasse em contato com o administrador do site, a falsa notícia seria retirada do ar.

Agora cabia a mim dizer algo como: "Bem, eu...".

Ele já sabia que eu nunca tivera um orgasmo, mas não sabia que eu estava tentando escrever um livro sobre o assunto e, claro, não podia acreditar nisso. Ele não ficou nada contente, para não dizer outra coisa. Entrou na defensiva. Era como se a *minha* falta de orgasmo fosse uma ofensa a *ele*, como se falar sobre o meu problema fosse denegrir sua masculinidade por causa do nosso histórico. Eu o maculara, e ele não queria que o mundo soubesse disso.

"Mas o problema não era com você, era comigo", disse eu, tentando acalmá-lo.

Não sei se fui convincente, mas acreditava no que estava dizendo. Embora tenha passado todos aqueles anos esperando que um cara me fizesse gozar, não culpava os que fracassaram. Eu também não facilitava nada.

Ele desligou bastante chateado. Será que a sua reputação e a minha falta de orgasmo estavam tão conectadas que eu estava difamando o cara? Se eu estivesse difamando alguém, esse alguém não seria *eu*?

Aquilo me lembrou de um problema de comunicação que tivera com um francês no ACE Bar, que levou a uma conversa esclarecedora.

Eu: Você chegou cedo.
Homem: O quê? Você quer saber do meu medo?
Eu: Está bem. Qual é o seu medo?
Homem: Meu maior medo é não satisfazer uma mulher.
Eu: Por quê?
Homem: Porque isso significaria que fracassei.
Eu: Fracassou em quê?
Homem: Fracassei como bom amante.
Eu: E se ela fingir?
Homem: Isso seria pior.
Eu: Por quê?
Homem: Porque ela estaria fazendo isso só para me agradar.
Eu: Pelo menos seu ego seria poupado.
Homem: Não é o meu ego.
Eu: Então o que é?
Homem: É o meu medo.

Era como se os homens estivessem sequestrando o prazer feminino para se fortalecer. Decidi recorrer aos classificados online para descobrir a relação entre a psique masculina e o orgasmo feminino. Imaginei que encontraria muitas pessoas que tivessem reunido algum conhecimento sobre o assunto enquanto se transformavam em larápios sexuais da internet. Acabei entrevistando alguns no Bleecker Bar.

Muitos confirmaram as minhas suspeitas: disseram avaliar seu sucesso sexual com base nos orgasmos que são capazes de suscitar nas parceiras. "Quando elas chegam lá, é como alcançar o topo de uma montanha", declarou Andrew, um cara de 38 anos que garantiu só recorrer aos classificados quando ele e a namorada estão com problemas. "Transar é ótimo, mas, quando faço a mulher gozar, me sinto homem." Outro cara não parava de falar sobre como desistira do orgasmo feminino. "Fico tão preocupado com o orgasmo dela que acabo eu com problemas para relaxar." Descobri também que esses homens preferem as mulheres que sabem o que querem e não têm medo de expressá-lo. Notei que isso se deve à seguinte lógica: a mulher que conhece o próprio corpo tem uma porcentagem menor de fracassos orgásticos. "Ah, os caras gostam das piradas", foi o que ouvi de um homem de 28 anos. "A maioria gosta de uma maluquete, de uma garota vulgar que não tem medo de dizer do que gosta." Um cara chegou a me dizer que provocar um orgasmo na namorada inspirava a criatividade; ele me falou de quatro receitas de peixe que concebeu enquanto a namorada gozava, como um filé de halibut assado marinado em tabule e meia xícara de suco de limão.

Depois de todas essas entrevistas, fiquei achando que o orgasmo pode ter entrado no jogo só para entravar o relacionamento entre homens e mulheres. Não sabia como sobrevivera dois meses namorando sem gozar; os caras parecem depender muito disso. Mas, mesmo esperando que o meu primeiro orgasmo viesse de um homem, eu ficava puta com o fato de estarem se apropriando dele. O orgasmo era meu! Não?

Procurei Atman na barraquinha de muffins para conversar. Desde a minha última visita, passei a considerá-lo meu guru para assuntos pélvicos.

Ele estava em pé ao lado de uma pilha de maçãs. Seus olhos se voltaram para mim. Ele tocou a minha testa e me deu dois beijos na bochecha.

"Ah, querida", disse ele enquanto pegava minhas mãos e as beijava. "Que lindo dia. Você veio pela sua flor?"

"Isso, a minha flor", cedi. Se a Clitty Rose tinha algo de botânico, estava mais para uma estufa úmida, mas não me pronunciei.

Tentei dar início a uma conversa, mas ele não queria saber do meu papo de egos, nem dos masculinos nem dos de ninguém. Atman não se ligava em ego. Ele encetou sua própria conversa.

"Você precisa de tolerância e paciência", disse ele. "Começar a correr antes de engatinhar, a gente se machuca."

Em seguida, passou a falar dos pontos que o meu carma acumulara nas minhas vidas passadas na Europa e na Escandinávia. Não entendia como Atman era capaz de examinar o passado mas não dava um jeitinho no meu problema de orgasmo. Era óbvio que ele não entendia nada de prazos.

"Somos mais naturais e frutíferos do que ficcionais", declarou. "Purifique sua alquimia. Coma frutas e vegetais da estação; não de depósitos da Califórnia e da Flórida – não, do local."

"Isso vai ajudar a minha 'flor'?", perguntei. Estava de olho numa abobrinha do tamanho daquele gigantesco consolo preto da Betty, o Nimbus.

"Não seja tão ambiciosa", ele respondeu. "Neutra, menos intolerante e crítica. Fique com a sua curiosidade."

Curiosidade. Pensei imediatamente na masmorra de Jersey City. Tinha quase me esquecido dela. Barry, o cara do BDSM, não parecia precisar de massagem no ego. Ele obtinha tudo o que desejava com seus *fistings*. Atman me beijou entre as sobrancelhas enquanto as pessoas sacudiam seu dinheiro para trocar por guloseimas. Fui embora revirando a minha carteira à procura do pequeno cartão vermelho que dizia "Senhores da Dor".

Arca de Noé

Deixei um número de telefone e endereço com Leigh e Ursula antes de pegar o trem para Jersey City.

Barry me buscou na estação. Entrei na sede dos Senhores da Dor, uma casa de três andares um tanto decadente. Esforcei-me para fazer cara de repórter imparcial, mas fiquei feliz ao ver que ninguém me notava enquanto olhava para as paredes e sentia meu rosto se contorcer, revelando todo tipo de juízo.

Havia fotografias de mulheres em posições comprometedoras espalhadas aleatoriamente por toda a parede de tijolos da sala. Imagens de meninas vestidas de preto chorando lágrimas de sangue, boca coberta por fita adesiva com a palavra "vagabunda" escrita, fizeram meu queixo cair. Vi botas altas de couro jogadas num canto. A TV estava ligada sem ninguém diante dela. Na mesa, havia cinquenta caixas de DVD esperando para serem embaladas. Na capa, a foto de uma mulher nua. Seus mamilos, presos por grampos, eram puxados. Os lábios vaginais estavam torcidos e esticados por uma pinça suspensa. O rosto, enrugado de dor, estava vermelho como a tatuagem que enfeitava sua cintura. O título: *The Torture of Sunshine*.

"Sunshine", gritou Barry. "Sunshine!"

Uma jovem de jeans e camiseta desceu as escadas trotando. Seus cabelos estavam presos num desgrenhado rabo de cavalo. Ela era mais nova do que Bam Bam, o filho de Barry, e tinha um piercing no mesmo lugar em que Marilyn Monroe trazia sua icônica pinta.

"Preciso que você empacote isso aqui", ordenou Barry, apontando para os discos. "Vamos levá-los para Nova York amanhã."

"Você pode me dar dinheiro para o almoço?", resmungou a menina. "Estou com fome."

Ela me lançou um olhar de desdém com o canto do olho. Eu fitava seus lábios vaginais deformados na embalagem e não acreditava que Sunshine pudesse estar feliz com o fato de que eu soubesse tanto sobre ela enquanto tudo o que sabia de mim era que carregava uma caneta Bic azul. Barry sacou uma nota de vinte dólares e colocou na palma da mão dela. Pobre vulva – eu me perguntava se já tinha recuperado seu formato original. A menina seguiu a luz do sol enquanto Barry me levava para conhecer sua masmorra. Ele vestia uma camiseta azul-celeste que combinava bem demais com o seu jeans lavado e os tênis Reebok, cuja alvura de que acabou de sair da caixa contrastava com o carpete amarelado sob suas solas. Não havia grades nem celas lá embaixo, apenas o azedume de um porão caindo aos pedaços. Havia macas hospitalares e uma enorme quantidade de instrumentos enfileirados na parede. Algemas, cruzes de Santo André, chicotes, consolos de todos os tamanhos presos a elaboradas cintas, facas e um aparelho de supino. Havia uma caixa cujo conteúdo estava tentando discernir. Barry me ajudou.

"Ah, isso é um kit de enema", disse ele. "Uma das meninas usou isso em um cara no último filme."

"Interessante", disse eu, felicitando-me internamente pelo tom casual.

Barry apagou as luzes antes que eu pudesse dar uma boa olhada em tudo, mas não protestei. Ele não me deu um segundo para questionar seu controle. Subi dois lances de escada atrás dele. Ele entrou no quarto. Eu o segui. Sentou-se diante do computador. Não havia outra cadeira, só uma cama desarrumada e mais uma coleção de elaborados instrumentos sexuais presos à parede. "Eu não fico na masmorra", declarou. "Faço tudo aqui."

Ele disse que passara a noite com uma mulher. Usou dois dos seus vibradores nela e a fez gozar cinco vezes.

"É isso que eu faço", declarou. "Estou aqui para ajudar os outros. Dou o que tenho sem cobrar nada."

Eu exercitava a minha capacidade de não julgar, mas me recusava terminantemente a sentar no seu playground. Os lençóis estavam todos revirados, como se tubarões tivessem passado por ali. Barry começou a mexer no mouse e disse que precisava colocar um anúncio para Sunshine nos classificados.

Tenho 1 metro e 78, cabelos pretos e sessenta quilos. Exerço os dois papéis, trabalho com podolatria, cbt*, cintas penianas, feminização, humilhação, entre outros. Sou dominatrix, não prostituta. Trabalho exclusivamente com dominação.

Sunshine era uma dominatrix profissional; a masmorra de Barry era seu escritório. Ela colocava calcinhas em maridos e namorados insatisfeitos, espancava-os e fazia enemas por duzentos dólares a hora; Barry ficava com a metade de comissão. Ele vivia bem à custa de um estoque infinito de homens sexualmente insatisfeitos.

Eu ainda estava em pé.

"Vá pegar uma cadeira e diga a Sunshine que sirva um copo d'água", ordenou.

"Não quero água, obrigada", disse eu, tentando ser uma visita tranquila e educada.

"Não", retrucou. "Quem quer água sou *eu*."

"Ah", respondi perplexa. Desci. Sunshine despejava leite numa tigela de Sucrilhos.

"Barry quer água", falei.

"Os copos estão ali", ela respondeu sem olhar para mim, apontando para um secador de louças cheio de copos descartáveis. Enchi o copo.

Barry pegou o copo das minhas mãos sem dizer uma palavra – nem mesmo obrigado – e começou a me explicar dominação e submissão. Olhei fixamente para o brinco de diamante na sua orelha esquerda e para a linha do seu cabelo, cujo centro formava uma ponta de que todos os outros cabelos se afastavam como a água de um banco de areia.

"Você é heterossexual, homossexual, bi ou curiosa?"

"Posso dizer que sou uma heterossexual muito tímida."

"Ah, então você precisa de alguém que assuma o controle", ele declarou. "A maioria das mulheres é submissa. Só que elas crescem submissas, mas menosprezadas. Você precisa de um dominante que esteja disposto a explorar seu coração, depois o seu

---

* Acrônimo de *Cock and Ball Torture*, tortura do pênis e dos testículos. (N.T.)

corpo. Se eu te preparo para ser a melhor submissa que você pode ser para mim, então você vai me agradar, o que trará recompensas que vão agradar você, se eu treiná-la direitinho."

Algumas pessoas encaram a relação dom/sub como uma brincadeira sexual. Barry vivia aquilo.

Ele seguiu explicando que seus submissos têm três regras. Disse tudo com a naturalidade de um contador que discute direito tributário. Eles devem estar sempre nus quando dentro da casa, devem sempre encher seu copo d'água e sempre pedir permissão para ir ao banheiro – e deixar a porta aberta quando forem.

"Como as crianças, os submissos sempre testam para saber se podem escapar impunes disso ou daquilo", disse ele. "Para que você me respeite, preciso confrontar essa situação quando ela surge."

Certa vez, uma das submissas se esqueceu de encher o copo; Barry a fez andar pela casa com um copo cheio d'água durante 24 horas para que lembrasse na próxima vez. Ele garantiu que, se eu me esquecesse de pedir permissão para ir ao banheiro, me obrigaria a fazer cocô nas fraldas.

Eu continuava prestando atenção, mas queria muito que ele parasse de dizer "você".

"Em suma, eu valorizo você, amo você, protejo você", declarou. "Isso é tudo o que alguém pode querer do seu amante. Honestidade e confiança."

Ele estava me testando para submissa?

Dei uma olhada num cartaz de filme preso no quadro de avisos. Nele, Barry aparecia sentado numa cadeira com uma loura debruçada sobre o seu joelho. Uma calcinha fio dental e nádegas avermelhadas estavam logo abaixo da sua mão espalmada. Lá estava escrito: "*The Punishment of Crista*, estrelando Sir B com Little C". Sir B era o nome artístico de Barry.

Segundo ele, a excitação do submisso provém das endorfinas que seu corpo libera quando satisfaz o dominante. Já o dominante se excita porque está no controle.

"A minha viagem é que você confia em mim a ponto de me entregar o seu corpo para eu fazer essas coisas com você", disse ele. "Às vezes, fico tão focado no que estou fazendo que não dá tempo de a excitação chegar ao meu pau, nada de ereção. Isso é que é viagem."

Continuei a encarar o diamante reluzente na orelha de Barry e deixei que falasse sem parar. Ele me fez perguntas, mas não foram muitas as repostas que me ocorreram. Fodam-se as endorfinas, pensei eu. Quem é que precisa disso?

Se eu quiser endorfinas, é só dar uma corridinha.

"Você precisa estar num relacionamento comigo ou com alguém como eu por pelo menos seis meses ou um ano", ele anunciou. "Alguém – não estou falando de um relacionamento monogâmico – que possa te apoiar e explicar essas coisas que você precisa explorar e entender."

O que eu realmente precisava era ir para casa.

Disse a ele que talvez aquele não fosse o meu lance.

"Lembre-se, orgasmos não têm a ver com amor. Eles têm a ver com prazer. Você não precisa estar apaixonada por alguém. O orgasmo não está ligado à intimidade; é uma questão de prazer. É como tomar um sorvete. Se você gosta de chocolate, vá até a loja e compre um chocolate. Entendeu o que eu quis dizer?"

Finalmente, Sir B estava começando a dizer alguma coisa que fazia sentido. O orgasmo é um reflexo muscular, uma sensação. Eu estava certa! Fora pelo caminho errado, como fizera a minha vida toda, quando procurei Joe. Não precisava de Joe ou de emoções para resolver meu problema. Para Sir B, amor, intimidade e sexo eram naturalmente separados como óleo e água. Meu problema era ter misturado isso tudo. Eu precisava desembaraçar as coisas.

"Se alguém dissesse: 'Eu lhe dou um milhão de dólares, mas você não pode mais gozar nem trepar para o resto da vida. Quer?'. Nem por um caralho! O prazer é tudo na vida. Não se prive de nada; a vida é muito curta. É disso que estamos falando. Acerte as suas prioridades!"

Sabia que ele estava tentando espantar a minha timidez. Podia ser visto como um pervertido, mas acredito que desejava sinceramente que eu descobrisse aquilo que ele considera o maior tesouro que todos temos guardado: o prazer da sexualidade.

"Prazer", repeti, deixando que a palavra rolasse na minha língua.

Nesse meio tempo, Barry levantou-se para ligar seu Magic Wand de duas cabeças.

"O que você está fazendo?", perguntei.

"Foi isso que usei noite passada", disse Barry, segurando a engenhoca que pulsava. "Cinco orgasmos. Pode tocar."

"Acho melhor eu ir embora," respondi.

"Eu lavei", ele retrucou. "Pode tocar."

Por que esse pessoal do sexo sempre quer que você toque nas coisas que estiveram dentro de outras pessoas? Estiquei meu mindinho e toquei no negócio como se estivesse quente.

Em seguida, Barry me lembrou da festa de podolatria que ele marcara para a semana seguinte no Paddles, o único clube de S&M na cidade de Nova York. Ele afirmou que eu deveria ir, que seria interessante para a minha pesquisa. Descemos. Sunshine e Pixie, outra dominatrix, estavam jogadas no sofá assistindo ao programa da Tyra Banks e dando uma olhada nas suas páginas no MySpace, esperando que o próximo cliente aparecesse. Sir B me levou até a estação de trem.

Ele me aconselhou a fazer exercícios em casa. Eu deveria deitar na cama, fechar os olhos, respirar e me tocar.

"Deixe as suas mãos fluírem", sugeriu. "Deixe que a sua mente te leve para qualquer lugar. Se ela te levar para um lugar onde você está trepando com um cavalo, relaxe. Não tem problema; relaxe. Se deixe levar. Não pare. Continue se tocando."

Saí do carro com meu dedinho maculado estendido e longe do corpo. Pelo menos eu satisfizera a minha curiosidade; Atman ficaria orgulhoso de mim. Sir B me lembrou mais uma vez do meu dever de casa.

"Imagine que você está no canto do seu quarto", disse ele. "Imagine que estou sorrindo e aprovando cada movimento que faz. Estou apenas sorrindo para você, assentindo com a cabeça e dizendo: 'Isso, bom, muito bom'." Como se já estivesse no meu quarto, Barry balançou a cabeça e sorriu maliciosamente.

Naquela noite, fui para a cama, levantei a blusa e comecei a tocar o meu abdômen. Senti a ligeira elevação da minha barriga e as ondulações das minhas costelas. Quando me aproximava da região pélvica, Sir B apareceu no canto do quarto; ele estava sorrindo e me incitando a continuar. Foi então que o cavalo mencionado por Sir B apareceu. Ele tinha um daqueles falos repulsivos, com jeito de cachorro-quente cru. Depois disso, chegaram outros animais – chimpanzés, elefantes, girafas. Até as dominatrixes de Sir B entraram na brincadeira. Em dois minutos, consegui recriar a Arca de Noé no meu quarto. Mal havia lugar para mim na cama. Meu corpo ficou tenso. Não podia me tocar na frente de todo mundo. Afinal, não era a eles que eu estava tentando agradar.

Notas de pé de página

"Fui a uma festa de podolatria no sábado passado", falei, batendo numa tecla que soara sem parar na minha cabeça nos últimos três dias e quatro noites.

Rori cruzou as pernas calmamente. Ela não costuma usar joias, não usa aliança, não apresenta qualquer indício, além de beber Diet Snapples de pêssego, para que eu possa fazer uma ideia de como é a sua vida fora do escritório. Aposto que tem orgasmos. Ela tem cara de quem tem muitos orgasmos.

Ela balançou a cabeça, sua franja caía no rosto. "Sim, continue."

Contei que alguém chupara meu pé, praticamente trepara com ele. O cara me pagou cem dólares por cinquenta minutos. Falei que estava confusa.

"Por quê?"

Eu gostei daquilo.

Não fora à festa para participar. Caso alguém me perguntasse, antes do fato, se eu preferiria ter um estranho chupando o meu pé ou tratar das mil plantas no viveiro dos meus pais, eu teria escolhido a última opção. Decidi ir porque Sir B achava que seria bom para mim; não deixou que a minha recusa às suas primeiras propostas – usar a Magic Wand de duas cabeças ou ficar nua e cagar no seu banheiro com a porta aberta – o detivesse. Ele me sugeriu que fosse ao Paddles Club em Chelsea para observar como funcionava o mundo do BDSM; ele queria derrubar as minhas inibições.

Fui direto do trabalho; estava de jeans, camiseta e sapatilhas verdes e douradas, que usara praticamente todos os dias no último ano e meio. Quando encontro um par de sapatos confortáveis, uso até que se acabe. Eu não desejaria a ninguém aquele cheiro, que era próximo ao de uma fornada queimada do famoso peixe flambado com cheddar do meu pai depois de passar uma semana apodrecendo na lixeira.

Assim que cheguei ao porão, dei de cara com um enorme mural de cores vivas. Nele, uma mulher metida numa roupa de lycra roxa apoiava-se num pênis gigantesco que saía de uma espécie de cratera lunar. O salto de um dos seus sapatos perfurava o corpo do pau; já a cabeça era dilacerada por uma barra de ferro. Outra mulher segurava um homem pela enforcadeira enquanto ele, que usava uma máscara de gás, enfiava a cabeça num latão de lixo tóxico verde.

Diante desse pano de fundo, mulheres em sapatos plataforma com sete centímetros de altura comiam batata frita e pipoca em vasilhas de coraçãozinho; refrigerantes e sucos eram servidos em copos descartáveis. O lugar não tinha permissão para vender bebida alcoólica, então as pessoas corriam até o bar do outro lado da rua para tomar um trago e logo voltavam. As moças pareciam salsichas semiensacadas: seus espartilhos e minivestidos só cobriam a parte central do corpo; bundas e peitos pulavam para fora das extremidades. Enquanto isso, eu me escondia atrás de várias camadas de pano.

Sir B avançava a passos firmes na minha direção; a brisa provocada pelo movimento despenteava os seus cabelos, fazendo com que se agitassem sobre a testa. Ele parecia convicto demais; isso não era bom sinal. Sir B agarrou meu braço.

"Mara, tenho um cliente para você", declarou. "Ele quer uma menininha; você é a mais 'inha' que tenho."

"O quê?" Não tinha a intenção de parecer tão estúpida, mas aquela era a minha versão da técnica do avestruz: enfiar a cabeça na areia.

Eu disse que não faria aquilo de jeito algum. Não fora lá para trabalhar. Primeiro, ele queria que eu fosse sua escrava submissa; agora, era o cafetão das minhas extremidades? Veja os pés das outras meninas. Todos bem ornados, lustrosos e alvos. Aquilo sim é que eram pés. Os meus eram feios, largos, fedorentos e sujos; o esmalte estava lascado e a unha do dedinho era mutante.

"Barry, preste atenção", supliquei. "Eu operei meus joanetes. Joanetes! Essa é a cirurgia mais antissexy do mundo."

Sir B me pegou pelo cotovelo. "Alguns caras gostam dessa merda." Disse isso enquanto me arrastava na direção de um homem de meia-idade com cabelos brancos e uma camisa polo azul. Estava sentado no canto de um sofá marrom.

"Tire os sapatos", ordenou Sir B enquanto eu olhava para ele. "Ande", disse ele, contraindo as sobrancelhas. "Tire logo esse negócio. Você não vai morrer por causa disso."

Tirei a minha sapatilha em frangalhos.

O cara, que se chamava Fred, verificou meu pé direito. Ele o segurou em suas mãos por um segundo. "Eles são nojentos", disse eu, rezando para que o pobre homem não respirasse pelo nariz. Sir B me olhou com cara feia e colocou um dedo sobre os lábios. "Shhh!"

O cara fez a avaliação final com um beliscão. "Eles são ótimos", opinou. "Lindos."

Sorri. Esse fetichista maluco gostou dos meus pés feiosos. Sir B me mandou para o banheiro com uma toalha e um frasco de adstringente para limpá-los. Será que eu estava louca? Comecei a rir diante do meu reflexo no espelho do banheiro. Tentava me equilibrar com um pé dentro da pia quando entrou uma mulher numa roupa de enfermeira colada ao corpo.

"Como devo agir enquanto alguém brinca com os meus pés?", perguntei.

"Deixe o cara lamber ou fazer qualquer outra coisa com eles", respondeu, ajeitando os peitos. "Finja que está gostando, depois comece a respirar um pouco mais forte."

"Mas os meus pés são tão feios." Mostrei os meus pés a ela, torcendo para que se opusesse à minha opinião. A enfermeira deu de ombros, virou-se, bateu a porta e começou a fazer xixi.

Sir B me agarrou assim que saí do banheiro e me levou de volta para o sofá. Sentei-me no canto oposto ao de Fred. Ele colocou quarenta dólares na minha mão. Foi difícil aceitar. Será que embolsar o dinheiro fazia de mim uma prostituta? Ele acomodou as solas dos meus pés no seu peito. Começou a acariciá-los. Fred fechou os olhos. Outras pessoas assistiam. Estávamos expostos no meio do clube. Estranhos passavam em roupas de borracha, as fivelas em seus pulsos e tornozelos tilintando a cada passo. Sir B estava à minha direita. Chicoteava uma garota encostada à parede como o homem vitruviano de Leonardo da Vinci.

Fred levou meu pé direito até a boca e começou a beijá-lo suavemente. Tratava a ponta de cada dedo como se fosse uma boca. Sua ponta favorita era a do meu dedão; chupou a região e deu uma mordiscada. Acariciou a minha panturrilha e meu tendão de Aquiles como se acaricia a cabeça e o pescoço durante uma pegação normal; os tornozelos eram como orelhas e ele os afagava. Fred me deu mais vinte dólares, depois mais quarenta. Ele queria que a sessão durasse mais. Olhei para o teto e percebi que nunca amara tanto os meus pés quanto naquele momento, enquanto aquele estranho esfregava neles o nariz. O dinheiro fez o oposto do que eu esperava; eu me senti livre.

"O que você está querendo dizer?", perguntou Rori. "Você se sentiu livre quando ele a tratou como um objeto?"

É, acho que foi isso. A troca era clara: ele me dava dinheiro e eu lhe dava acesso ao meu pé. Não havia um "E depois?" na equação. Não precisava me preocupar em me apaixonar ou com as intenções do cara depois do bipe. Fred me dividiu em partes, mas eu me sentia mais inteira do que nunca. Finalmente vivi o momento. Cheguei até a deixar escapar um *hum* de prazer só de lembrar.

"Não entendo", disse para Rori. "Como posso ficar bem com isso ao mesmo tempo em que não consigo viver o momento com alguém que tenho o potencial de gostar?"

Brinquei nervosamente com as almofadas e dei com as costas no encosto do sofá.

"Na verdade, não quero ser 'um' com ninguém", afirmei. "É a sociedade que me faz achar que quero."

"Mas, Mara, a sociedade é real", ela retrucou. "Os sentimentos que gera fazem parte da vida. Ignorar esses sentimentos não é mais do que racionalizá-los por meio da lógica, e os sentimentos não são lógicos."

Mas até que ponto os sentimentos são reais? Eu acabara de descobrir que os meus sentimentos eram dominados pela mera simetria. Abrira a contragosto *The Female Brain*, um dos livros que Joe me enviara. Li que as mulheres se sentem mais atraídas por homens simétricos. Nem nos damos conta disso, é uma ação do subconsciente regida por algum tipo de vestígio pré-histórico no cérebro. Queremos ter filhos com homens simétricos, pois seu esperma é supostamente mais resistente. Os simétricos têm sucesso garantido; segundo as estatísticas apresentadas no livro, eles gastam menos dinheiro e tempo com as pretendentes, mas fazem sexo mais cedo do que seus congêneres desiguais.

"Depois de ler isso, olhei a foto de Joe", comentei. "Adivinhe. Ele é simétrico. Evan também. Eu me senti vítima de uma armadilha genética anciã. Não era eu que gostava deles, eram os meus genes."

"Então você não vai se responsabilizar por quem é, pelo que gosta?", perguntou. "Você vai creditar à hereditariedade e aos hormônios todas as suas emoções?"

Ela me olhou meio de lado, como quem diz: "Agora você entendeu, né?".

"Talvez eu esteja agitada porque estou na TPM", respondi.

Sempre culpo a TPM pelo meu mau humor, mesmo quando a minha menstruação acabou de acabar. A verdade é que a fêmea fica no período pré-menstrual até que menstrua, quando pode transferir a culpa da irritação para o fato de estar "naqueles dias". Foi nesse momento que, pela primeira vez, percebi o que estava fazendo: eu dera o direito ao meu útero, assim como o dera ao meu cérebro pré-histórico, de determinar quem eu era. Rori não precisava me dar tapinhas nas costas; podia ver em seus olhos o que estava pensando.

"Onde está *você* em todas essas experiências?", perguntou. "Você está aí em algum lugar."

O *eu* dentro de mim estava dizendo que a melhor coisa a fazer para obter um orgasmo era distinguir amor e orgasmo, como disse Sir B em sua masmorra. Um estava ligado à emoção; o outro era uma reação física – tão diferentes, mas tão interligados na minha cabeça. Quando andavam juntos, sempre geravam sofrimento e dispersão.

Sempre me considerara pudica, mas Fred acabara de me pagar para usar o meu corpo. Eu deixei. Eu gostei. Isso não é muito pudico. Talvez eu tenha me definido como pudica precocemente e tentado viver de acordo com isso todos esses anos a fim de fazer sentido para mim mesma. Afinal, o que fazer quando não correspondemos mais ao que acreditávamos ser? Precisamos encontrar outras formas de ser.

Bastava das antigas crenças da velha Mara: era hora de abraçar novas possibilidades.

O Gasmo

OneTaste. OneTaste. OneTaste. Ouvira falar mais de uma vez sobre a OneTaste, um grupo de seres que supostamente vivia para o orgasmo. A princípio, a ideia por trás desse grupo me causava aversão. Ouvi dizer que eles eram especialistas no orgasmo feminino e em algo chamado OMing – Meditação Orgástica –, em que focam toda sua atenção na região pélvica e, por meio disso, se iluminam. Ou qualquer coisa assim. Essa ideia não podia me causar aversão, pois acabara de decidir que não seria mais pudica. Aquela era a hora de provar isso. Se tudo o que eu ouvira fosse verdade, se eles realmente soubessem tanto assim sobre o orgasmo feminino, e até vivessem para o orgasmo, talvez soubessem o SIGNIFICADO DO ORGASMO. Não que eu queira colocar nada em letras maiúsculas.

As paredes eram todas brancas. O piso da filial de Chinatown era de madeira polida. As pessoas se reuniam em círculo para a reunião semanal chamada In Group. A líder do grupo, Racheli Cherwitz, me recebeu.

"Você sabe como na ioga as pessoas focam a respiração?", ela perguntou.

Fiz que sim com a cabeça.

"Bom, aqui focamos o orgasmo."

Racheli tinha 26 anos e era tão esguia que poderia deslizar por uma fila inteira de assentos no cinema sem que ninguém tivesse de se levantar. Seus cabelos eram castanhos e bem curtos. Seu olhar era uma versão menos desequilibrada e mais feminina do que o de Marshall Applewhite, fundador da seita Heaven's Gate, nos anos 90, embora fosse tão hostil quanto o dele. Senti seus olhos como lasers cirúrgicos, desconstruindo-me enquanto eu me sentava diante dela.

"O problema do sexo é que existem todas essas outras coisas em cima dele – amor, relacionamento, família, filhos – que deixam tudo um pouco confuso", afirmou Racheli. "Algumas vezes na minha vida, troquei carícias gostosas com um cara e acabei num relacionamento sem saber por quê. Só trocamos carícias, e isso foi tudo. O que fazemos aqui é basicamente dissociar a sensação física da história por trás dela."

Isso era exatamente o que eu estava procurando.

Em seguida, ela começou a explicar como tudo funcionava.

"O que acontece é isto: Uma mulher deita. Ela tira as calças. O acariciador ou acariciadora coloca uma pequena quantidade de lubrificante na ponta do indicador esquerdo, na área que mais se sensibilizaria caso sofresse um corte de papel. Em seguida, ele acaricia ao redor do acesso ao orifício vaginal e sobe em direção ao quadrante esquerdo do clitóris. Ao mesmo tempo, insere o polegar nesse mesmo acesso para impedir a energia de sair. Isso fecha o circuito. Quando alcança o quadrante esquerdo superior, ele acaricia para cima, para baixo, para cima, para baixo em diferentes velocidades durante quinze minutos."

Palavras como circuito, quadrante e energia fizeram meu radar para assuntos New Age apitar. Não sabia se confiava no discurso New Age, mas perseverei e me prometi que não acordaria no dia seguinte com uma porção de amêndoas cruas hidratadas na minha cozinha e Yanny no meu som.

Racheli continuou. Disse que eles não eram o primeiro grupo a usar esse método. Ele remonta a uma comunidade chamada Lafayette Morehouse, antes conhecida como More University, que foi criada por um homem chamado dr. Victor Baranco em 1968. Racheli contou que Baranco aprendeu a OMing, que desde então foi adaptada e modificada, com uma mulher chamada Feiticeira.

"Quem é a Feiticeira?"

"A Feiticeira é a Feiticeira."

"Ah", disse eu, tentando ser agradável.

A partir daí, a prática se difundiu em diferentes comunidades de orgasmo. Ela me falou rapidamente sobre uma pequena família que agora passava o dia tendo orgasmos em algum lugar das florestas californianas. Segundo ouvira dizer, eles eram um pouco fechados e bastante reservados. Saber disso me deixou imediatamente fascinada; queria conhecê-los.

"O orgasmo é o estado mais elevado de sensação que um corpo experimenta", continuou Racheli. "As pessoas tocam seu propósito quando estão nesse estado. É o mais perto que chegamos de tocar a criação."

Ela disse que a sede do grupo ficava em São Francisco, onde vivia sua fundadora, Nicole Daedone. Racheli contou que Daedone era inacreditavelmente experiente no que se refere ao orgasmo. Pelo tom da sua voz quando disse isso, não teria ficado surpresa se ela estendesse um colchão de ar, ficasse de joelhos e rezasse na direção de São Francisco. Falei a Racheli sobre o meu projeto e disse que gostaria de entrevistar a Senhora Daedone. Ela me respondeu que sua líder era muito ocupada e que seria melhor dar uma olhada nos vídeos do YouTube no site da OneTaste.

Havia cerca de dezoito pessoas naquela reunião, um encontro semanal concebido para que pudéssemos explorar nossos desejos. Aparentemente, não era ali que todos tiravam as calças. Racheli disse que eu poderia tirar as minhas durante os círculos de OMing; custava apenas 250 dólares para ser iniciada na arte de tirar as calças. Eu tirava as calças de graça em casa, mas não disse nada porque ela tinha aquele olhar profundo e provavelmente soubesse no que eu estava pensando.

Só tínhamos que pagar dez dólares para participar daquele encontro. Depois da reunião, todos confraternizaram. Conheci um homem chamado Forrest. Ele me falou mais sobre a Senhora Daedone. Parecia ser uma heroína underground, uma dádiva divina, a imperatriz de todas as coisas abaixo da cintura. Podia ler mentes; podia fazer alguém chorar colocando a mão em seu peito. Era como a líder de uma seita. Não é todo dia que nos deparamos com uma seita sexual. E a Senhora Daedone parecia a pessoa perfeita para me revelar o SIGNIFICADO DO ORGASMO. Ela era o oposto do AntiGasmo; estava claro que era O Gasmo.

"Tem certeza de que não consigo uma entrevista com Nicole Daedone?", perguntei mais uma vez a Racheli.

"Vou procurar saber", ela respondeu. "Por ora, sugiro o YouTube."

Estava prestes a sair pela porta quando me apresentei a uma mulher que me chamara a atenção durante a reunião. Ela se sentara em posição de iogue em sua cadeirinha dobrável. Suas bochechas estavam coradas. Sorria sem parar. Enquanto falava, não parava de se sacudir para cima e para baixo. Isso devia fazer parte da vida orgástica.

    Disse que seu nome era Zola. Contou que eu a lembrava de si mesma antes da sua abertura sexual. Convidei-a para um café na semana seguinte. Ela topou.

A poetisa da boceta exige desculpas

Quando avistei Zola me esperando no café, soube que seria o meu Sócrates sexual. Era a versão sexuada de mim, aquilo que eu lutava para ser. Como se eu tivesse sido clonada e então coberta por uma emulsão erótica. Tínhamos a mesma altura – os mesmos olhos e cabelos castanhos também –, mas seu corpo era mais curvilíneo, como se a fartura de energia sexual atingisse os pontos femininos certos – seios, quadris, barriga e bunda. Seus olhos eram brilhantes e sua pele, macia. Poderia jurar que os orgasmos são mais eficazes contra acne e olhos vermelhos do que um coquetel de Visine and Clearasil.

Zola era uma princesa da boceta. Trabalhava com boceta. Sua parte favorita do corpo era a boceta. Aos 29 anos, acumulara um sem-número de factoides sobre a boceta: a maior parte da estrutura clitoridiana é interna, ela tem mais de quinze centímetros de comprimento, o formato de um osso da sorte e mais terminações nervosas – oito mil – concentradas em um único ponto do que qualquer outra parte do corpo humano.

Ela contou que começara a praticar exercícios taoistas. Inseria um ovo de jade na vagina para adquirir força interna. Naquele momento, Zola estava praticando traçar as curvas de um oito com o ovo – sem as mãos – durante um profundo estado meditativo.

Tentei me equiparar. Contei que conseguia correr seis quilômetros e meio em quarenta minutos enquanto ouvia música – às vezes até mascando chiclete ao mesmo tempo.

Ela pegou um pedaço do muffin. Fazia um barulho a cada mastigada como se tivesse ativado o ponto G. Depois, fechava os olhos de prazer por alguns segundos. Em seguida, voltava para a conversa. Com Zola, era como se o orgasmo estivesse sempre por perto.

Zola era mórmon, depois tornou-se lésbica. Em seguida, veio para Nova York e fazia massagens eróticas. Agora, é bissexual e professora de Tantra, ou dakini. Ensina técnicas sexuais e respiratórias para aqueles que desejam alcançar um potencial sexual mais elevado. Por trezentos dólares a hora, oitocentos dólares por três, pode ser sua terapeuta nua. Ouve suas fantasias bissexuais, olha você nos olhos, cura impotência, aprova o tamanho do seu pênis e vibra enquanto você se traveste pela primeira vez. Essencialmente, ela cria um espaço para que você explore a sua sexualidade. Também come você por trás com uma cinta peniana, se é disso que gosta. Classifica-se como profissional do sexo, mas não faz sexo com seus clientes. "Sou uma espiã no templo do amor", declarou. "Adoro a minha vida!"

Dava para ver que isso era verdade; ela grunhia enquanto comia a amora do muffin. Gemia enquanto o café descia pela garganta.

Contei sobre o meu mais recente problema. Sendo a profissional da boceta que era, achei que teria uma solução. A questão se revelara na minha última sessão com a Rori. Minha terapeuta disse que eu falava da minha mente e do meu corpo como dois seres distintos; eu os compartimentava. Rori afastou os braços para demonstrar. A mão direita, ela disse, era o meu cérebro; a esquerda, minha região pélvica. "Precisamos unificar os dois", afirmou, juntando as mãos até que ficassem paralelas. "Sexo e mente não precisam ser mutuamente excludentes."

"Acho que a minha boceta é autista", disse a Zola.

Zola refletiu.

"Corteje a sua boceta", ordenou. "Seduza, galanteie, descubra do que ela gosta e não gosta, tire fotos dela, compre flores e chocolate."

"A minha boceta não come chocolate", respondi. Conforme dizia isso, imagens terríveis vinham à minha mente.

Ela deu outra mordida no muffin, gemendo enquanto mastigava.

"A sua boceta é você!", disse enfim, depois de engolir. "O que a sua boceta quer, você quer!"

Torci o nariz.

"Escreva uma poesia para ela", continuou. "E, sério, trate a sua boceta com respeito. Ela merece."

Quando nos despedimos, Zola me deu alguns livros e um DVD chamado *Devine Nectar*, que ela descreveu como "imperdível" e "tão bonito que quase me faz chorar".
Quando cheguei em casa aquela noite, sentei para digitar.

Querida boceta,
Sinto muito que tenhamos perdido o contato. Quero conhecê-la melhor. Quero saber o que a faz feliz – ou melhor, o que a faz vibrar.
Sei que não tenho sido a melhor das companheiras. Mantive você abafada e trancafiada em calcinhas antiquadas. Abusei do meu poder – sejamos sinceras, é fácil dominar você. Enquanto posso pular e gritar de excitação, você pode apenas latejar e inchar. Nunca esbanjo comprando o melhor absorvente; não quero nem lembrar a lixa que já usei como papel higiênico. Quando decido te depilar – o que tem sido raro nos últimos tempos devido à falta de interação com o sexo oposto (assumo a culpa por isso) –, te levo aos lugares mais baratos que consigo encontrar, de onde está fadada a sair assimétrica e com uma abundância de pelos encravados, sem falar na ligeira possibilidade de mutilação. Sei que isso não faz bem à autoestima de mulher nenhuma – especialmente à sua, já que é feia o bastante. Sem ofensa, já discutimos a sua aparência antes.
Tá certo, isso foi indelicado da minha parte. Peço desculpas. Você é uma flor. É uma concha. É uma extraordinária orquídea iridescente, uma cadeia de montanhas íngremes, o esplendor comovente de um geodo recém-aberto. Talvez tenha um pouco de inveja porque os homens parecem sempre querer você antes de mim. Mas devo reconhecer que seu instinto para lidar com eles é bem melhor do que o meu. Enquanto você fica toda inchada e pronta para interagir, eu me coloco na defensiva e digo o que não quero. Quem sabe não aprendo alguma coisa deixando que assuma a liderança.
Mas por que você foi desenvolver seu botãozinho mágico

tão longe do ponto de penetração? Em termos de boceta, o clitóris fica a quilômetros de distância. Isso criou uma confusão desnecessária na minha cabeça antes mesmo de perdermos a nossa virgindade. E o cheiro? Você precisa exalar um fedor desses só para mostrar às pessoas que existe? Desculpe. Desculpe pela digressão. É para acertar as nossas diferenças. Nós nos divertimos juntas. Lembra a primeira vez que você soltou um pum? Eu ri tanto que você fez de novo só para me agradar. O que quero dizer é: se trabalhássemos juntas, se desenvolvêssemos uma sinergia, as coisas poderiam ficar melhores para nós duas. Tentarei ouvi-la com mais afinco. Talvez ajude se dormirmos juntas. Vou aceitar o conselho de Atman quanto a isso. Na última vez que fui vê-lo, quando estava prestes a ir embora, mães e criancinhas olhando para nós horrorizadas como sempre, ele gritou: "Ventilação! Restringimos aquela área com tantas camadas. Fedorenta por causa do suor, sabia? Você não deixa as coisas respirarem. Deixe que a flor seja livre!".
Vou libertar você. Há muito tempo que você merece ar puro. Por favor, me desculpe. Vamos recomeçar como um único ser, chega de você e eu.

Beijos,
Mara

Comecei a dormir nua. Eu me peguei acordando com a mão na pererreca – existe um laço entre essas partes do corpo que eu desconhecia. Elas agiam como amantes que, depois de muito tempo, se reencontraram. Quando as observava, logo se separavam, como adolescentes que são flagrados esfregando-se em locais públicos.

Sentia-me mais ousada do que nunca. Não falava com Betty, a Mãe da Masturbação, há mais de um mês, mas enviei um e-mail ao seu jovem namorado, Eric, para saber se estaria disponível para uma entrevista. Enviei uma mensagem também para Sir B. Eis o que me respondeu:

Você está disposta a vir aqui para fazer algumas coisas, não estou falando em contato físico, mas fazer o que eu digo... Está disposta a isso? Você só precisa confiar em mim. Não pergunte nada, faça apenas o que digo sabendo que sei o que é melhor.

B

Quando a imagem da masmorra, da parede de instrumentos sexuais e do enema reacenderam em mim, disse a ele que não estava pronta, torcendo para que me convidasse a outra festa interessante, mas nunca mais ouvi falar dele. O dominador desistira de mim.

Mas Eric escreveu de volta. Ele me disse para passar por lá. Betty estava viajando. Teríamos o apartamento todo para nós, sem distrações.

O encantador de bocetas

Eric vestia calças jeans pretas e uma camiseta justa da Under Armour. Era ainda mais apertada do que a camiseta que usava na primeira vez em que o vi. O cenário parecia montado para um encontro romântico. O ambiente estava à meia-luz; velas flamejavam nos cantos. No som, tocava um trance tão suave como o cheiro de incenso. Minha voz saiu robótica: "Então, preparado para a entrevista?".

Levantei os olhos na sua direção – Eric tem um metro e oitenta – e, enquanto me falava sobre seu dia, notei a escultura em bronze de um pau voador na estante atrás dele. Parecia que estava empoleirada na sua cabeça coberta de cachos castanhos e prestes a gozar em mim. Eric era um pouco bobo, mas seu sotaque nasalado da Virginia lhe imprimia uma doçura cativante. Contou-me que as crianças faziam troça do seu nariz avantajado; para se defender, ele dizia que assim podia satisfazer duas meninas ao mesmo tempo. Isso geralmente calava a boca das crianças.

Não consegui encontrar nem um grama de gordura em todo o seu corpo. Ele contou que andava se esforçando para entrar em forma nos últimos tempos. Disse que a Mãe da Masturbação o deixara extremamente ciente de questões femininas, e nada mais justo do que estar em forma para as mulheres já que delas é esperado que estejam em forma para os homens. Eric podia sentir meu nervosismo, por isso fez com que nos mexêssemos. Ensinou-me alguns movimentos que aprendera nas aulas de artes marciais para me ajudar a relaxar. Dávamos cambalhotas para a frente, para trás e para o lado por todo o carpete azul. Ele disse que as ninjas podiam ser especialmente hábeis quando se davam conta do poder por trás do seu gênero. Podiam fingir que eram intimidadas, jogando com o estereótipo da mulher sempre amedrontada, para fazer com que o agressor chegasse mais perto e liquidá-lo.

Sempre achei que recorrer ao meu gênero – fazer beicinho, projetar meus peitos, sussurrar – para conseguir qualquer coisa – um emprego, uma boa nota, um lugar melhor na fila, um ingresso grátis – só fazia aumentar a disparidade entre os sexos. Em todo caso, a quê uma vagina poderia nos levar? Ter uma vagina me levou a ficar fechada em um recinto, presa no carro com um sorveteiro pedófilo. Ter uma vagina me fazia deixar o endereço dos entrevistados com as amigas para o caso de acabar trancada numa masmorra. Isso fazia com que se preocupassem quando eu não chegava em casa na hora. Por causa das dobras de pele entre as minhas coxas, meus pais não me deixavam ir até a loja da esquina sozinha. Meus irmãos podiam. A vagina era limitadora – você ficava presa, trancada, deixada para trás, transformada num alvo. Eu acreditava que, quanto menos admitisse a existência da minha, mais poderia fazer. Mas aquelas ninjas pensavam diferente.

Eric postou-se no chão na posição de iogue e respondeu às minhas perguntas por quase duas horas.

Ele rolava de um lado para o outro enquanto tecia comentários – ficava de ponta-cabeça, apoiava-se nos cotovelos, virava de barriga para cima, depois de cabeça para baixo –, reagindo a cada palavra de modo visceral.

Eric era essencialmente um personal trainer do sexo, um amante profissional. Ensinava casais a fazer sexo melhor, deflorava virgens infelizes, levava ao orgasmo mulheres que não conseguiam gozar e ajudava os masturbatoriamente tímidos a empunhar o vibrador com destreza.

O objetivo de Eric era ajudar as pessoas a compreenderem sua sexualidade, e os homens a se tornarem amantes sensíveis. Ele citou Betty para esclarecer seu ponto: "Muitos homens usam a vagina como um recipiente para a masturbação".

Eric e Betty conheceram-se oito anos antes. Ele tinha 23 anos e morava na Virginia; ela tinha setenta. Ele lera o livro dela, *Sex for One*, e se inspirara. Queria aprender mais, na prática, com uma mulher que não tinha vergonha de experimentar coisas novas. Achava que, se a mulher estimulava o próprio clitóris, ele poderia ser um amante mais consciencioso e focar em outras partes do corpo dela. Trocaram e-mails até que Betty finalmente concordou em deixar Eric visitá-la. Ele veio passar quatro dias e realizou sua fantasia de fazer sexo com uma mulher enquanto ela usava uma Magic Wand. Ele logo terminou os estudos e foi morar com Betty; era para ser temporário, mas o negócio funcionou tão bem que acabou ficando e até ajudou na pesquisa para o livro *Sex for Two*. Agora eles são amantes não monogâmicos. A única regra é não fazer sexo com outra pessoa naquele apartamento de um quarto enquanto o outro estiver lá.

Assim que nossa conversa terminou, ele queria ter certeza de que eu lhe daria crédito no livro pela sua frase favorita: *Sexo é o motor da felicidade.*

"O crédito é todo seu", prometi.

Fui ao banheiro a fim de me preparar para voltar para casa, mas, quando retornei, dois travesseiros de seda quadrados estavam no chão. Ajoelhei-me perto do Eric. Ele disse prezar a jornada que eu traçara para mim. Afirmou também que, se houvesse algo que pudesse fazer para ajudar a romper minhas barreiras, ele faria, e sem cobrar nada (desde que eu pusesse seu nome no livro). Minhas mãos ficaram úmidas; minhas orelhas pegavam fogo. Sabia que Betty, minha fada madrinha dos prazeres carnais, estava por trás dessa oferta; saber que uma mulher bem-intencionada estava orquestrando aquela situação me fez sentir-me melhor. Afinal de contas, ela acredita que nenhuma mulher é completa até que saiba o que a excita.

Então, aqui vamos nós: Eric Wilkinson Eric Wilkinson Eric Wilkinson.

Eric levantou-se de um salto e foi até a cozinha. Começou a preparar um shake de proteína com framboesa. Tudo o que ele fazia e comia tinha de ser saudável, pois, segundo ele, quando seu corpo está saudável, seus orgasmos são mais intensos. Prometeu que depois me falaria sobre a dieta orgástica, mas piscou e disse que não esquecesse o meu ômega 3.

"Isso vai te dar *grrr*..."

Enquanto misturava bananas e pós, sentou-se no chão e demonstrou como Betty o treinara a ser sensível com as mulheres.

Eric abriu as pernas como uma mulher na posição papai e mamãe e contou que Betty batera seu corpo contra o dele durante quinze minutos para que experimentasse o cansaço que a mulher sente nas coxas.

Tomamos nossos shakes e nos sentamos um de frente para o outro em posição de iogue. Meu coração batia forte, e Clitty Rose estava em alerta máximo. Comecei a fazer o meu lance de morder a bochecha e a cutucar um pequeno calombo na minha testa. Esse negócio de ficar cutucando é um tique nervoso. O calombo firmava as minhas mãos trêmulas, fazia com que focasse na geografia do meu corpo.

"Hoje à noite, quero que saia daqui se sentindo melhor com você mesma do que quando chegou", disse ele. "Se isso acontecer, teremos sido bem-sucedidos."

À medida que trocávamos de papéis – eu, de entrevistadora a estudante; ele, de entrevistado a professor –, segurança e encanto tomavam conta de Eric enquanto a ansiedade me acometia. Ele afastou minha mão da minha cabeça e pediu que respirasse fundo.

"Veja a ansiedade sair pelos seus lábios", disse ele. Eu respirei.

"Obrigado por confiar em mim, ainda que só um pouquinho. E obrigado por confiar nos homens."

Isso atingiu um nervo. Fez sentido. Como ele sabia que teria efeito? Lembrei-me de um homem que vira recentemente no trem. Estava lendo um livro, e seu dedão tapava a última palavra do título: *Como viver sem medo e mu...* Assumi que a palavra encoberta era *mulheres* e estava pronta para rotular o cara de canalha, mas, quando me viu olhando fixamente para ele, seus dedos se moveram nervosamente, destapando as letras que faltavam: *dar*. A palavra encoberta era *mudar*. Ops.

Eric me disse para tocar seu pulso quando estivesse pronta. Avaliei sua simetria enquanto se sentava diante de mim. Era muito bem alinhado, nenhuma surpresa aí. Depois de dez minutos respirando, toquei seu pulso. Fomos para o quarto. A bola de Pilates ainda estava no canto, mas dessa vez também notei consolos esculpidos em madeira pendurados na parede – aquilo dava o que falar. Falar me ajudaria a parar de pensar no que estava por vir.

"Uau", exclamei. "Que interessante."

"Betty gosta daquele com o cabo comprido", disse ele. "O cabo ajuda a controlar melhor."

A televisão estava sintonizada em um canal que tocava música suave. Ele mudou a luz colocando almofadas contra a tela e acendendo velas ao redor dos consolos de Betty. Das janelas, víamos outros quartos. Eric contou que nunca vira nada de interessante nas janelas de seu vizinho durante os oito anos em que vivera ali. Ficava triste – e não só porque gostava de bancar o voyeur de vez em quando – por não haver mais gente botando para quebrar do outro lado da rua. Acreditava que as pessoas acabam criando o hábito de liberar a energia sexual por meio de atitudes pouco saudáveis do tipo comer em excesso ou tentar se satisfazer pelo materialismo, como se um casaco novo pudesse compensar a falta de prazer físico, como se fosse possível substituir uma ereção por um carro novo.

Ele gentilmente se virou enquanto eu tirava a minha blusa. Deitei de barriga para baixo, ainda de calças e sutiã. Ele passou óleo de amêndoas nas mãos, aqueceu o líquido friccionando as palmas e começou a me massagear.

"Posso tocar sua lombar?", perguntou.

Ele não tocava nada até eu dizer que podia. Dava-me opções a cada etapa e não seguia em frente antes de obter uma resposta minha. Dizia ser importante que a mulher, especialmente no início, saiba que está no controle. Permitir me dava segurança. Sabia que não teria de fazer nada que não quisesse e não teria de me sentir culpada se não fôssemos até o fim – o foco daquela noite não era ele. Eric já tinha deixado isso bem claro, portanto não me sentia pressionada.

"Posso tocar seu pescoço?"

"Pode."

Ele soprou seu hálito quente no meu pescoço e massageou meus ombros.

"O travesseiro vermelho, os cabelos castanhos, os palitinhos nos seus cabelos. Queria tirar uma foto e mostrar para você. As mulheres se surpreenderiam ao ver como são bonitas."

Ele me pediu que ouvisse a minha energia sexual. Sugeriu que ela me guiasse ao longo da noite. "Queremos que ela sinta o *grrr...*", disse ele.

De pouquinho em pouquinho, logo estava só de calcinha e com uma toalha sobre o peito. Ele fechou os olhos enquanto a colocava sobre os meus seios.

"É importante dizer à mulher por que ela é bonita", afirmou. "Não basta dizer que ela é bonita, mas explicar *por quê*."

Ele traçou meu contorno nos lençóis e disse que gostava das curvas dos meus quadris, da penugem na parte mais estreita das minhas costas. Falou que minhas panturrilhas, que normalmente descrevo como tumorosas, eram tão eróticas como seios. Contou-me como toda mulher é dotada de beleza e erotismo à sua maneira. Certa vez, Eric estivera com uma mulher extremamente obesa e contou que, quando ela estava sentada sobre ele, era como se fosse uma nuvem em que pudesse se perder; estava imerso em seu calor.

Confessei a Eric que uma das minhas maiores barreiras sempre fora quando o rosto de um homem chega perto *dela*. Nunca quisera que um cara *me* julgasse pelo cheiro *dela*. Clitty Rose era um sensor bastante eficaz e rápido no gatilho, o que fazia com que minhas pernas se fechassem ao menor sinal de aproximação de um rosto masculino. Eric parecia arrasado com minha falta de apreço pelo contato entre rosto e boceta. Ficou tristíssimo, era como se eu tivesse acabado de contar que meu noivo me deixara no altar. Logo partiu para a ação.

Eric sentou-se entre minhas pernas. "Assim que se libertar, vai sentir como se estivesse jogando fora um casaco velho e sem graça."

Pediu permissão para tocar a parte interna das minhas coxas. "Sim."

Eu estava perdendo o foco; pensava no meu fedor, nos pelos que começavam a crescer na minha perna. Ele logo notou e me trouxe de volta para o meu corpo.

"Saia da sua cabeça. Respire e sinta."

Eric beijou a minha coxa e então pairou sobre o triângulo frontal da minha calcinha.

"Posso sentir seu aroma?", perguntou.

Ora, aroma? Era um fedor, isso sim. Continuei respirando. Respiramos juntos. Finalmente, fiz que sim com a cabeça e ele me aspirou de leve. Eric levantou a cabeça e me disse o que encontrou. Contou que eu era suave e cheirava sobretudo a amaciante. Suspirei aliviada. Perguntou se podia sentir meu aroma mais uma vez. Deixei. Usou o queixo, a testa e aquele narigão dele para me estimular. Foi mais fácil manter o foco, pois não estava pensando em tudo aquilo que me ocorreria se estivéssemos tentando desenvolver um relacionamento. Não estava elucubrando se ele tinha o emprego certo, se daria um bom pai, se estava interessado em mim ou só na minha boceta, ou se me ligaria mais tarde caso a minha boceta não desse conta do recado.

Eric ergueu os olhos. Levantei a cabeça e olhei, além da minha barriga, para ele, emoldurado pelo V que as minhas pernas dobradas formavam. Ele sorriu. Ele trouxe seu rosto para perto do meu – seu nariz bem abaixo do meu – e me apresentou a mim.

"Esta é você", ele disse. "Seu aroma é radiante. Se o cheiro pudesse ter uma luz, o seu cintilaria."

Expeli uma risada. Algo significativo acabara de acontecer; talvez eu não tivesse me livrado de um velho casaco, mas de um velho moletom – de uma camada, pelo menos – certamente me livrei. Isso sinalizava o início de uma trégua entre mim e Clitty Rose. Ela tinha um cheiro, mas eu não diria que era propriamente um fedor.

ERIC WILKINSON ERIC WILKINSON ERIC WILKINSON.

"Se pararmos agora, ficarei muito orgulhosa de mim."

Ele não me fez duvidar de mim perguntando se eu tinha certeza. Só indagou se eu queria ficar abraçada com ele antes de ir embora. Conversamos, refletimos e, aos poucos, fomos encerrando a noite. Eric disse que adoraria quebrar mais barreiras comigo, se essa fosse também a minha vontade.

Beijou-me de leve nos lábios. Sorri de prazer por ser tratada como princesa. Eu era uma vagabunda ou uma aventureira penetrando mais fundo do que nunca em mim mesma? Por um segundo pensei no meu irmão. Será que é nesta parte que as pessoas vão me chamar de piranha? Ah, isso não era relevante. Enquanto andava pelo corredor em direção ao elevador, agradeci a Betty por seu generoso empréstimo. Meu gênero faz parte da minha identidade, do mesmo jeito que a minha forma, o meu tamanho e o meu cérebro. Conhecer a minha feminilidade não era abusar dela; ocultá-la não faria com que fosse embora, mas aceitá-la talvez me permitisse agir como as ninjas.

Na manhã seguinte, quando contei os detalhes para as meninas que moravam comigo, elas me olharam, primeiro, preocupadas – "Ele fez o quê?" –, depois, com admiração.

"Acho que há mercado para um boneco de corda do Eric", disse Leigh, fingindo que puxava uma corda. "'Você é linda. Seu aroma cintila. Você é linda. Seu aroma cintila.'"

Ursula gargalhou. "Eu quero um namorado desses."

"Ele está disponível", comentei.

"Eu disse 'um namorado *desses*'. Não quero um cara que também namora a septuagenária Mãe da Masturbação."

"Faz sentido", disse eu.

Leigh ainda estava remoendo a ideia de um personal trainer sexual, o que não era exatamente um conceito fácil. "Entendo, mas não entendo", disse ela. "Como você pode dormir com alguém de quem não gosta romanticamente?"

"E o sexo casual?", perguntei. "Como é que as pessoas conseguem levar um estranho para casa e trepar? Isso não é menos estranho do que ir à casa de alguém para aprender técnicas sexuais. Pelo menos Eric tem o meu bem-estar em vista e não quer só se dar bem."

Estava sendo tão convincente que quase me convenci de que a situação era normal.

"Continuo sem entender", disse Leigh.

Está certo. Eu talvez não entendesse também. Mas que gostei, gostei.

Liguei para Zola no dia seguinte. Queria contar tudo para ela. Queria também que me ajudasse a entender o que aconteceu. Enquanto nos sentávamos à nossa mesa no Galaxy Diner, ela me deu a primeira aula de Tantra do dia. Toda vez que me sentasse, deveria me balançar um pouquinho para a frente e para trás até que Clitty Rose se acomodasse no assento.

"Assim você vai ficar mais ciente do seu corpo", ela disse, balançando para a frente e para trás e soltando pequenos gemidos. "E a sensação é ótima."

Contei a ela o que acontecera com Eric.

"Ele me apresentou a mim", disse. Ela pulava para cima e para baixo no banco de couro sintético, rangia enquanto ela batia palmas sobre a cabeça.

"Ele é seu puto sagrado!", declarou. "Isso é tão excitante!"

"O quê? Explique isso, por favor."

Ela me contou que, durante milhares de anos, antes que o decoro tomasse conta, "prostituta" e "puta" eram títulos respeitosos, como é hoje "reverendo". Disse que as putas e os putos viviam em templos sagrados e eram altamente treinados na arte do sexo. Em essência, eram professores de sexo. Tão simples e inofensivo como pagar alguém para lavar seu carro hoje, na época que Zola chamava de Era da Deusa as pessoas ofereciam dinheiro para aperfeiçoar sua proficiência sexual. Ela disse que os alunos aprendiam a atingir um potencial orgástico mais elevado, a cultivar a energia sexual, a se abrir, a relaxar e até a se curar emocionalmente. Eric, no templo da Betty, estaria retomando um antigo ritual.

"Isso faz de mim uma puta também?", perguntei.

"Ser puta não é ruim", enfatizou.

Zola me disse que existem muitas coisas que as pessoas dizem ser ruins, mas que, na verdade, são boas. Deu o parto como exemplo. A dor, ela diz, é uma interpretação social; remonta ao Jardim do Éden. "Deus disse a Eva que seria expulsa de um lugar fodástico e, a propósito, você vai chorar e se contorcer de dor quando der à luz outros seres humanos", explicou. Zola falou que as contrações uterinas que ocorrem durante o parto são muito semelhantes às que ocorrem durante o orgasmo. "Na verdade, a dor do parto é um orgasmo com contrações uterinas para ninguém, nem Masters e Johnson, botar defeito!"

O verbo não é uma palavra

Precisava de um drive externo para o meu computador. Noam sempre foi bom com essas coisas. Você se lembra de Noam? Espero que se lembre de sua breve aparição no Peru; nós nos conhecemos no café em que eu trabalhava. Ele era alto e tinha o corpo de um jogador de futebol americano; sua pele, herança boliviana, tinha cor de calda de chocolate. Sua voz, profunda, soava como se tivesse uma máquina de gelo na garganta. Havíamos mantido contato nos últimos anos e tivéramos alguns desencontros amorosos desde que se mudara para Nova York. Nunca fizemos mais do que nos beijar, pois, apesar da atração mútua, nossos encontros pareciam dar sempre errado. Se você lembra, nossa primeira tentativa de beijo, no Peru, foi interrompida quando um gigantesco Jesus crucificado passou por nós durante uma procissão religiosa. Da última vez que o vira, isso tinha algumas semanas, o padrão persistira.

Um amigo escritor me dissera que ninguém poderia considerar completa a pesquisa para um livro sobre a sexualidade feminina antes de assistir a um filme de Catherine Breillat. Segundo ele, todos são sobre a sexualidade feminina. Eu convidara Noam lá para casa, pensando que podíamos recuperar o tempo perdido com um ambiente à meia-luz e um filme alugado. Não sei onde estava com a cabeça. Breillat é uma diretora francesa do tipo mórbida e sombria. *Para minha irmã!* é sobre duas irmãs. Uma é gorda e come o tempo todo, a outra é magra e trepa com universitários ricos. Eu e Noam nos provocávamos um pouco – Clitty Rose chegou a ensaiar um débil latejar –, mas sem nos tocarmos; ambos éramos a garota gorda, comendo falafel atrás de falafel para espantar a tensão sexual. Foi então que assassinaram a garota magra e estupraram a gorda; esta parecia perturbadoramente satisfeita em perder a virgindade enquanto o sangue se acumulava em torno do pescoço da irmã. O filme não era nada agradável. Fez com que ficasse tensa e, tenho quase certeza, deixou Noam de pau mole.

Depois de olhar tantos drives que chegaram a ficar marcados na minha retina, eu e Noam saímos para jantar num bistrô francês. Ele comeu bife de fraldinha e eu, raia com feijão branco.

"Se paramos para pensar, quase todos os homens aqui já tiveram uma boceta na cara", comentei. "Não é estranho?"

Noam olhou à sua volta no restaurante. "Isso não é estranho", ele respondeu. "É mais estranho que as pessoas usem chapéus e agasalhos."

"Como assim?"

"É muito mais natural ter uma boceta na boca do que um chapéu na cabeça", argumentou. "Todo mundo nasce com a boca em uma boceta."

"Não quem nasce de cesariana", retruquei.

"Você nasceu de cesariana?"

"Nasci."

"Era de se esperar."

Fomos parar no apartamento dele. Conectamos o recém-comprado drive externo no meu notebook para ver se funcionava. Ele me serviu um copo de vinho enquanto esperávamos o drive ligar.

Nós nos achegamos; estávamos ambos um pouco alegrinhos. Ele me perguntou se poderia provar meu cintilar de sobremesa.

Hmmm.

Acabara de ler no livro *Mulher: Uma geografia íntima*, de Natalie Angier, que o pH de uma vagina saudável vai de 3,8 a 4,5, correspondendo à acidez do vinho tinto – e eu sabia que Noam era um *connoisseur* da bebida.

Além disso, o nariz de alguém acabara de andar por "lá", e ele não entrara em combustão espontânea, certo? Eu era capaz disso. Lá estava a minha oportunidade de mostrar a mim mesma que tinha progredido (por assim dizer). Bebera o suficiente para estar como uma agorafóbica cheia de Xanax que vai ao mercado pela primeira vez – com reservas, é claro, mas sedada o suficiente para uma tentativa.

Recostei-me numa lateral do sofá. Ele quase queimou o pé numa vela enquanto se contorcia para se encaixar em mim. Senti a vista mais embaçada, como se minha membrana pudesse absorver os traços de uva fermentada do Noam. Naquela posição, sempre imaginei que um homem pareceria pequenino como as pessoas na calçada vistas do alto de um arranha-céu, mas não foi o que aconteceu com ele. Eu podia ver claramente o redemoinho no seu cabelo – podia até tocá-lo. A sensação foi agradável, mas durou cerca de um minuto até que meu raciocínio regredisse. De uma hora para outra, queria fazer um diagrama das nossas atividades de modo extremamente tacanho e nada útil, como meus professores de linguística na faculdade, que me obrigavam a fazer frases rebuscadas.

Veja bem, eu gosto do pênis. Tenho um respeito saudável pelo membro. Posso até desejar que um (ou alguns, quem sabe?) venha a desempenhar um papel mais estável na minha vida, mas esse aparato em forma de mangueira foi mal classificado; ele não é apenas um substantivo. A intenção que subjaz sua estrutura não é estática – o pênis é implicitamente voltado para a ação – e assume-me características verbais rapidamente. Picar, provocar, penetrar, penisar.

Parece que sou perita em transformar um clima ameno em catástrofe. Com Eric, ficou decidido que eu seria o centro das atenções. Nesse caso, porém, eu sentia a protuberância do verbo de Noam na minha perna e logo passei a me sentir culpada por fazê-lo esperar em sua rigidez – um verbo precisa acontecer, o diagrama precisa ramificar-se e crescer numa direção. Queria tocar o pênis, brincar com ele, mas era preciso considerar o efeito bola de neve. Tocar o pênis é como começar uma frase: há um momento obrigatório de pontuação tangível (aprendi que fragmentos são motivo para notas ruins). Queria opções, mas o mito da dor nos ovos começou a pairar sobre minha cabeça como uma pinhata. A festa não seria um sucesso a menos que houvesse um penetra.

E se isso levasse ao sexo? Não estava preparada para ter seis homens e meio na minha lista; bastariam mais quatro para que fosse obrigada a tirar minhas meias se quisesse ter dedos suficientes para contar todos eles. Quando pensei no número de homens com quem fizera sexo, imaginei um gráfico em pizza me dividindo em fatias. Quanto mais homens, menor a fatia que eu poderia oferecer. Em que ponto não restaria mais nada de mim?

Não podia mais refrear minha reação típica. Minhas pernas se fecharam para Noam – estilo tesoura. Ele caiu para o lado no sofá, acidentalmente derrubando meu drive; o cabo foi arrancado do computador. Os dois equipamentos pararam de funcionar. Guardei meus aparelhos danificados e voltei para o Brooklyn com a cabeça um pouco mais baixa do que cinco horas antes, quando saíra de lá.

Senti-me um lixo. Não me senti nada bem. O pior é que estava mais arrasada pelo pinto insatisfeito do Noam do que pela minha boceta parcialmente consumida. Foi mal, Clitty Rose.

Liguei para Fiona a uma da manhã e comecei a contar o que tinha acontecido.

"Ele te chupou!?", ela interrompeu. Parecia orgulhosa, como na vez em que comprei meu primeiro sutiã.

"Eca, não fala assim!", exclamei. "E não, na verdade, não. Quer dizer, meio que sim. Ele tentou, mas..."

Contei que as coisas não haviam acontecido como o esperado e comecei a falar sobre o número de caras com quem ela já tinha transado. Comentei a teoria das fatias.

"De jeito nenhum", discordou. "Os homens não subtraem nada. Cada experiência só acrescenta."

Era uma visão positiva. Tentamos nos lembrar, juntas, de quantos parceiros sexuais ela tivera. Levamos vinte minutos para reunir todos numa folha de papel.

"São 23", ela disse. "Isso mesmo, 23. Não, espera aí, garotas contam?"

"Claro."

"Então foram 26", corrigiu. "Perfeito! Um para cada ano."

Na verdade, ela acabara de adicionar o 26º naquela semana. No que parecia ter sido um milésimo de segundo depois de dar a notícia do divórcio a Pedro, Fiona já tinha conhecido outra pessoa. Estavam em turnê juntos. Benjamin era músico; toda noite, sentava no fosso da orquestra olhando para ela enquanto dançava. Ela parara de ler *Comer, rezar, amar* – disse que ficou chato – e pegara *A nascente*, de Ayn Rand, por sugestão de Benjamin.

"Mara, nunca me senti assim antes", declarou. "Ele me entende perfeitamente."

Lá estava ela com seu padrão de novo. Estava prestes a revirar os olhos quando, de repente, abortei o arco retiniano e passei a questionar minha irritação. Como Fiona conseguia encontrar tantos caras certos para ela – não apenas certos, *perfeitos* – enquanto nenhum parecia nem mesmo um bocadinho plausível para mim? Afinal de contas, ela talvez não seja viciada em compromisso. Talvez cada um de nós nasça com uma sina. Várias pessoas estão destinadas a encontrar *uma* pessoa certa; outras, como Fiona, estão destinadas a *muitas*; e alguns de nós, a *nenhuma*.

Xota aqui, xota ali, xota lá e acolá

Estava me sentindo um pouco para baixo. Queria entrar em ação, motivar-me um pouquinho. Decidi entrar em contato com dr. R. J. Noonan, 54 anos, fundador do hoje inativo Consortium for Sex Research in Space, para conversar sobre orgasmos no espaço. Não sei ao certo por que achei que essa era uma boa ideia; estava me precipitando. Mas se os humanos tivessem arruinado a Terra e vivessem em estações espaciais quando chegasse a hora do meu maldito orgasmo, queria saber se a experiência também poderia ser excitante sem gravidade. "Ele seria menos intenso em função da pressão sanguínea mais baixa, contudo mais necessário devido ao estresse", afirmou. Isso é deprimente, acho eu – mas suponho que seja mais um bom motivo para não destruir a Terra.

Por um feliz acaso, descobri que R. J. Noonan também iria à conferência sobre sexualidade em que me inscrevera – e ele seria nada menos do que um dos palestrantes.

Eu estava prestes a sair da cidade. Estava cansada de criar confusão no meu território. Fizera contato com muitos profissionais do sexo pelo país. Sendo assim, decidi recorrer a esses contatos para planejar uma odisseia sexual que coubesse no meu bolso e se adequasse convenientemente à minha tradicional viagem para casa no feriado de Ação de Graças. Iria a Indianápolis para a conferência sexual; em seguida, a San Diego para o Dia de Ação de Graças; depois, a São Francisco (que Annie Sprinkle apelidara de clitóris do país) para uma semana de imersão orgástica; por fim, ao extremo norte das florestas californianas para um acampamento orgástico com a família de que me falara a OneTaste. Como queriam ficar anônimos a fim de manter a privacidade, passei a chamá-los de Povo do Orgasmo. Falei rapidamente com uma mulher chamada Samantha sobre seu estilo de vida isolado e orgástico – eles têm mais de cem anos de experiência em pesquisa acerca do orgasmo. Inscrevi-me em um curso de três dias sobre sensualidade. Não tinha ideia do que aprenderia, a não ser que haveria uma seção chamada OGI: Observação do Gozo Intenso, que duraria uma hora. E não seria estilo revezamento; uma única mulher era responsável por todo o gozo – sessenta minutos de orgasmo contínuo. Louco, não?

Bom, voltemos ao feliz acaso. Era mesmo uma sorte que o dr. R. J. Noonan, que atende por Ray, fosse à convenção, pois seu parceiro de palestra precisara ficar em casa e ele tinha uma cama sobressalente no Hyatt. Eu ainda não tinha onde ficar; pensei em recorrer ao CouchSurfing, mas todos os meus amigos falaram que isso era perigoso. Ray me disse que esperava se dar bem – era a primeira vez em muito tempo que tinha um quarto só para si numa conferência sobre sexo –, mas iria pensar se me deixaria ficar com ele mesmo assim.

"A gente poderia bolar uma frase ultrassecreta", sugeri. "Se você se der bem, pode me enviar uma mensagem de texto, que eu espero um tempo no saguão."

Ele disse que me daria a resposta depois.

Quando encontrei-me com Zola para me despedir, ela me preparou para qualquer um que pudesse encontrar durante a viagem. Primeiro, enumerou as nacionalidades famosas por sua receptividade ao sexo oral: "Os caras do Chile não fazem. A Argentina faz. A República Dominicana também. Trinidad, não. Israel, pelo que dizem, não faz, mas sem dúvida gosta de um boquete". Ela colocou os cabelos para trás das orelhas, mordeu um bolinho japonês com molho ponzu. Enquanto mastigava, Zola gemia como se houvesse um dominicano embaixo da mesa. Em seguida, continuou seu raciocínio: "Se não querem chupar, então que me perdoem, mas não vou dar!".

Depois disso, ela me advertiu que pedisse aos homens que escovassem os dentes antes de chegar perto da Clitty Rose, em especial depois da cerveja: a levedura pode desestabilizar seus fungos e lhe render um encontro com o Miconazol.

Infelizmente, depois desse papo interessante, embora um pouco desconcertante, eu tinha más notícias para dar a Zola: tinha de dizer o que achava do DVD, *Divine Nectar*, que ela me dera em nosso primeiro encontro. O que tinha a dizer só demonstrava que eu não era uma mulher evoluída, em contato com a minha deusa interior e yoni*. Assisti ao filme no meu sofá com um café que sempre compro na delicatessen da esquina. Apertei o play e logo fiquei enjoada quando um homem começou a encher um cálice com a ejaculação da esposa. Era sobre isso o filme: mulheres resgatando sua capacidade de ejacular. Você sabia que mulheres podem ejacular? Eu cuspi meu café, e eu SEMPRE tomo o meu café até o fim.

Pode acreditar, esse filme daria um ótimo instrumento para um bulímico. Mesmo agora, só de pensar, sinto que estou prestes a vomitar o café da manhã. Zola não pareceu ofendida. Ela me falou sobre suas experiências com a ejaculação feminina e disse que um orgasmo ejaculatório pode ser melhor do que terapia. "É muito profundo e verdadeiro, uma descarga de prazer como nenhuma outra", afirmou. Acreditei. Envergonhada, devolvi o DVD.

Zola me deu o número de sua amiga Satya, que morava em São Francisco. Satya se dizia uma deusa disfarçada e também trabalhava como dakini. Zola me disse que, se eu estivesse disposta a aprender mais durante a viagem, deveria marcar um encontro. Ela me abraçou, me apertou – toda a sua energia sexual me cutucando – e disse que estaria esperando pacientemente por todas as histórias na minha volta.

Um dia antes de partir, tive minha última consulta com a terapeuta. Olhei para Rori, Rori olhou para mim. Ela tirou a franja dos olhos. Eu esfreguei as mãos. Ela cruzou as pernas. Eu ajeitei a minha franja de modo que todos os fios apontassem para baixo, enfileirados.

Depois que nosso festival de inquietação terminou, contei sobre meu último sonho: uma corrente de contas de aço pendurada entre as pernas das pessoas. Quando puxada, ela acionava o orgasmo, como a lâmpada de um abajur. Todos tinham espasmos

---

* Termo sânscrito que designa a vulva, mas também útero, origem, lugar de nascimento e lar. (N.T.)

até que a corrente fosse puxada novamente. Mas alguém tinha cortado a minha fora.

"Como vão as outras coisas?", perguntou.

"O que você quer dizer com outras coisas?", quis saber.

"Que outras coisas?"

"Exatamente", ela disse.

Rori me chamou atenção para o fato de que minha cabeça estava muito voltada para minha vagina. Disse que eu precisava dedicar algum tempo ao resto de mim – fazer compras, ver amigos, ir ao museu.

"Não quero tratá-la como objeto, mas é difícil, pois você está fazendo isso consigo mesma. Você não é só uma vulva."

Mas eu fazia do meu trabalho a minha vida. A vulva era o meu trabalho, logo, a vulva se tornara a minha vida, inevitavelmente. Talvez ela estivesse certa – transformara-me numa xoxota. Consegui minha versão de descarga ejaculatória; comecei a chorar, berrava e as lágrimas escorriam pelo meu rosto.

Liguei para minha mãe assim que saí do consultório.

Em claro tormento, disse: "Mãe, minha terapeuta falou que estou focada demais na minha vagina. Ela diz que me transformei numa imensa xoxota, uma xoxota que se senta no sofá dela".

"Sabe, minha filha, encontrar um parceiro pode ajudar muito a acalmá-la. Um homem pode trazer equilíbrio, como Ken..."

Desliguei na cara dela.

Nem Atman, meu guru para assuntos pélvicos, conseguiu ajudar; ele me disse que tudo se resolveria se eu tomasse umas. "Precisamos de alguma coisa para andar e respirar naturalmente", declarou. "Uma dose de scotch, uísque ou alguma outra coisa."

Diga-me algo que eu não saiba.

Em seguida, ofereceu-me um bolinho de graça, agarrou meu rosto e me deu um baita beijo nos lábios. Fiquei atordoada com a investida de Atman.

"Você vai trazer algo bastante saudável da sua viagem", anunciou.

Ele era o quê agora? A porra de um mago profético? Um guru não era suficiente? Por que não sacava logo uma bola de cristal?

A exortaçãozinha de Atman não funcionou, então voltei a me deprimir e a pegar "amostras" de comida no bufê do supermercado. Esse hábito era tão detestável que não tinha coragem de falar com Rori sobre ele. Eu era a Winona Ryder, totalmente cleptomaníaca, e um dia seria pega engolindo um bolinho chinês na seção de papéis-toalha, fingindo que revirava o fundo da prateleira à procura de um rolo mais novinho. Olhariam a minha carteira e veriam que estava cheia de dinheiro. Em seguida, iriam me interrogar e descobririam que a grana vinha de ter prostituído meu pé por uma hora. Depois, me chamariam de puta. *A puta é sagrada, vocês não sabiam?*

Quando cheguei em casa, as coisas ruins não pararam de acontecer. Naquela noite, enquanto arrumava minha mala, um dos gatos vomitou nas minhas sapatilhas verdes e douradas, acrescentando um quê de atum ao seu odor borrachento. Ursula atacou os sapatos com borrifos de desodorizador, mas ainda assim... Em seguida, chequei meus e-mails e meu perfil no Nerve. Havia tido dois outros encontros só por ter, nenhum motivo especial. Um dos caras tentou me levantar depois dos drinks, e eu tive que me esquivar e em seguida me esparramar no chão para escapar dele. Desconfio que o outro já havia sido gay. Não estou afirmando que era – admito que o meu *gay-dar* já falhou no passado, mas então ele apitava sem parar, tão alto que eu não podia ignorar enquanto ele descrevia, em detalhes, como escolhera sua nova escrivaninha de teca. Depois, ao abrir a página do meu perfil, vi que Joe estivera me observando; era a primeira vez no mês (não que eu estivesse acompanhando). Dei uma olhada na foto dele. Ambos estávamos online. Imaginava uma troca de olhares virtuais, da qual ele provavelmente não estava ciente. Queria que ele me quisesse. Queria que me ligasse e pedisse desculpas. Depois, eu poderia dizer: "Eu avisei. Eu avisei que você ia se arrepender".

Fui até a sacada para ver o amontoado do Colecionador, imaginando que devia estar, pelo menos, na altura do segundo andar. Debrucei-me; estiquei o pescoço. O pátio estava limpinho. O caminhão devia ter passado e levado tudo mais uma vez. Até as minhas metáforas foram por água abaixo na esteira do péssimo dia. Recursos literários são tão voláveis como o meu clitóris.

Pelo menos Ray Noonan ligou; disse que ficaria feliz em ceder à minha causa sua cama extra na conferência sobre sexualidade. Estava mais do que pronta para sair da cidade e ouvir de alguns pesquisadores sobre sexo o que havia de errado comigo.

PARTE II

Foi-se o tempo em que a evolução era genial

Ray e eu fomos à recepção de boas-vindas em comemoração à quinquagésima convenção da SSSS, Society for the Scientific Study of Sexuality. "Essa mulher é famosa por crimes sexuais", disse Ray, apontando para uma estrela da pesquisa sobre sexo enquanto passava por nós no salão de festas do Hyatt. "Ele é especialista em compulsão sexual", comentou. "Aquela deu nome ao ponto G." Lá estava ele, apontando para mais alguém. Eu não era o participante típico; havia cientistas, educadores, terapeutas e até alguns profissionais do sexo. Estavam lá para apresentar artigos e dar palestras sobre estudos recentes. Eu não pertencia àquele mundo, mas nada podia ser mais perfeito; tinha uma conferência inteira repleta de especialistas em sexo à minha disposição.

Decidi me misturar. Conheci um cara que escreve panfletos para a Planned Parenthood – supus que, no mundo da educação sexual, isso fosse como escrever para a *New Yorker*. Apertei sua mão e tentei puxar o saco com um elogio: belo rabo de cavalo.

A maioria das pessoas na conferência eram mais velhas, entre os quarenta e os sessenta anos – na média, a idade dos meus pais. Havia alguns bolsões com gente da minha idade, mas a geração que amadurecera na esteira da revolução sexual parecia ter reivindicado o direito sobre o sexo – sexo acadêmico, sexo criminal, sexo fetichista, sexo romântico, sexo virtuoso, sexo entre pessoas do mesmo sexo, sexo expresso por meio de gráficos e pontos decimais, sexo sexo sexo. Esse era o seu domínio.

Quando em local aberto, Ray fumava seu cachimbo, o que fazia com que exalasse um cheiro adocicado, apimentado e amarelo – isso mesmo, amarelo. Como estávamos dividindo um quarto, imaginava se as minhas roupas estariam cheirando a amarelo quando chegasse a hora de ir para a Califórnia. Na conferência, Ray apresentou seu livro de 1.419 páginas, chamado *International Encyclopedia of Sex*. Ele era um nerd do sexo. Conhecia todo tipo estranho de factoide, que soltava em momentos aleatórios: cinquenta por cento das pessoas casadas traem; mulheres extremamente religiosas são as mais satisfeitas sexualmente; os dentistas, ouvira, eram os profissionais mais propensos a fazer sexo com seus pacientes. Ray disse que descobriu a homossexualidade da filha antes dela. Eu me perguntava se ele sabia que eu era gay, mas não queria me contar. Gostaria de perguntar, mas não sabia o que faria com a informação – ter de lidar apenas com uma boceta era mais do que suficiente para mim naquele momento.

De manhã, Ray modelava uma crista reluzente sobre a testa. Vestia uma jaqueta de couro surrada; supus que usava aquilo desde o final da década de sessenta, assim como o bigodão que esconde metade do seu sorriso. Ele sentia saudades dos anos 60 e 70. Naqueles tempos, o amor era livre. Hoje, vivemos uma época nada sexy, uma época em que as pessoas pensam que professores de educação física estão aptos a dar aulas de educação sexual para as massas, como se colocar uma camisinha num pepino fosse a parte mais desafiadora da equação sexual – não é o prazer, a ética, o romance e certamente não é a variação, só a camisinha. Sexo é camisinha, o desenrolar de uma camisinha.

O primeiro dia não rendeu tanto quanto eu esperava. Fiz uma excursão ao Kinsey Institute, em Bloomington, Indiana. Encarei o passeio como uma peregrinação. Não poderia entender meu orgasmo sem me curvar diante do altar do dr. Alfred Kinsey. Na década de 1950, ele trouxe o debate sobre a sexualidade para o âmbito nacional ao entrevistar dezoito mil pessoas a respeito de seus hábitos sexuais e publicar os resultados em calhamaços chamados Relatórios Kinsey. Eles indicaram que, nas camas americanas, o sexo ia muito além do pênis na vagina, o que foi revelador na época. Ele fez de todos um pouco gays ao mostrar que a sexualidade dos indivíduos não podia ser encarada de modo simplista. Kinsey concluiu que o único ato sexual não natural é aquele que não é possível realizar.

Só tínhamos uma hora quando chegamos, pouquíssimo tempo para dar uma boa olhada. A maioria do pessoal do sexo deu uma espiadinha rápida e passou grande parte do tempo tirando fotos, comprando camisetas, canecas e postais com a insígnia do Kinsey Institute. Esperava que não estivessem fazendo a terapia do varejo a que Eric, meu puto sagrado, se referira, compensando a falta de interação sexual com o poder de compra. Para que serviria o pessoal do sexo se não conseguissem satisfazer seus próprios desejos carnais?

Foi então que esbarrei em Julia Heiman, atual diretora do Kinsey Institute. Na década de 70, com dois colegas, ela escrevera *Descobrindo o prazer*. Contei a ela que tinha o livro em casa – mas guardei para mim que não passara do capítulo 2. Eu já sabia que precisava de ajuda; seu livro de autoajuda só fazia bater na mesma tecla e me deprimir.

Perguntei como superar minhas inibições sexuais. "Na verdade, as inibições podem ser um meio de defesa bastante eficaz", disse ela. "No sexo, as mulheres têm muito mais a perder. Lembre-se de que, apesar da contracepção – o que é um fenômeno bem recente na história da humanidade –, as mulheres podem ficar grávidas. O fato de que as mulheres, neste ponto da nossa história evolutiva, possam ser mais programadas a serem inibidas é uma vantagem para elas." Segundo a diretora, isso contribui para que sejamos mais cuidadosas na escolha dos nossos parceiros.

A evolução parecia tão inteligente, especialmente quando Darwin começou a falar sem parar nos seus tentilhões, mas bobeou ao não adicionar uma quinta marcha. A evolução é lenta demais. A essa altura, já devíamos ter um dedo extra saindo do umbigo, um dígito projetado especificamente para desabotoar o zíper dos nossos jeans. As inibições deveriam ter se dispersado depois do ativismo de Margaret Sanger acerca do controle de natalidade no início do século XX. Maldita evolução – foi-se o tempo em que ela era genial.

Tinha mais perguntas sobre orgasmos, mas perdi o foco quando não pude esconder minha verdadeira curiosidade: como seu sobrenome, Heiman, influenciou a sua carreira? A ortografia é outra, mas, em inglês, ele tem a mesma pronúncia de hímen, a película na vagina que obstrui a penetração virgem. Não dava para ignorar a ironia. E foi aí que a minha entrevista com essa celebridade da pesquisa sobre o sexo terminou.

(Cheguei a entrar em contato com ela depois por e-mail. Para constar, ela ainda me deve uma resposta.)

Enquanto saía, os ônibus já impacientes do lado de fora aguardando o nosso retorno, uma cena emoldurada me chamou a atenção. Era uma ilustração japonesa chamada *Cunt Hell of Great Searing Heat*. Parecia uma batalha de *Coração valente*, mas todos os guerreiros tinham cabeças de vagina com lábios que lançavam olhares coléricos. Aposto que Clitty Rose poderia ficar furiosa daquele jeito. "Na verdade", pensei, "é assim que ela vai ficar se eu não resolver logo essa merda".

Quando voltei para o hotel, Ray e eu saímos para jantar. Tomei um gole de cerveja e apoiei minha testa na mão. Ele queria ajudar. "Bebês se masturbam no útero", declarou. Ele disse que isso fora documentado em ultrassonografias. Fetos masculinos seguram seus penizinhos, logo ele assumiu que as meninas também se tocavam. "Você provavelmente teve um orgasmo no útero." Ele sorriu, tentando me animar. Fiz que sim com a cabeça enquanto olhava o cardápio. Ele me contou que as mulheres têm orgasmos noturnos assim como os homens têm poluções noturnas. "Você provavelmente teve um orgasmo enquanto estava dormindo", disse ele, me apaziguando. Fiquei impressionada, ainda assim: "Esse não é o tipo de orgasmo que quero", falei.

Pensei no mal de Alzheimer. Minha avó por parte de mãe foi afetada por essa doença antes que eu pudesse conhecer a pessoa que fora antes de ela mesma esquecer quem era. Ficava sentada numa cadeira de balanço, movendo-se para a frente e para trás, enquanto assistia a reprises de *I Love Lucy* e manuseava as contas de um colar. Posso apostar que morreu sem lembrar-se de nenhum orgasmo que teve.

"De que vale o gozo se você não se lembra dele?", perguntei.

Amarela

Não há nada como um papo sobre úlceras genitais de manhã para que folhados de queijo percam seu encanto. É difícil fazer do sexo um assunto enfadonho, mas aqueles pesquisadores se desdobravam para torná-lo árido. Reclamei com um sexólogo ao meu lado. "Se você acha que isso é árido, devia ver as conferências sobre AIDS", respondeu, um pouco na defensiva.

Ray já conhecia o segredo das conferências; ele as frequentava para poder ir à piscina do hotel. Havia apresentações em PowerPoint, panfletos e longas palestras entediantes. Eu acabava dormindo dez minutos depois de iniciada cada discussão. Tinha coisas a fazer, mas, assim que chegava ao corredor, perguntava-me o que eram. Imaginei que talvez não fossem apenas inibições que me levassem à anorgasmia, mas também a impaciência – a falta de disposição para chegar até o fim de uma atividade. Distraio-me com facilidade.

Como no momento em que vi um homem gigantesco usando kilt. Parei o cara e perguntei o que pensava sobre o orgasmo feminino. "Nada de relevante", ele respondeu. "Estou mesmo interessado no orgasmo masculino." Ele deu uma gargalhada de vilão cinematográfico, uma gargalhada que provocava ondas de choque no piso à medida que se afastava.

Finalmente, resolvi que precisava fazer algo drástico. Fui a uma palestra sobre sexualidade feminina. Mordi minha bochecha e consegui ficar até o fim. Passaram um microfone para que a plateia fizesse perguntas e comentários. Decidi que era agora ou nunca. Vinte profissionais do sexo eram meus reféns.

Detesto falar em público.

Microfones são piores do que cheirar a amarelo. Prefiro cheirar a todo tipo de amarelo – amarelo-fumaça, amarelo-vômito, amarelo-diarreia – do que ouvir o som da minha voz amplificado.

Fiona vive e ganha para ter sua voz amplificada ao máximo – quanto mais longe chegar, melhor. Nunca entendi isso.

"Oi. Meu nome é Mara Altman e estou tentando ter meu primeiro orgasmo. Se algum de vocês tiver qualquer dica, por favor, avise." Minhas palavras soaram como se estivessem ligadas a uma máquina que as mantinha, hesitantes a cada sílaba.

Ninguém disse nada. Talvez eu tenha ouvido risadinhas. Talvez tenha ouvido até uma gargalhada de estupefação. Não sei dizer; estava ensurdecida pelo desejo de me transformar numa poça de amarelo. Quando me dei conta, todos estavam deixando a sala. Uma mulher se dirigiu a mim estendendo seu livro, *Women's Sexualities*. "Tem um capítulo sobre orgasmo", ela disse. "Custa só quinze dólares, um bom preço para estudantes."

Ela não foi a primeira a tentar me vender um livro. Essa era a resposta padrão das pessoas a quem solicitava entrevistas – tudo o que esse pessoal do sexo fazia era mandar que comprasse seus livros. Todos estavam promovendo alguma coisa, pois quase todos publicaram livros sobre como melhorar o sexo. Era irritante, mas saber que existia um mercado para isso fez com que me sentisse melhor. Isso queria dizer que eu não era a única a mandar mal no sexo.

Fiz uma careta.

Ela meteu o livro de volta na bolsa e se afastou.

Os óculos eram o que mais chamava a atenção na mulher grisalha que se aproximou de mim a seguir. Seu nome era Elizabeth Rae Larson. Eu vira os primeiros dez minutos de uma das suas palestras; quase fiquei mais tempo porque dizia palavrões.

Sentamo-nos num cantinho silencioso. Ela contou que era sexóloga havia décadas. Lutara por igualdade e direitos sexuais na década de 60. Mergulhamos na entrevista.

"O que faço para encontrar meu orgasmo?", perguntei.

"O movimento feminista disse que o orgasmo era positivo para as mulheres, algo que deveríamos ter. Mas isso se transformou de oportunidade em obrigação. Isso criou uma pressão social segundo a qual tem algo errado com você se não gozar."

"Exatamente. O que há de errado comigo?"

"As pessoas supervalorizam o orgasmo", reiterou. "Elas saem em busca do orgasmo em vez de procurar pelo prazer. Explore primeiro o prazer; isso vai te levar aonde quer ir."

Continuamos conversando por um tempo, mas eu já ouvira tudo o que podia suportar. Acho que ela estava dizendo que o orgasmo não era o mais importante. É claro que dizia isso; já tivera tantos orgasmos quantos quisera.

Larson cortou o meu barato. Além de não ter o meu orgasmo, não podia dizer que havia algo de errado comigo. Enquanto voltava para o salão principal, esbarrei na mulher que me oferecera seu livro uma hora antes. Ela o estendeu na minha direção, parecendo um tanto preocupada.

"Tome, pode levar", ofereceu. "Não quero mesmo voltar com ele para casa."

Assinou a folha de rosto e me entregou o livro. "Boa sorte", disse. Em seguida, foi embora.

A coisa verde que, na verdade, é roxa e que também pode ser a chave

Os boatos não podiam ser verdadeiros. Orgasmos ainda eram relevantes. O dr. Komisaruk provou. Ele e os outros autores de *The Science of Orgasm* estavam na conferência para receber um prêmio pelo livro. Isso aconteceria se o orgasmo fosse coisa do passado? Duvido.

Não sabia que ele estaria lá, mas nos encontramos no corredor. Ele me viu num canto, folheando meu novo livro. "Mara!", exclamou. "Mara!"

Dr. Komisaruk inclinou-se na minha direção, seus lábios apontando diretamente para a minha bochecha. Fico feliz que tenha se retirado em segurança; sempre temi que alguém pudesse penetrar fundo demais na minha epiderme movediça e ficar preso no deserto da minha bochecha. Levou-me de lá para o bar do lobby. Bebemos Sauvignon Blanc. Embora não nos falássemos havia dois meses, era óbvio que ainda se importava com o meu projeto. Ele disse que eu era o Holden Caulfield* dos orgasmos.

"A sua também é uma história de amadurecimento", disse ele.

Imaginei-me num campo de centeio, pegando orgasmos – que se moviam como bolhas deformadas pelo vento – em redes de borboletas.

"Ainda quero que você participe do estudo", disse o dr. Komisaruk sobre o trabalho que estava fazendo acerca do orgasmo com máquinas de ressonância magnética funcional. Quando o orgasmo se materializasse, queria que eu pudesse vê-lo acender no meu cérebro.

"Eu adoraria", respondi, começando a fazer exercícios de

---

* Personagem principal de *O apanhador no campo de centeio*, de J. D. Salinger. (N.T.)

Kegel na cadeira. Estava envergonhada com o andamento do meu projeto. Nada acontecera ainda.

"É tão difícil conseguir financiamento", comentou. Ele passara boa parte dos meses anteriores preenchendo solicitações de bolsa e não tivera nenhum retorno positivo. "Os Estados Unidos não valorizam o prazer."

Lembrava-me dessa fala de meses antes.

Ele tinha que ir. Estava ocupado. Orgasmo era trabalho para ele. Antes de me abraçar em despedida, perguntou se tinha feito algum progresso.

"Eu chego lá", respondi, torcendo para que não notasse minha hesitação.

Foi aí que decidi parar de procrastinar e comprar meu vibrador. Já fazia dois meses que o dr. Komisaruk esmurrara a mesa de jantar, dizendo que essa era a chave para o meu problema. Eu tinha a fechadura; precisava da chave. Voltei ao salão principal, onde mesas se enfileiravam. Vendedores ofereciam de tudo, de DVDs a consolos a títulos de doutorado.

Uma mulher alardeava desesperadamente óleos afrodisíacos. Sua empresa chamava-se Good Love. "Tempero indiano", ela gritava, bombardeando os transeuntes com uma borrifada de óleo enquanto eles tentavam passar correndo. "Se o cheiro muda, o amor muda."

Eu também a estivera evitando, mas imaginei que os vibradores na sua mesa pudessem ser as únicas coisas capazes de me ajudar.

À medida que me aproximava, ela virava um frasco de óleo de cabeça para baixo a fim de coordenar com a chegada dos meus pulsos. "Sou uma amoróloga", afirmou, enquanto esfregava óleo na minha pele. "Não digo que vendo produtos sexuais. Digo que vendo produtos para o AMOR, pois realmente acredito que o sexo é a cola que recebemos para manter os casais unidos. Ele não é apenas essa boca-livre da qual as pessoas saem machucadas. Não é esse o verdadeiro objetivo do sexo."

Apresentou-se como guerreira de Eros, travando uma batalha perdida pelo amor. Deve ter sido uma briga e tanto. Ela parecia devastada pela guerra. Tinha olheiras e o cabelo desgrenhado. Falava rápido como um leiloeiro. Se parasse, tinha medo que se jogasse no chão e começasse a sacudir o panfleto do seu óleo do amor como uma bandeira branca em sinal de rendição.

"Você estuda sexologia?", perguntei.

"Sou casada há 25 anos", respondeu. "Estudo todo dia."

Não parava de falar de amor – tinha um ponto de vista interessante sobre o assunto, acho –, mas eu não estava no clima de amor.

"Todos querem isso mais do que tudo, mas não compreendem o trabalho que dá amar alguém." Disse isso enquanto tentava esfregar sua poção do amor nos passantes. "Não fui eu que inventei isso", gritava para eles. "Só engarrafei."

Olhou de volta para mim. Esfregou um novo odor no meu pulso, que cheirava enquanto dizia: "A questão é sempre sua. O problema não está no relacionamento. Estar com alguém não vai resolver os seus problemas. Isso faz sentido para você?".

"Estou tentando resolver as minhas questões", disse eu.

"Bem-vinda ao mundo, querida!"

"Nunca tive um orgasmo", contei. "Essa é uma das minhas questões."

"O QUÊ!? Você não teve um orgasmo? Precisa comprar um pouco de óleo do amor. Não, lubrificante. Não, espere, você tem um vibrador?"

"Não."

Minha amoróloga pegou um aparelhinho roxo. Ele cabia perfeitamente na palma da mão. "Isso vai te dar o primeiro orgasmo!"

Peguei o aparelhinho. Ela explicou que ele era verde.

"Não", eu disse. "É roxo." Ela queria dizer verde no sentido ecológico. Em vez de funcionar à pilha, era carregado na tomada como um telefone celular. Além de tudo, vinha numa bolsinha de seda preta fofa – muitos apetrechos sexuais vêm em bolsinhas de seda. Talvez eu precisasse comprar uma bolsa dessas em que coubesse o meu corpo todo.

"Você precisa saber exatamente o que quer", disse ela. "Você tem essa ideia de que um príncipe vai satisfazer todas as suas necessidades. Esqueça essa história. Isso não é verdade. Entenda que você vai abrir mão de algumas coisas que acredita querer por outras que realmente quer."

Antes que pudesse dizer a ela que não queria querer, já tinha feito o recibo – o vibrador custou cem dólares, e ela me deu algumas amostras grátis de lubrificante – e começado a borrifar óleo na mão de outros participantes.

Foi o lance verde do vibrador que realmente me pegou. Não estava me ajudando; estava ajudando o mundo – consciente ecologicamente e autossabotadora.

Era a última noite. Havia uma derradeira recepção com leilão na Heron Gallery. Alguém ofereceu mais de cem dólares por um par de brincos feitos de Dalkon Shields, um dispositivo intrauterino (DIU) que fora tirado do mercado por causar infertilidade e infecções. Compra desprezível, pensei. Em seguida, a mulher os experimentou. Para assassinos em massa, até que eles pareciam bastante delicados e femininos pendurados em seus lóbulos. Eu queria um par.

Voltei cedo para o quarto do hotel. Ray estivera ocupado conversando com uma mulher, e estava preparada para ser expulsa do quarto mais tarde. Torcia por ele, mas, quando a porta se abriu lá pela uma e meia da manhã, Ray estava sozinho. Não se dera bem.

Deitou-se na cama dele. Deitei-me na minha. Estava escuro. Ambos estávamos de barriga para cima olhando para o teto. Senti como se estivesse numa festa do pijama aos dez anos – a mamãe diz que é para apagar a luz, mas você continua conversando.

Conversamos um pouco sobre a conferência. Contei que tinha sido um pouco útil – pelo menos comprara meu primeiro vibrador. Eu logo estaria me masturbando.

"Caso queira, faço sexo com você", ele se dispôs.

Eu não sabia o que dizer. Não podia ficar chateada, embora essa tenha sido a minha reação inicial. A oferta era amável, creio eu. Ele falou como se estivesse oferecendo uma massagem nas costas tensas de alguém. Mas tive que recusar; a ideia me era um pouco estranha. "Por ora", pensei eu, "basta um puto sagrado".

"Obrigada, mas tenho aquele vibrador agora", respondi.

"Tudo bem", disse ele, sinceramente. "Só queria ter certeza."

Continuamos a conversar até as três e meia da manhã. Passamos a discutir um dos seus assuntos favoritos: a revolução sexual. Ray me contou como ele e sua antiga namorada organizavam orgias. Ao ouvi-lo falar sobre isso, o sexo começou a soar como coisa do passado, algo nostálgico, algo para álbuns de fotografia e antigos diários. Eu estava quase triste. O sexo parecia ter chegado ao fim.

Ele fez uma pausa e depois me contou sua teoria, para a qual parecia estar se guardando.

"A revolução sexual entre os anos 60 e 70 não foi a única, sabia?" Segundo ele, houvera outra na década de 20.

"É natural que haja outra", declarou. "Elas acontecem de quarenta em quarenta anos."

Sua voz foi ficando mais suave à medida que calculava. "A próxima deve começar em 2010", disse ele. "Perfeito!"

Prometi a mim mesma que, nesse caso, estaria pronta.

Brincadeira de casinha

Eu tinha um problema. Ainda passaria duas noites em Indianápolis, mas a conferência chegara ao fim. Havia planejado noites extras caso algum sexólogo de renome decidisse que *precisava* jantar comigo para revelar todo o seu profundo conhecimento orgástico.
Isso não aconteceu.
Ray foi embora. Fiquei sem quarto.
Entrei no CouchSurfing.com. Esse site lista pessoas que oferecem o sofá, sem cobrar nada, nos mais diversos estados e países. Entrei em contato com mulheres; nenhuma respondeu. Entrei em contato com um cara de 29 anos chamado Cliff que tinha um sofá disponível. Nós nos falamos por telefone. Ele parecia ok. Sua voz era um pouco nasalada. Costumo confiar em gente com voz nasalada. Até então, ninguém assim me fizera mal.
Cliff me pegou no Hyatt em sua picape azul. Ele disse que teria vindo de BMW M3, mas parecia que ia chover e ele acabara de passar cera no carro. "É o meu xodó", disse ele. "Precisei deixá-lo são e salvo na garagem."
Dei uma boa olhada nele. Cliff não fazia o meu tipo – chamava o carro de xodó. Eu quisera que ele fizesse o meu tipo. Teria sido divertido se fizesse o meu tipo. Mas quem fazia o meu tipo?
Ele disse odiar Indiana. Acabara de se mudar. Era contador. Detestava seu emprego. Não fizera amigos ainda. Tinha uma clareira na cabeça.
Eu queria tocar a sua clareira.
Chegamos à sua casa. Alugamos *Instinto secreto*. Assistimos ao filme à noite. Era sobre um homem rico e bem-sucedido que levava uma vida secreta como assassino em série. Não é o melhor filme para se ver com um estranho.
Fomos dormir, ambos um pouco desconfiados um do outro.

Ele já estava no trabalho quando acordei. Eu fedia a amarelo; o amarelo ficara preso em mim. Estava em toda parte. Esfreguei-me até que fosse embora pelo ralo do chuveiro. Fiquei feliz de finalmente ter um espaço só para mim. A casa era bonitinha. Sentei-me no sofá. Fui dar uma volta. Sentei-me no sofá mais um pouquinho.

Comecei a me sentir um pouco solitária. Esperei. Esperei no sofá por Cliff. Andei para lá e para cá no apartamento; já eram quase sete e meia. Onde estava Cliff?

Cerca de uma hora depois, ele abriu a porta. Eu estava feliz que tivesse finalmente chegado. Aguardara ansiosamente sua chegada o dia todo – devia ter feito uma carne assada. Ele pegou uma cerveja, afrouxou a gravata, tirou o crachá, sentou-se ao meu lado e me falou sobre o seu dia horrível.

"Que chato", disse eu, massageando o seu ombro. "Tenho certeza de que amanhã será melhor. Não se preocupe."

Saímos para jantar. Tomamos vinho. Voltamos para casa.

Assistimos às viagens culinárias de Anthony Bourdain. Não costumava ver esse programa, mas decidi vê-lo mesmo assim.

Nos beijamos.

Não dormi no sofá.

Pude tocar sua clareira.

Cliff não me pressionou para fazer sexo. Era um cara legal. Por que chamo um cara de "legal" quando não se mostra interessado em sexo? Será que desejar sexo, algo natural e saudável, faz do cara "mau"? Por que sempre gosto dos caras "maus" a quem tenho que dizer "não"?

Tinha que sair às quatro da manhã para o aeroporto. Eram quatro da manhã.

"Por que isso sempre acontece comigo?", perguntou Cliff. "Por que, toda vez que finalmente encontro uma garota, temos que nos separar?"

"Talvez goste delas *porque* vocês estão prestes a se separar", respondi.

Boceta exemplar

Dei uma boa olhada na sala de espera, melhor do que gostaria, pois dr. Matlock só apareceu às nove horas para a nossa entrevista marcada para as seis e meia da manhã no Laser Vaginal Rejuvenation Institute, na Sunset Boulevard. Não há dúvidas de que o instituto era pró-vulva – piso de mármore rosa, sofás brancos, vista de Los Angeles do centro de Beverly Hills, folhas de palmeira emanando vibrações de férias tropicais e a televisão da sala de espera sintonizada no canal de fofocas E!.

Dr. Matlock podia transformar qualquer vulva numa boceta perfeita. Não sabia que existia algo como uma boceta exemplar. Queria saber como era – talvez quisesse uma –, por isso marquei uma consulta com ele antes de me dirigir à casa dos meus pais, em San Diego, com uma passada pela casa dos meus avós no caminho.

Enquanto esperava, li os artigos que falavam sobre o procedimento de dr. Matlock. Os artigos haviam sido tirados de revistas femininas populares e orgulhosamente emoldurados como diplomas nas paredes do consultório. Alguns destaques: "Seus lábios vaginais deixam a desejar?", "Quer uma vagina de designer?", "Lisa disse que seu namorado a chamava de caçamba". Em seguida, sentei-me e assisti à história de Laci Peterson no E!, que era deprimente – marido assassina vulva.

Quando começava a memorizar os contornos dos seios da recepcionista de Matlock – a sombra às três horas da tarde produzida por aquelas mamas criadas pelo homem podia proteger quatro pessoas da luz direta do sol –, ele finalmente chegou. O médico tinha estilo. Ele entrou deslizando, o que lhe atribuiu uma autoconfiança que não pude criticar apesar da longa espera. Aperto de mão firme. "Operei esposas de reis, presidentes e executivos", disse ele, cuja autopromoção era tão segura como o seu andar.

Dr. Matlock tinha algumas rugas ao redor dos olhos – estavam mais para pernas do que para pés de galinha –, o que revelava sua idade, mas ele parecia uma fonte inesgotável de energia. Sempre que ele olhava para cima, ele havia desaparecido. Sacou um livro com capa de couro a que suas clientes em potencial recorriam – como aqueles que vemos em salões de beleza, mostrando vários estilos que o cabeleireiro pode reproduzir – repleto de fotos de antes e depois de vulvas, bem como closes pélvicos da playboy.

"Então existe uma boceta perfeita?", perguntei.

"Claro", respondeu, apontando para a foto de uma vulva careca entre as pernas de uma supermodelo. Fiquei confusa – não sabia se odiava a ideia de uma boceta exemplar ou finalmente descobrira o que pedir aos meus pais de Chanucá.

"O que as mulheres não querem são grandes lábios diminutos ou caídos", explicou, traçando as linhas de uma vulva com a ponta da caneta. "O que elas não querem são os pequenos lábios projetando-se além dos grandes lábios."

Zola não concordaria com esse comentário. Ela me contou que a sua vulva é do tipo conhecido em alguns círculos como "taco super-recheado" ou "rosa desabrochada". Falava com orgulho da sua "penca", como um cara de pau grande.

"Elas não querem excesso de pele ao redor do clitóris", continuou. "O que não querem é um monte pubiano gordo. O que não querem são pequenos lábios assimétricos."

"O que elas querem?", perguntei.

"Querem que a pele do clitóris o abrace como se uma folha de papel envolvesse firmemente uma borracha", disse ele. "É isso o que querem. É isso o que todos querem."

Fechou o livro. Seu primeiro compromisso o chamava. Perguntou se podíamos continuar a entrevista na sala de operações.

Sua assistente me deu um pijama cirúrgico e uma máscara. Troquei-me no banheiro.

Dr. Matlock desenvolvera o Laser Vaginal Rejuvenation (LVR) e a Designer Laser Vaginoplasty (DLV) doze anos antes – a cirurgia e todos os procedimentos foram patenteados. O LVR estreita a vagina e costuma ser usado por mulheres que se sentem frouxas depois do parto. Matlock alegou que a cirurgia aumentava o prazer sexual, pois o prazer sexual está diretamente relacionado ao grau de fricção que a vagina é capaz de gerar, mas disse que não podia resolver disfunções sexuais. Para decepção de muitos sexólogos, ele não acreditava que os exercícios de Kegel fortalecessem a vagina ou ajudassem com a incontinência. "Os exercícios de Kegel são um mito", afirmou. "Eles não funcionam."

As mulheres podiam escolher o grau de estreitamento dando a ele uma idade. "As mulheres do mundo todo dizem: 'Quero ter dezesseis anos de novo, quero ter dezoito'", explicou. "Posso fazer isso por elas."

Eu corria de um lado para o outro na sala de cirurgia. Matlock usava um gorro de seda em vez da desajeitada touca de banho que todo o resto usava. Eu não comera ainda. Isso era bom. Papel crepom azul cobria a mesa de cirurgia. Havia apenas um pequeno corte quadrado, de onde saía uma xoxota – uma xoxota completamente raspada. Betty teria dito que aquela era uma xoxota barroca – dobras e mais dobras pendentes; pequenos lábios volumosos; tom acastanhado mesclado com violeta; elaborados drapeados, propícios para ornamentar a janela num baile do século XVII. Ele fez uma sessão de fotos de "antes". Sua assistente tirava as fotos enquanto ele segurava um lábio com cada mão. Matlock dançava com eles. Gira daqui. *Clique.* Afasta de lá. *Clique.* Para um lado. *Clique.* Para o outro. *Clique.*

Matlock devia estar muito orgulhoso da sua escultura vulvária; eu não conseguia acreditar que ele tinha me deixado entrar na sala de cirurgia. Através de uma fenda lateral na roupa de papel crepom azul, podia ver uma mulher coberta de marcas roxas – círculos sobre a sua barriga e nos lados. Ele me disse que a paciente tinha 41 anos e faria também uma lipoaspiração pela bagatela de 15 mil dólares. Suponho que isso não fosse nada mau para andar por aí com uma vulva nova.

O peito da paciente arfava no ritmo do "bipe" da aparelhagem do anestesista. Matlock sentou-se diante da xoxota empunhando confiantemente seu laser, como um soldador que empunha seu maçarico. A xoxota na mesa encomendara um estreitamento dos grandes lábios, uma poda dos pequenos lábios – ela não queria saber daquele negócio de taco super-recheado – e gostaria que seu clitóris se sobressaísse como a borracha de um lápis envolta por uma folha de papel. Matlock afirmou que nenhuma das cirurgias era fruto da sua imaginação; ele as concebia ao ouvir os anseios das mulheres. "Eu me preocupo com a mulher", disse ele. "Considero--me um feminista. Estou aqui pela mulher."

Enquanto Matlock cauterizava uma incisão no períneo, o cheiro de pele queimada entrava pelo meu nariz.

Se Betty estivesse ali, desconfio que teria se algemado à estrutura vulvar restante como um membro do Greenpeace que se algema a uma sequoia milenar prestes a encarar uma serra elétrica. Naquele momento, um amor profundo pela xoxota brotou em mim. Quando a vi em situação de adversidade, em seu momento mais vulnerável, comecei a entender sua beleza natural.

Nessa hora, ouvi um som que pensei ter reconhecido. Sim, a mulher peidara involuntariamente na cara de Matlock enquanto ele remexia o seu clitóris com o propósito de torná-lo tão fino como esta página. Encarei os gases como uma manifestação de descontentamento do eu primordial da paciente. Matlock nem piscou. Aposto que estava acostumado a ouvir bundas ordenando que parasse.

Ele não era muito fã de detratores. Quando perguntei o que achava dos terapeutas sexuais que discordavam do seu trabalho, ficou irritado e elevou a voz bem acima do zumbido do laser.

"Eles não sabem do que estão falando", retrucou. "Posso fazer o que fazem, mas eles não podem fazer o que faço. Não entendem de cirurgia, mas querem falar sobre o assunto."

Matlock abriu os pequenos lábios e os grampeou a pedaços de gaze como um adolescente prenderia borboletas a um quadro de cortiça. Eliminou metade da envergadura com o laser; os restos pareciam dois vermes enegrecidos. Ao largar as larvas num pote para a patologia, reiterou seu objetivo: "Nossa missão é fortalecer a mulher por meio de conhecimento, opção e alternativas. Isso não é para qualquer um".

Uma das alternativas era o que ele chamava de G-shot. Por 1.850 dólares, ele injetava um mililitro de colágeno no ponto G. Segundo ele, a injeção aumentava o ponto G, elevando a excitação e a satisfação sexual por até dois meses. Ele injetava o dobro da dose por 2.500 dólares. "O que acontece nesse caso?", perguntei.

"O prazer dobra", respondeu, com um sorriso afetado no rosto.

Depois de duas horas, a vulva chegara à metade do seu tamanho original. Matlock suturou a dita cuja, que foi bordada de vermelho. Fotos de "depois": *clique clique clique*. Acabaram-se as cortinas barrocas; depois de tanto fazer bainha, ela estava mais para uma toalhinha de crochê suja de molho de tomate.

Clitty Rose e eu entramos no carro. Partimos para Los Angeles o mais rápido possível. Com o trânsito, isso queria dizer avançar na velocidade de uma vaca ruminante vagando pelo pasto – isto é, nada rápido –, mas o importante é que escapávamos com as nossas asas de morcego intactas.

Toma lá dá cá

Cerca de duas horas depois, cheguei à casa dos meus avós. Eles moram numa comunidade para idosos. Sempre que estou lá, sinto como se estivesse drogada e presa numa paranoia em que as mesmas casas de dois andares assombram a minha visão a cada duas voltas da roda. As casas são tão idênticas que tive de memorizar um meio de encontrar a deles: fica à direita do quinto acesso depois da primeira rua à direita depois da primeira rua à esquerda depois do portão guarnecido de seguranças que, tenho quase certeza, são pagos para não fazer nada além de dificultar a ida a qualquer lugar.

Estacionei o carro e bati na porta. "Oi, querida", disse a minha avó. Minha avó Estelle tem 84 anos. Existem dois tipos de velhinhas: aquelas que ficam pálidas, com a pele flácida, revelando os detalhes de cada lacuna da estrutura facial, e o tipo personificado pela minha avó, cuja vitalidade ainda é patente nas fartas bochechas. Meu avô Hal, aos 86 anos, arrasta os pés quando anda – se tivesse esfregões sob os pés, o chão da cozinha brilharia –, mas ainda vai à academia todos os dias e lê o jornal de cabo a rabo.

Eles me abraçaram. São casados há 64 anos e nunca se separam. Não dá nem para falar com apenas um deles ao telefone. Eles não são assim. São Estold, são Hartelle, e ambos têm de estar na linha ao mesmo tempo.

Estava visitando os pais do meu pai. Meu pai dizia que nunca ouvira a palavra sexo enquanto crescia. Sua criação fora estéril. Se tiveram alguma conversa carnal, foi sobre a qualidade do bolo de carne. Ele contou que, quando criança, sabia a respeito de espermas e óvulos, mas não tinha ideia de como se uniam. Imaginava que o esperma saía andando do pênis, passeava perna abaixo, depois percorria a perna da mulher até chegar ao útero, quando apertava a mão do óvulo. Caso se entendessem e não estivessem muito cansados da jornada, decidiam formar um embrião. Meu pai sempre afirmou que não desejava que meus irmãos e eu crescêssemos idiotas como ele, por isso assegurou que sexo fosse uma palavra pronunciada em nossa casa.

Estava tentando convencer meus avós a concordar com uma entrevista sobre sexo há meses, mas eles sempre se recusavam. Queria aproveitar o conhecimento de uma geração mais velha, saber desde quando o orgasmo estava presente na árvore genealógica da minha família e entender como o meu pai – um cara capaz de comprar uma assinatura da *Playboy* para um primo que acabara de ter uma decepção amorosa – pôde acontecer a partir de um pool genético tão frígido.

Meus pais não se surpreenderam com as constantes recusas dos meus avós. De qualquer forma, eles não acharam que eu fosse aprender grande coisa. Com exceção do meu pai e seus dois irmãos, não havia evidências de que meus avós um dia tivessem ficado juntos na horizontal; sua cama, desde que me entendo por gente, sempre esteve arrumada – nem um amassadinho sequer –, exatamente como nas lojas de móveis em que somos proibidos de nos sentar nos produtos em exposição. Imaginava que os dois ficavam acordados a noite toda jogando baralho ou Lig 4 e, se precisavam dormir, cochilavam sob uma lâmpada na poltrona com uma revista no colo.

Mas eu me negava a aceitar um não como resposta. Estava certa de que tinham algo a compartilhar comigo. Afinal, havia dez anos que o meu avô começara a esculpir mulheres nuas. Alguns podem dizer que suas esculturas são sinal de que está perdendo as faculdades mentais. Pessoas muito velhas, pessoas muito jovens e malucos (os deficientes mentais também) são perdoados por incapacidade; eles podem dizer e fazer coisas que não seriam permitidas se fossem como o resto de nós. Mas se o meu avô está mesmo perdendo as faculdades mentais, acho que deve deixá-las irem um pouco mais. Ele é bom sem faculdades. Todo ano matricula-se em cursos próximos e transforma blocos de argila em bustos e bundas de modelos vivos. Agora tem um harém; estátuas nuas habitam praticamente todas as prateleiras dos meus avós. Sou uma de suas maiores fãs; tenho três das suas esculturas no meu quarto: uma

sentada, uma deitada e uma dançarina cor de bronze chamada Nicole com um umbigo baseado no da minha avó.
Suas contradições me deixavam confusa. Entendo contradições. Eu as tenho de sobra – o pênis de corda com que gosto de assustar meus visitantes e o pingente de homem nu que uso no pescoço não batem com o meu lado inibido. Contudo, era incapaz de conciliar a nudez em cada canto da casa com o caráter supostamente pudico dos meus avós. Queria desvendar a verdade.
Depois de muitas tentativas e alguma insistência, finalmente descobri como fazê-los compartilhar. Disse a eles que podiam me encher de quanta comida quisessem durante dezoito horas – o sonho de uma avó judia tornado realidade – se, em troca, tivesse direito a algumas perguntas e respostas.
Tinha que partir na tarde seguinte, mas era hora do jantar. Minha avó começou imediatamente. Ela preparou uma refeição com cinco pratos – peixe assado, berinjela à parmegiana, suflê de milho, repolho recheado do dia anterior e salada. Depois, meu avô trouxe quatro litros de sorvete para a sobremesa. Fiz o melhor que pude, mas ainda estava um pouco indisposta por causa do ataque à vulva a que assistira mais cedo. Na manhã seguinte, eles me levaram para tomar café na rua – panquecas, omeletes e aveia. Duas horas depois, saímos para almoçar num restaurante mexicano – fajitas, ceviche e tostada de camarão. Meu sistema gastrointestinal estava enlouquecendo. Mas o esforço valeria a pena, disse a mim mesma.
Quando voltamos das nossas aventuras gastronômicas, uma bailarina nua de bronze em arabesco nos deu as boas-vindas na entrada. Meus avós se acomodaram no escritório.
"Estamos prontos", declarou meu avô.
Sentei-me de frente para eles. Não me sentia mal por obrigá-los a isso, não mais; eu merecia aquilo. Mas queria ir devagar. Não queria assustá-los. Vi um curativo no braço do meu avô.
"Você está todo machucado", disse eu, para quebrar o gelo.
"Pois é, minha pele está mais fina", ele respondeu. "Agora preciso carregar band-aids na carteira."
"Antigamente ele carregava outro tipo de proteção", falou a minha avó.
Os dois se olharam e riram.

Se eu não estava enganada, meus avós tinham acabado de fazer alusão a preservativos. Parei um segundo para me recompor.

"Como vocês se sentiram quando meu pai se envolveu com terapia sexual?", perguntei. "Isso deixou vocês constrangidos?"

"Ele realizou ótimos trabalhos", respondeu a minha avó. "O fruto não cai longe da árvore", continuou, olhando para mim como se eu fosse uma maçã ou qualquer coisa assim.

"Temos orgulho do seu pai", afirmou o meu avô.

"Fomos a uma das suas aulas", comentou a minha avó. "Eu achava que aquela geração de estudantes – os anos 60, sabe – era muito mais livre, muito diferente da nossa geração. Eu acreditava que eles já entravam sabendo muita coisa sobre sexo e sobre a vida em geral, mas não era nada assim, porque as perguntas que faziam, eles eram verdadeiros novatos, eles não sabiam de nada!"

Meu avô passou a me contar sobre o início do relacionamento deles. Depois de apenas trinta encontros, disse ele que conquistou a minha avó ao declarar que, se morresse na guerra – isso aconteceu durante a Segunda Guerra Mundial –, ela receberia uma pensão de dez mil dólares sem nunca terem vivido juntos.

"Isso não era nada de se jogar fora", disse ele, rindo.

Minha avó aceitou a proposta; casou-se virgem e usou todo o dinheiro que economizara para comprar um casaco de pele na lua de mel. Ela explicou que, quando era mais jovem, o negócio era bem simples: tudo o que precisava saber sobre sexo era que não podia praticá-lo. Nada de masturbação também. "A coisa era bem casta", contou. Não havia expectativas para corresponder porque ninguém sabia o que esperar.

"Isso está ficando mais pessoal", disse eu, ainda pisando em ovos. "Vocês podem me dizer se não quiserem responder. Mas como você ficou sabendo do orgasmo feminino?"

"Como fiquei sabendo?! Porque experimentei!", exclamou a minha avó.

"Você recebeu algum conselho ou coisa parecida?"

"Não", ela respondeu. "Na verdade, estava para me casar e o meu ginecologista disse uma única frase. Ele disse: 'Tudo vale entre quatro paredes', e eu me lembrei disso."

"Isso ajudou você?"

"Ajudou. É um bom conselho. Permitia fazer tudo o que ele tinha vontade."

"Espera aí", interrompeu meu avô. "Tudo o que *você* tinha vontade. Você acabou de dizer tudo o que *ele* tinha vontade. Tem uma dualidade aí."

"Bom, você entendeu o que eu quis dizer", ela respondeu. "Tudo vale para o casal."

"Porque você disse tudo o que *ele* tinha vontade", repetiu meu avô.

"Bom, eu só estava fazendo um pequeno aparte", ela retrucou.

"Você logo teve orgasmos?", perguntei, acabando com aquilo.

"Sim", minha avó respondeu.

"Ah, sim", ele confirmou.

"Sim", ela repetiu.

"E como!", ele exclamou.

"Na primeira noite? Jura?", perguntei, um tanto quanto pasma.

"Na primeira noite, não", disse ele. "Na primeira noite aconteceu um problema. Ela estava toda selada."

"É verdade, um selo e tanto."

"Na segunda noite, então? Como foi?"

Minha avó corou e esfregou a palma das mãos na coxa. Os Reeboks brancos batiam o chão. "Foi bom", ela respondeu. "Eu gostei."

"Você quer dizer algo mais?"

Meu avô entrou na conversa: "Geralmente gozávamos juntos. Gostávamos mais assim".

Bom, quer dizer então que os orgasmos remontam a, pelo menos, duas gerações passadas. Aparentemente, não restavam muitas dúvidas quanto a isso. Meus avós estavam revelando tudo tão facilmente. Eles me enganaram. É óbvio que só se fingiram de tímidos para me enfiar comida goela abaixo.

Minha avó pigarreou. "Por que você não escreve um livro no estilo de *E o vento levou?* Não seria ótimo?"

"Nossa vida sexual foi 'levada pelo vento'", disse o meu avô. Os dois riram.

Ele ficou muito sério de repente. Em seguida, falou-me da

sua disfunção erétil. "Já ouviu falar nisso?", perguntou. "Gostaria de não ter esse negócio de disfunção erétil, mas tenho. Paciência."

Meu avô contou que há cinco anos não faziam sexo.

"Não, querido, a última vez foi há dez anos", corrigiu a minha avó. "Eu lembro. Lembro muito bem."

Talvez a energia sexual irrealizada do meu avô tenha ido para as estátuas que espreitavam de todos os cantos.

Levantou-se para pegar uma bebida. Enquanto se afastava a passos lentos, inclinei-me na direção da minha avó.

"Você ainda tem orgasmos?"

"Se eu quisesse, teria", ela respondeu. "Mas não quero."

"Por que não?", indaguei.

"Porque gosto de fazer isso com o seu avô. A gente é assim", disse ela, entrelaçando as mãos. "Talvez isso não seja tão bom, mas..."

Meu avô chegou até ela, interrompendo a nossa conversa, e lhe entregou um chá gelado diet. "Aqui, querida, beba."

Ela levou a bebida à boca e deu alguns goles. Pude ouvir o líquido passando pela sua garganta. Em seguida, devolveu o copo. Ele o levou até a sua cadeira e sentou-se.

"Sexo não é tudo", começou o meu avô.

"O orgasmo não é a coisa mais importante. É apenas uma faceta", disse a vovó.

Senti um pequeno golpe. Talvez essa fosse a maneira que encontraram para me dizer que eu estava procurando a coisa errada.

"A idade afeta o nosso corpo e as nossas necessidades", concordaram. "Eles mudam. A gente se abraça muito."

"O que vocês consideram a coisa mais importante, então?", perguntei.

"Amor e respeito", respondeu a minha avó.

"Responder às necessidades um do outro", completou meu avô.

"Eu esfrego as costas dele com creme", declarou minha avó.

"Eu ajudo você a colocar o sutiã", disse ele, olhando para ela.

"Você fecha o meu sutiã porque eu não consigo", retrucou minha avó, olhando para ele.

Meu avô inclinou-se para a frente, a luz saiu do seu rosto. Sem alterar a voz, ele disse: "Chamo isso de toma lá dá cá".

Sucrilhos

Quando cheguei a San Diego, os Keena não estavam em casa. Ainda estavam trabalhando no viveiro. Olhando suas estantes, que já esquadrinhara centenas de vezes em busca de algo bom para ler, comecei a reconhecer livros que nunca antes notara. Eram as obras que acabara de comprar e meter nas minhas estantes. Ao lado da velha tese encadernada do meu pai – *The Study of Sexual Attitude Reassessment* –, que sabia existir, mas nunca havia tocado, que dirá lido, estavam *O Relatório Kinsey*, livros de Masters e Johnson, *O Relatório Hite* e até *The Joy of Sex*. Nossas bibliotecas ficaram bizarramente parecidas.

Ao longo da semana seguinte, planejara ajudar os meus pais a se preparar para os 43 convidados que viriam para o jantar de Ação de Graças, mas também confrontá-los sobre a minha criação.

Agora sabia que podia ser grata por ao menos uma coisa: havia orgasmo de sobra nos meus genes. Se eu resolvesse o que tinha para resolver, gozaria o tempo todo. Afinal, isso estava no meu DNA.

Quando meus pais voltaram do trabalho, saímos para comer comida chinesa. Eu os regalei com histórias de dr. Matlock, que passei a chamar de Estilete; de Ray Noonan; e, para o *grand finale*, contei a eles a verdade sobre o vovô e a vovó Altman.

"Eles eram superorgásticos", disse eu. "Simultâneo era a norma!"

Os queixos dos meus pais caíram. Meu pai largou os pauzinhos. Provavelmente sempre achara que, através da sua sexualidade, estava se rebelando, mas descobriu que não era tão diferente assim dos seus pais.

"Não acredito", disse a minha mãe. "Nunca imaginei."

"Então por que eles disseram que nunca falam sobre isso?"

"Eles me perguntaram se eu já ouvira falar na política do 'não me pergunte que eu não conto'", respondi.

Meu pai sacudia a cabeça enquanto comia um camarão agridoce.

"Disseram que o assunto nunca surgiu", continuei, encolhendo os ombros.

Nunca vira meu pai daquele jeito. "Até parece que esse assunto simplesmente surgiu na nossa casa", disse ele.

Minha mãe falou que, se eu tivesse inquirido os seus pais quando estavam vivos, eles teriam evitado as minhas perguntas da mesma maneira que evitaram as dela quando estava crescendo – esgueirando-se para o outro cômodo, como se nada tivesse acontecido, para assistir aos dobermans correndo em círculos, deixando manchas concêntricas de xixi.

Enquanto rememorava as últimas pérolas da entrevista, terminávamos de raspar os pratos. Devido à abertura dos meus pais, esperava que estivessem prontos e dispostos a contar suas histórias para o meu gravador. Mas, para pessoas tão abertas, meus pais não pareciam muito propensos a compartilhar. Nunca imaginei que meus avós seriam melhores do que os meus pais como entrevistados. Em vez disso, eles me perguntaram se eu considerara publicar sob um pseudônimo. "Que tal a língua do P?", meu pai sugeriu, com um leve sorriso. "Seremos Kenpen e Deepeenapa."

Dois dias depois, minha mãe tirou o dia de folga para passar comigo, pois depois que as preparações para o Dia de Ação de Graças começassem não teríamos nem um instante sozinhas. Atrás da casa dos meus pais, há uma reserva ambiental cheia de carvalhos, galhos secos e pedras de granito tão grandes que uma escavadeira seria inútil como um garfo de plástico para movê-las. Saímos para caminhar a fim de botar o papo em dia. O sol nos castigava enquanto subíamos as colinas íngremes; com a inclinação, a respiração da minha mãe ficava mais pesada. Esse som é irritante, o da respiração penosa, o som da velhice, um lembrete de que não vamos durar para sempre. Ela é tão humana como o meu pai, que é tão humano como eu, que sou tão humana como Norman Mailer, que morrera na semana anterior.

Na manhã daquele dia, abordei meus pais enquanto sentavam-se em seus lugares habituais para o café da manhã. (A mesa é redonda, mas meu pai parece estar sempre à cabeceira.) Meu irmão Logan chegaria à tardinha de Boulder, onde estudava, e eu queria confrontá-los antes que houvesse muita gente por perto. Também não queria que todas aquelas questões pendentes transtornassem o meu bom-senso quando as visitas chegassem; já chateara o meu irmão Matt ao telefone quando o saudara gritando: "Mattlingus!"

Silêncio.

"Nunca mais me chame assim, Mara!", ordenou.

"O quê?"

Demorei um segundo, mas entendi. Tinha sido rude. Só uma coisa me vinha à cabeça quando pensava em Mattlingus, e sem dúvida não era o meu irmão. Mas a minha fixação pelo tema era tal que ele acabava aparecendo na hora errada.

"Desculpe."

Meu pai estava entretido com o jornal quando decidi confrontá-lo. "Pai", disse eu, tentando chamar sua atenção.

Toda manhã, a rotina é a mesma. Meu pai pega duas tigelas – uma amarela para ele, outra verde e branca para a minha mãe –, uma colher grande, outra pequena e oito caixas de cereais para uma elaborada mistura. Todo dia é a mesma coisa – eu sei, tedioso, né? –, mas os Keena dizem que não fica maçante. Os cereais estão no topo da pirâmide alimentar do meu pai, especialmente Sucrilhos, o que achei irônico depois de descobrir por que o conservador dr. John Harvey Kellogg desenvolvera o seu primeiro cereal de milho em flocos no século XIX. O médico acreditava que alimentos insípidos aplacariam o desejo sexual e as paixões "inapropriadas" das pessoas – especialmente das mulheres. Kellogg ficaria louco de ver seus flocos de milho cobertos de açúcar, sem falar em vê-los sendo engolidos por um casal declaradamente apaixonado.

Meu pai misturava os cereais enquanto minha mãe tirava e botava seu saquinho de chá da água quente. Eu estava lá. Eles estavam lá. Eu estava com o gravador. Podia perguntar qualquer coisa.

"Por que você me disse que era preto?", perguntei.

Que porra era aquela? Foi isso que saiu. A pergunta simplesmente se formou na minha garganta e botei para fora.

"O que era preto?", quis saber meu pai.

"Preto, ausência", respondi. "Você sabe, quando eu morrer."

"Essa resposta não foi boa?", ele perguntou.

"Acho que isso me assustou", respondi.

"Você vai para o céu", disse ele sorrindo. "Melhor assim?"

Fiz cara de poucos amigos.

"Agora é tarde", declarei. "Você já estragou tudo."

"Não podia dizer algo em que não acreditava", ele refutou. "Ou nos conformamos ou negamos a morte. Você escolhe."

Eles perceberam que não fiquei satisfeita, mas nem mesmo eu sabia o que queria ouvir.

Ele riu. "É engraçado ver as coisas que as pessoas lembram", ele disse, voltando a tomar seu leite com Sucrilhos.

Minha mãe e eu ziguezagueamos pela trilha. Já estava me sentindo sufocada em casa. Não me sentia produtiva. Minha mãe diz que é bom descansar de vez em quando, mas isso parecia perda de tempo; em menos de um século, descansar seria uma atividade sem fim. Queria ver execução, produção, realização, indicadores de progresso. De que outra forma podemos provar que estamos vivos?

Nós conversávamos e eu arrancava silvas no caminho. Puxei o assunto da jornada orgástica.

"Como são os seus orgasmos?", perguntei.

Entre goles de água, ela me contou que o orgasmo é algo muito íntimo. Ela disse que ainda estava tentando entendê-lo.

"Uma coisa é ter a vida familiar sexualmente saudável", declarou. "Outra, completamente diferente, é a sua própria vida sexual. Ainda tenho fronteiras a desbravar. As cortinas não param de se abrir."

A sensação era estranha. Não tinha ideia do que ela estava falando. Quem eram aquelas pessoas, os meus pais? Se eles queriam brincar desse negócio de não saber de tudo, deveriam ter começado há muito tempo. Em um minuto, ela conseguiu destruir a imagem que eu criara ao longo dos últimos 13.665.600 minutos da minha vida.

Paramos na beira de um penhasco com vista para o vale.

"Sabe, Mara, você se tocava quando era pequena", revelou a minha mãe, olhos fixos no horizonte. "Só queria que soubesse disso."

"Ah", disse eu, bochechas corando. "É mesmo?" Virei de costas para ela. "Olha só", falei, apontando para o topo das montanhas, "quanta construção nova rolando."

"Somos quem somos antes de sabermos quem somos", disse minha mãe.

Voltei a olhar na sua direção. Parei para observá-la por um momento. Ela é dois centímetros e meio menor do que eu. Estranho imaginar que já estive dentro daquela barriga – talvez eu me conhecesse melhor quando era parte dela.

Mas de que diabos ela estava falando? Fosse o que fosse, parecia inteligente. Conhecimento de mãe compartilhado. Ainda assim, fiquei feliz quando a nossa conversa desviou para quantos pacotes de recheio para peru deveríamos comprar. Era desconcertante que ela soubesse coisas sobre mim que eu não sabia. "Interessante aquilo de que as pessoas se lembram", a frase da conversa que tive com o meu pai naquele dia de manhã surgiu de repente na minha cabeça. Se esse era o caso, o que eu havia esquecido?

Enquanto voltávamos para casa, pensei um pouco mais. Se era verdade, se eu realmente me tocava quando era pequena, em que momento perdi o contato? Todos perdemos contato de alguma forma quando ficamos mais velhos? Quando cheguei em casa, pensava em o que mais perdera pelo caminho. Peguei meus diários que acabara de desenterrar e comecei a me aventurar pela prosa. Estava decidida a me encontrar em antigos objetos, cartas e cantos da casa.

Marcara algumas sessões por telefone com Rori antes de sair de Nova York. Quando nos falamos, contei sobre o que encontrara nos meus diários, especialmente aquilo que me constrangia. Havia emoções que não me lembrava de ter sentido e momentos que bloqueara completamente; mas o que escrevera, as coisas que desejava, a maioria tinha se realizado, praticamente nos mínimos detalhes.

Depois de terminar com Evan, escrevera uma promessa para mim mesma. Lendo, quase botei os bofes para fora com o drama que me impusera. Que novela eu fazia naquela época. Li o trecho para Rori:

> Estou cautelosa agora e não deixarei que o amor seja arrancado de mim como uma pipa ao vento. Segurarei firme essa linha, muito firme. Não posso sofrer essa dor. Não sentirei isso novamente.

Ri da minha linguagem arrebatada, mas, ao mesmo tempo, aquilo me entristeceu. Eu me obedecera direitinho. Não só me agarrei à linha como a enfiei debaixo de todos os meus livros, de todas as minhas metas profissionais, de qualquer coisa grande e pesada o suficiente para que não tivesse de me preocupar constantemente em deixá-la escapar.

Rori disse que eu parecia ter transformado algo prazeroso como o orgasmo em uma meta. "Você não admite o prazer a não ser que envolva a realização de uma tarefa", disse ela. "Como é apenas querer?"

Eu não sabia o que queria; ficara tão boa em reprimir os desejos do meu corpo que tinha de decidir logicamente o que queria em vez de sentir isso dentro de mim. Decisões simples eram um problema. Muitas vezes, não conseguia decifrar se desejava um sorvete de chocolate ou de creme – recorria à quantidade de calorias para ajudar as minhas papilas gustativas a escolher.

Quando nossa sessão terminou, deitei-me na cama, pensando. O sol avançava para o horizonte; a luz do fim da tarde invadia o quarto pela janela, deixando tudo cor-de-rosa. Olhei para o vibrador roxo, que na verdade era verde. Queria usá-lo. Queria experimentá-lo. Queria encontrar *aquele* pedaço de mim. Ele já estava lá, tinha de estar. Mas não ali. Não naquela hora. Não no meu antigo quarto. Ele estava cor-de-rosa, como um quarto de bebê. Não me sentia inerte, mas retrógrada, em retrocesso; eu parecia rebobinar.

Fodidos em sentidos opostos

Na noite anterior ao Dia de Ação de Graças, meu irmão e eu ficamos acordados conversando no quintal enquanto os Keena tomavam seu habitual banho noturno. Todos fôramos às compras naquele dia mais cedo. Muita comilança estava para acontecer. Coletivamente, incorporaríamos uma grande quantidade de matéria terrestre com o iminente autoempanturramento. Quanto mais território, melhor, não é assim? Estava decidida a encarar meu impendente ganho de peso como aquisição de terras.

Logan é só um ano mais velho do que eu. É um dos meus melhores amigos. Já o perdoara por aqueles anos no ensino médio em que eu acordava e descobria que uma amiga minha desaparecera, fora teleportada *à la* Star Trek para a cama dele. Saquei a rolha de uma garrafa de vinho. Servi seu copo. Brindamos. "À nossa saúde", dissemos.

Logan contou que, desde que começara a estudar o judaísmo, não parava de notar o número treze. Disse que, segundo a cabala, as palavras em hebraico para "amor" (*ahavá*) e "um" (*echad*) têm valor numérico igual a treze. Em seguida, explicou que ambas representam aspectos de Deus. Disse a ele que não parava de ver o número onze em tudo quanto é canto e não conseguia decidir se isso significava que devia ir ao banheiro duas vezes para fazer número um ou somar um e um e fazer número dois uma vez.

Cerca de dois anos antes, Logan viajara para Israel sem pagar nada por meio de um programa chamado Birthright. Voltou judeu, mas não judeu como eu. Voltou um verdadeiro judeu – nada de crustáceos ou porco, nada de luz elétrica ou telefone no Shabat, nada também de boceta gói. Não parava de dizer que eu devia ir a Israel. Se fosse, dizia ele, entenderia as minhas origens; olharia em volta e diria: *Esse é o meu povo.* Foi o que aconteceu com ele; Logan olhava ao redor para as pessoas furando fila, sendo insistentes e dizendo exatamente o que pensavam e afirmava: *Esse é o meu povo*. Então, decidi fazer o que sugeriu e me inscrevi para a viagem. Imaginei que, ao menos, poderia investigar minhas raízes orgásticas ancestrais. Partiria em janeiro, menos de dois meses depois. Decidimos adiar nossos papos sobre o judaísmo até que eu pudesse me identificar. Em vez disso, nos identificamos acerca de como nossos pais nos foderam.

Enquanto eu servia a última gota de vinho no copo de Logan, ele explicou o que sentia sobre nossa criação. Achava que todo aquele papo sobre sexo fizera com que ficasse confortável demais com o assunto e ferrara com os seus limites, maleáveis demais. Ao mesmo tempo, disse ele, tivera namoradas e mais namoradas que dispensou, pois nenhuma correspondia ao modelo ALTMAN de relacionamentos. Ao desarrolhar a garrafa seguinte, tivemos uma infeliz epifania: demo-nos conta de que não éramos fodidos da mesma maneira.

"Eu nunca tenho relacionamentos", disse eu.
"Eu tenho relacionamentos demais", disse ele.
"Eu não trepo o suficiente", disse eu.
"Eu trepo demais", disse ele.
"É foda!", exclamei.
Éramos fodidos em sentidos opostos.

Será que isso não invalidava a nossa criação como fator de correlação? O que fazia com que ambos fôssemos fodidos? Será que só o fato de estar no mundo já fode com a gente? Perguntei a Logan por que Deus não fala mais conosco. Há alguns milhares de anos, havia sarças ardentes, mares divididos, preceitos gravados em placas de pedra anunciando a vontade de Deus, dizendo a todos o que precisavam saber.

"Deus falou por meio de placas de pedra, porra", desabafei. "Se ele deu um jeito de escrever em pedra, por que não pega logo a porra do telefone ou qualquer coisa assim?"

Por que Deus ficou mudo de repente? "A gente aqui precisa de um pouquinho de conselho", disse eu, "um pouquinho de direção." Logan olhava fixamente. Talvez estivesse traduzindo o percentual alcoólico do nosso vinho em termos cabalísticos. Olhei o rótulo. O percentual era de treze por cento.

"Deus, foi você?", perguntei. "Foi você que fodeu a gente?"

Era óbvio que estava na hora de ir para a cama.

Fruto

Na manhã seguinte, eu estava novinha em folha, totalmente no clima para o meu combate anual com a carcaça de peru. Meu pai e eu desafiamos um ao outro a colocar o máximo de recheio possível nos orifícios das aves, pois só acreditamos em recheio entulhado.

Tínhamos dois perus. Meu pai ficou responsável pelo caipira; eu fiquei com o convencional. Livramo-nos dos miúdos. Restava ainda o pescoço do peru. Enfiei-me até os cotovelos na cavidade da carcaça. Pude senti-lo – longo, robusto e frio. Avaliei sua consistência: bastante firme. Puxei para fora. Nunca vi um pescoço como naquele momento: podia jurar que era o pênis do peru. Descobri que os perus são descomplicados como os homens. Fiquei constrangida ao arrancá-lo de vez. Era indecente, crasso, insensível e extremamente rijo. Todas aquelas perguntas sem resposta estavam mesmo mexendo com a minha cabeça. Estavam me transformando num ser detestável, pervertido. Escondi o pau do peru atrás das costas para que meus pais não o vissem; como quem não quer nada, joguei o troço na lata de lixo. Em seguida, meu pai extraiu o seu pescoço de peru, que tombou sobre a mesa. Ele estava pondo o pescoço de lado para poder lavar a carcaça, mas não resisti. Não consegui ficar de boca calada. "Ano difícil, hein?", disse eu, referindo-me ao membro caído. Só podia estar perdendo as minhas faculdades mentais.

Minha mãe estava lá e riu. Meu pai riu também. É claro que riram; foram eles que me ensinaram a ser assim. Devem ter me tido no esgoto.

Encerramos triunfalmente, com os dois perus no forno.

Foi aí que começou a minha loucura atrás de informações. Forrei a casa com folhetos. Meus pais deixaram. Colei os papéis em todo canto, perto da mesa de aperitivos, da mesa de sinuca e da mesa de jantar, na cozinha e na sala de estar.

Os folhetos informavam aos convidados sobre minha busca e pediam que, por favor, escrevessem qualquer informação a respeito do orgasmo – anonimamente, se preferissem – numa ficha e a depositassem numa caixa de lenços de papel que eu transformara, com caneta hidrográfica e cartolina, numa Caixa Orgástica.

O jantar foi um sucesso. Até a bunda do peru, a parte favorita da minha avó – ela vive dizendo que é a mais saborosa –, foi conduzida com êxito para o seu prato. Ela sempre acha que alguém vai roubá-la.

Vó, enquanto estiver conosco, garantimos que terá sua bunda.

Depois que todos saíram, esvaziei a minha Caixa Orgástica. Três fichas caíram. Sacudi a caixa, bati no fundo, mas nada mais saiu de lá. Só três fichas? Somente um em cada 14,3 americanos tem algo a dizer sobre o orgasmo?

Aquilo foi uma decepção. Culpei o triptofano pelo baixo número de respostas.

No dia seguinte, depois da arrumação, chegou finalmente a hora de encarar meus pais. Tinha que ser naquela hora; partiria para São Francisco no dia seguinte. Mas nenhum de nós parecia muito disposto para a conversa. Fazia sentido; assim que quis saber de tudo, eles deram para trás. Mas quando não queria saber, quando era impressionável e sujeita a cicatrizes, eles pareciam torneiras quebradas de tanta informação – não conseguiam parar de jorrar.

Os dois sentaram-se no sofá da sala. Minha mãe colocou os pés para cima e abraçou as pernas. Meu pai deitou a cabeça na almofada e esfregou a careca. Se tivesse acrescentado cera de carnaúba àquele movimento, eu poderia aproveitar a superfície polida para depilar as sobrancelhas. Sentei-me diante deles. Quando olhei para o meu pai, a parte dos óculos que se destacava do seu rosto me chamou a atenção. A cena atrás dele tornou-se um borrão incompreensível. Ao olhar para ele olhando para mim, via o que parecia ser uma mancha de óleo – tudo igual.

"Mande bala", disse meu pai.

Comecei, relutante.

"Como podemos – estou falando pelos meus irmãos também – viver à altura do seu relacionamento?", perguntei. "Vocês estabeleceram um padrão impossível."

"Não coloque a gente num pedestal", refutou meu pai. "Só porque a gente não briga na frente de vocês não significa que isso não acontece."

"Exatamente", concordou a minha mãe. "Nós brigamos."

"Nós brigamos", disseram os Keena.

Aquilo não estava levando a lugar algum.

Passei, então, ao segundo tópico: perguntei por que eles eram tão abertos conosco, por que vivêramos em uma minicolônia nudista, por que a sexualidade era algo tão importante na nossa criação.

"Queríamos que vocês se sentissem confortáveis com o próprio corpo", explicou minha mãe, "e que nunca fossem pegos de surpresa com a origem dos bebês."

"Esperávamos que amor e sexo fossem coisas naturais e não virassem bichos de sete cabeças", continuou o pai. "Nada de letras maiúsculas, nada de extraordinário. Apenas um aspecto da vida tranquilo para vocês."

"Mas como você se sentiu à vontade para estudar sexo se esse era um assunto tabu na sua casa?", perguntei. "Você disse que a vovó e o vovô não falavam sobre isso de jeito nenhum."

"O que pode ser mais interessante do que pensar ou falar sobre sexo?", respondeu. "Especialmente quando se é meio inibido, como eu era. Com sorte, à medida que cresce, você trabalha o que é mais difícil para você."

Ele contou que focou sua tese em sexualidade por um motivo: para que pudesse se dessensibilizar.

"Você era inibido?", indaguei. "Jura?"

Olhei para minha mãe em busca de confirmação. "Sério, mãe?"

Fiquei atônita. Sabia que meu pai tinha estudado terapia sexual, mas sempre achei que se sentia tão confortável sexualmente que podia estender seu conforto para a multidão de almas frígidas. Não imaginei que precisasse de quatro anos na pós-graduação para resolver suas inibições.

Minha mãe fez que sim com a cabeça. "Você está fazendo mais ou menos o que Ken fez para ficar à vontade", disse ela. Trocaram sorrisos de cumplicidade e depois me olharam como se fosse um fruto caído perto da árvore.

Eu saíra em busca do orgasmo na minha hereditariedade; em vez disso, descobri a origem dos meus genes receptores que ativavam a inibição e o pudor. Até ali, sempre achara que a minha falta de erotismo era um ato de rebelião, mas descobri que não era tão diferente dos meus pais.

E o que seria dessa revelação sem o refrão da minha vida?

"Você é uma flor que demora a desabrochar, como eu", disse meu pai.

Ele estava com um sorriso enorme àquela altura. Tal pai, tal filha. Estava desnorteada. É a cara dos Altman lançar uma reviravolta daquelas. Não conseguia fazer outra pergunta. Estava sem perguntas. Meu pai disse que, caso me interessasse, poderia levar a dissertação dele comigo e ler sobre sua jornada.

"Mas não perca", disse ele. "Só tem uma."

Pedi licença para arrumar minhas coisas para a viagem no dia seguinte cedo.

Em seguida, fui até a estante e peguei o calhamaço retangular do meu pai para levar para a cama e comecei a ler. Sempre achei que estaria cheio de coisas interessantes e intensas – tão intensas que sempre escolhia a opção mais segura e o evitava –, mas a dessensibilização do meu pai me fez dormir num segundo.

Abandonada pelo clitóris do país (e pela sarça ardente)

Depois de três dias na casa da minha prima em São Francisco eu estava completamente exausta. Ela tem uma filha de um ano. Escolha corajosa, essa de procriar. A criança gosta de gritar das duas às quatro da manhã, todo dia. É uma sirene do tipo que berra e pisca. Sua pele brilha quando ela chora. No segundo dia, tampões de ouvido, roxos, me salvaram de uma tentativa insone e semiconsciente de ligar as trompas.

Mas aquela criança era interessante. Talvez fosse aquele Eu que, segundo minha mãe, eu fora quando pequena. De fralda, ela se esfregava nos objetos; em qualquer oportunidade, tirava a roupa; em público, manuseava bonecas de modo obsceno; e cutucava a pererca como quem não liga para nada. Se cometidas por um adulto, essas ações dariam em cadeia. Era xilindró na certa, nada de perguntas. Eu a admirava por isso; estava aproveitando enquanto podia. Aquela garota estava mesmo em contato consigo. Aquela garota sabia das coisas.

Um pouco de sapiência não me faria mal depois de alguns dias em São Francisco; até aquele momento, nada saíra como o planejado. Ainda por cima, acabara de descobrir que Rafiq estava noivo, outro amigo fugira para se casar e o maldito Facebook ficava me atualizando sobre todo mundo com quem estudara que postava fotos com namorados ou braçadas de material genético recém-chegado. Até o meu amigo de Bangcoc, fã de prostitutas e frequentador de bares de strip-tease, mudara seu status para "em um relacionamento sério". Sentia-me um ser um humano fracassado. Comecei a pensar se os circuitos do meu relógio biológico estariam cruzados com a minha capacidade de gozar. Bastaria ativar um que o outro, por efeito dominó, seria ativado?

Minha tia, que também morava em São Francisco, salvou a pátria. Ela me deixou ficar na sua casa até que se enchesse de mim. Ela prezava o seu espaço. Eu entendia: também prezava o meu. Finalmente, um pouco de paz.

Minha tia é obstetra e tem um apartamento de dois quartos só para ela. Queria ser obstetra quando criança, pois imaginava que o apartamento fazia parte do cargo. Ela consegue ver São Francisco inteira da sua casa em Telegraph Hill: Bay Bridge, Alcatraz, a Treasure Island, as pessoinhas lá embaixo perto do terminal das barcas. Mas, quando eu tinha dez anos, ela me levou até a sala de parto. Pude ver então o que era ser obstetra. Algo do tamanho de uma melancia atravessando uma rosca. Como é que isso pode ser uma boa ideia?

Não queria mais ser obstetra, mas isso não me impediu de seguir admirando minha tia. Casou-se duas vezes, e duas vezes se divorciou. É uma mulher realizada – não há nada de solteirona nela –, que não precisa de uma aliança para se sentir completa. Adora meus pais, mas fala da interdependência deles como se fosse uma doença. "Não gostaria de ter o que eles têm", ela sempre diz. Entendo, sei do que ela está falando. Mas, embora concorde, há uma parte de mim que às vezes desconfia que seja inveja. (Acho que Rori diria que estou projetando.)

Infelizmente, ela não *me* entendia tão bem, ao menos não aquela minha empreitada.

"Não entendo por que você está fazendo isso, Mara", disse ela. "Bastava ter me contado sobre o orgasmo; eu teria levado você a uma loja, teríamos escolhido um vibrador e tudo estaria resolvido."

Num certo sentido, concordava com ela. Entendia sua leve irritação; eu também estava um pouco incomodada comigo, sem falar sexualmente frustrada. Estava me ludibriando, agindo como uma baita provocadora com meu próprio corpo. Estava ansiosa por viver aquilo de que tanto tinha ouvido falar; ao mesmo tempo, tudo indicava que uma pilha daria conta do recado, por isso não sabia ao certo o que me impedia. Talvez tanta coisa dependesse do meu orgasmo que, àquela altura, eu decidira me sabotar. E se aquele incidente não respondesse a todas as perguntas conforme eu imaginava? Enquanto não tentasse, não me decepcionaria.

"Só não perca muito tempo com isso", disse ela, enquanto saía pela porta. "Isso está ficando chato."

Eu tinha tantas esperanças para o clitóris do país, mas as coisas estavam acontecendo muito devagar. Entrara em contato com Joseph Kramer, um famoso terapeuta corporal do sexo na região. Terapeutas corporais do sexo são educadores eróticos; suas aulas geralmente são práticas. Ele se recusou a falar comigo, explicando que quem escrevia sobre sexo reprimia a criatividade sexual dos indivíduos. Encerrou a mensagem com uma citação de Wilhelm Reich: "Aqueles que têm problemas psíquicos precisam de uma coisa apenas – satisfação genital frequente e completa".

Em seguida, liguei para Satya, a amiga dakini de Zola. Sabia que parte do trabalho de Zola tinha a ver com estímulo digital, digamos assim, mas não sabia ao certo o que Satya oferecia. Queria marcar um encontro para descobrir. Não seria estranho se uma desconhecida fosse a responsável pelo meu primeiro orgasmo? Com sua voz sensual, ela falava devagar e pausadamente. Eu não parava de interrompê-la, mas não era de propósito. Minha dimensão parecia mover-se três vezes mais rápido do que a dela. Eu parecia aquela descarga automática irritante que funciona antes que você termine o serviço. Mas finalmente conseguimos combinar um dia e uma hora. Ela só tinha um horário que atendia a ambas; era na véspera da minha partida.

Dorrie Lane, a inventora da vulva de pelúcia, ainda estava por responder quando poderíamos nos encontrar. Acreditava que ela poderia me ensinar a manipular aqueles pequenos lábios rechonchudos, pois Picchu, meu suposto mascote, não se manifestara muito.

Depois, teve a conversa ao telefone com a dra. Annie Sprinkle, uma ex-atriz pornô. Difícil explicar o que ela é hoje. Às vezes, intitula-se Pós-Modernista Pornô. Tem doutorado em sexualidade humana, faz arte performática, escreve, ensina e dirige seus próprios vídeos. De todos, era com ela que estava mais empolgada para conversar pessoalmente. Aquela era a mulher que fizera sexo com 3,5 mil pessoas em dez anos. É possível que tenha sido a mulher mais orgástica de que ouvira falar. Planejávamos um encontro desde que começamos a manter contato nos meses anteriores. Mas quando liguei para ela, a conversa foi mais ou menos assim:

    Eu: Oi, é a Mara. Tudo bem?
    Annie: Mia!
    Eu: Na verdade, é Mara.
    Annie: Quem?
    Eu: Mara, a escritora.
    Annie: Você não é a Mia?
    Eu: Sou a Mara. A garota que nunca gozou, lembra?
    Annie: Ah, tá... Achei que fosse outra pessoa.

Ela tinha aquele tom de voz de um vegetariano que acaba de descobrir que você come carne.

Ela não tinha mais tempo para uma entrevista. Precisava organizar a abertura de uma exposição para sábado e estava atrasada. "Por que você não aparece na sexta-feira, durante a preparação do evento?", perguntou. O encontro não parecia muito promissor.

Como ainda era quarta-feira, passei pela sede da OneTaste, torcendo para esbarrar com O Gasmo a fim de entender melhor o SIGNIFICADO DO ORGASMO.

Assim que botei os pés no vestíbulo da OneTaste, fiquei desconcertada, se bem que sempre me senti assim perto dessas pessoas. Voltara à filial da OneTaste em Nova York várias vezes, mais ainda não pagara a taxa para tirar minhas calças. Sentia-me deslocada, como se estivesse assistindo a um filme em 3D mas tivesse esquecido meus óculos, logo, era a única vendo imagens borradas na tela. Talvez visse melhor quando gozasse. Ao menos era isso o que repetia para mim mesma.

Todos vivem juntos – camas no mesmo quarto. Botam para quebrar um na frente do outro. Investigam sensações, dizem eles. Assim como um amigo meu e a namorada trepam com outras pessoas na frente um do outro para explorar os ciúmes. Autointitulam-se parceiros de pesquisa e fazem trabalho de campo. Gosto de ciências, mas ainda não me habituei à ideia desse método.

Em seguida, avistei Nicole Daedone, O Gasmo em carne e osso, no café do saguão. Era a primeira vez que a via fora do YouTube. Parecia mais alta. Tinha cabelos castanhos compridos, usava sapatos de salto alto pretos e vestia calças justas.

Todos estavam atentos a ela, o que dava a sensação de que estava em vários lugares ao mesmo tempo. As pessoas esperavam, à distância, para falar com ela. A Senhora Daedone conversava com uma mulher de cabelos loiros com os olhos cheios d'água. O Gasmo tocou seu peito, e as lágrimas começaram a escorrer. Ela sorria serenamente enquanto o corpo da moça estremecia.

Eu também a observava, mas não me aproximei. Estava sendo covarde. Ficava imaginando quantos paus O Gasmo tocara e se, enfileirados, chegariam até Nevada. Isso é que é poder, uma trilha peniana interestadual. A minha trilha peniana equivaleria apenas a alguns passos, mal daria para alcançar Alisha, sua assistente.

Achei que poderia seguir o protocolo, já que estava muito intimidada para abordar O Gasmo em pessoa. Percorri a minha trilha peniana e solicitei uma entrevista a Alisha. "Nicole está ocupada", ela respondeu.

Suponho que o meu subconsciente tornou O Gasmo disponível, pois naquela noite sonhei que me encontrava com ela. Não precisei perguntar nada. No meu sonho, ela tocava meu esterno como fizera com a mulher que chorava no café do saguão. Ela disse: "Você sabe por que Deus não fala há um bom tempo? É porque todos estão procurando pelas sarças erradas. Elas não têm nada a ver com a natureza". Ao falar, apontava para a sua região pélvica. "Querida, é através dessa sarça ardente que Deus fala."

Quando acordei, ouvi um chacoalhar e achei que meu cérebro havia se soltado, mas, depois de um exame mais atento, descobri que era apenas o ruído dos longos brincos que eu esquecera de tirar.

Olhei para a minha sarça – nada falava ou ardia, mas parei para pensar se esse era o motivo da preferência por ruivas que o meu irmão andava demonstrando – e me surpreendi. Só precisei de três dias em São Francisco para enlouquecer.

Se ficasse louca, realmente maluca ou, digamos, perdesse a lucidez devido ao mal de Alzheimer, quem me levaria para passear ou, ainda mais importante, quem arrancaria os pelos rebeldes do meu mamilo? Talvez maridos valham à pena se são bons para isso.

Enquanto desfazia a mala no quarto de visitas da minha tia, fui até o computador. Precisava ver se alguém tinha me respondido. Nada de e-mail, nem um sequer, nem mesmo da minha mãe. Achei que a internet talvez tivesse caído, até que chegou a mensagem que mandei para mim mesma. A sensação era de solidão – eu sozinha na minha caixa de entrada.

Quando chegou em casa, minha tia fez o jantar. Preparou salmão fresco com sal de lavanda e temperou folhas verdes com uma mistura de limão Meyer e azeite extra virgem. Eu falei que não estava com fome, depois comi tudo. Disse a ela que iria à OneTaste novamente no dia seguinte para uma entrevista com a assistente do Gasmo. Em seguida, contei sobre a OneTaste – "tudo num armazém, eles fazem sexo, e...".

Ela me cortou. "Acho isso muito desinteressante", disse. "Toda essa gente está presa nos anos 60. Já passei por isso. Tudo muito chato."

Ela me aconselhou a ter logo o orgasmo e partir para um assunto mais interessante. "Não fique obcecada", preveniu. "Chatice."

Talvez ela só pensasse assim porque passava o dia todo com a cabeça "lá". De qualquer forma, parecia que eu estava sendo rejeitada pelo clitóris do país. Minha tia foi para o quarto; precisava trabalhar de manhã cedo. Eu não estava com sono, então abri a dissertação do meu pai de novo. Aquele troço funcionava melhor do que remédio para dormir.

Tum tum tum

Na manhã seguinte, fui para o chuveiro. Lá, há uma janela com vista para a baía. Vi passarinhos revoando e, nesse momento, notei a ducha móvel. Enquanto pegava o chuveirinho, as palavras de Fiona me vinham à cabeça: não há nada melhor do que um jato de água bem posicionado no clitóris. Eu estava pronta. Não estava nem aí se ninguém me respondia; aquele era o lugar perfeito para o meu primeiro orgasmo, no apartamento de uma mulher solteira, incrivelmente perspicaz e dona de uma vista extraordinária. Eu era INDEPENDENTE. Deitei-me com as costas na banheira. Mirei a torrente, força total, na junção das minhas pernas. Estava determinada a jorrar o orgasmo para fora de mim. Respirei. Contraí, ainda que Barbara Carellas, a mulher que me ensinou o orgasmo energético-respiratório que acabou em hiperventilação, tenha dito para não contrair. *Respire.* Mas eu não conseguia. A água me dominava. Ela ricocheteou da minha boceta nos meus olhos. Minhas lentes de contato se ressecaram. Elas grudavam desagradavelmente enquanto eu tentava piscar. Por um momento, fiquei suspensa, como a ponte. Sentia como se bolas frias de metal descessem pelas minhas coxas e voassem pelos dedos dos meus pés. Por algum motivo, comecei a ver o rosto de todas as pessoas no mundo sem acesso à água potável. Na Índia, vi pessoas esperarem horas numa fila para encher um baldinho com água de um carro-pipa. Havia lido que uma mulher leva, em média, de dez a vinte minutos para gozar; nesse tempo, uma aldeia poderia encher uma pequena piscina com o que espirrava da minha vagina. Isso não era certo, mas eu não precisava tomar uma decisão moral. O momento passara. A pressão foi como um jato de Xilocaína no meu clitóris; depois de um minuto, Clitty Rose estava completamente dormente.

    Saí e me sequei. Enquanto me vestia, meu clitóris voltava lentamente à vida – primeiro vieram as pontadas; depois, foi a vez dos acessos de formigamento que iam e vinham. Acusei-me de tentativa de orgasmo e me condenei, mais uma vez, a melhor sorte da próxima vez.

Antes de sair para a entrevista na OneTaste, pus meu vibrador roxo na tomada. Ele piscava piscava piscava com vida, como um celular carregando.

Quando cheguei à OneTaste, minha boceta ainda experimentava abalos intermitentes. Ao entrevistar Alisha, estava distraída. Falava no ritmo da batida da minha perereca: *tum tum tum*. Qualquer coisa que dissesse tinha de corresponder à métrica silábica.

"Embora estejamos todos desejosos e empenhados em obter aquilo que não temos", disse ela. "Sentimo-nos totalmente confrontados quando a coisa aparece diante de nós."

Sim. Sim. Sim.

"Ninguém fala sobre sexo, e todos o bloqueiam", continuou. "Isso gera uma doença social."

Sim. Sim. Sim.

Não perguntei o SIGNIFICADO DO ORGASMO (e não desisti da minha meta de fazer a pergunta para O Gasmo em pessoa), mas inferi da nossa entrevista que, de alguma forma, o orgasmo feminino tinha o potencial de curar o mundo de todos os seus males.

Mais uma boa razão para gozar.

Ela sabe muito sobre o orgasmo feminino

No dia seguinte, havia papais-noéis do Exército da Salvação tocando sininhos no caminho para o Center of Sex and Culture, onde me encontraria com Carol Queen. Tocavam aqueles sininhos tão fervorosamente que passei a acreditar ser essa mais uma forma de alívio sexual.

Devo ter me deixado levar por minhas hipóteses natalinas, pois logo me perdi. Estava atrasada para o compromisso e não tinha o telefone de Carol. Liguei para Annie Sprinkle para pegar o número – todo o pessoal do sexo parecia se conhecer –, já que me encontraria com Annie mais tarde na galeria. E, depois da nossa última conversa, confirmar parecia necessário.

"É a Mara", disse eu.

"Mia!", ela respondeu. "Como você está?"

Isso de novo não – será que eu era assim tão terrível? Tive de explicar mais uma vez que era eu, a garota que nunca gozou.

"Ah", disse ela. "Achei que fosse outra pessoa."

Annie pediu desculpas e disse que não teria tempo para uma entrevista naquele dia. Estava esgotada e atrasada com a preparação da sua performance, um tributo a Marcel Duchamp. Planejara uma sessão para o dia seguinte, a noite de abertura, em que recorreria a um médium para incorporar Duchamp; em seguida, fariam amor com energia.

"Teremos um orgasmo energético", informou.

Sugeriu que eu passasse lá no final da tarde e ajudasse na preparação caso estivesse interessada. Afirmou que se sentia mal por ter furado o nosso compromisso.

Carol Queen, além de ser uma escritora e educadora sexual prolífica, também dirige o Center for Sex and Culture. Tudo nela gritava bibliotecária – um elástico prendia seus cabelos grisalhos;

óculos de aros finos pousavam sobre o seu delicado nariz; usava calças pretas largas, sapatos baixos e uma camiseta que dizia "Eu amo o orgasmo feminino" (está certo, era um tipo especial de bibliotecária). Sentamo-nos em dois sofás; eram de veludo amarelo com bordados roxos, tão macios e fofos que foi como afundar na geleca. Sem dúvida meu bumbum deixaria uma marca.

Carol começou a se masturbar com o vibrador do seu pai (ele era barbeiro e usava massageadores de ombro pulsantes nos seus clientes) aos quinze anos. Contou que o troço era tão barulhento que parecia um helicóptero pousando, e uma sobrecarga elétrica causava interferência na TV. "Se quisesse privacidade, tinha de esperar que as pessoas saíssem para o supermercado", disse ela. "Durante anos, ninguém me viu ir ao supermercado."

Fui precipitada de novo ao começar uma discussão sobre as diferentes posições em que é possível gozar. Carol podia gozar em praticamente qualquer posição, até de pé. Ela se treinara para isso. De acordo com ela, eu precisava lidar com um fator chamado cinestesia, a capacidade do corpo de saber onde está mesmo com os olhos fechados – você sabe se está sentado ou de pé. "A cinestesia tem um dado erótico", disse ela. "Se você aprende a ter orgasmos deitada de costas e depois fica em cima, isso pode dificultar o orgasmo." Segundo Carol, são necessários treinamento e prática, mas as pessoas conseguem ter um orgasmo na posição que quiserem.

Eu não sabia ao certo o que queria dela, mas saí do nosso encontro animada com ideias de posições para gozar – durante uma parada de mão, bamboleando, assistindo a uma palestra chata, em posições de ioga. O único inconveniente foi olhar para a marca que a minha bunda fizera no sofá, maior do que eu gostaria.

Fui direto para a galeria de arte Femina Potens. Nada estava arrumado. Havia apenas uma voluntária repintando as paredes de branco. Ela também nunca tinha visto Annie antes. Havia pilhas de malas no chão; em torno delas, penas, manequins, lantejoulas, espéculos e molduras espalhados. Contra as janelas, enormes fotos. Uma delas apresentava Annie de lingerie vaudevilliana montada numa Harley e cantando, como se estivesse ao microfone, numa Hitachi Magic Wand. Outra trazia a companheira de Annie, Beth, sendo esfaqueada no mamilo com um punhal de oito centímetros. Senti dor no meu mamilo. Talvez isso fosse um sinal de que a minha conexão comigo estava melhorando.

Sentia-me constrangida de estar lá – era claro que ela não tinha tempo para mim –, mas eu já estava lá, não podia voltar atrás. Beth entrou carregando uma TV plana gigantesca. Um minuto depois, veio Annie com sacolas de comida. Annie era mais velha do que eu esperava. Acostumei-me a vê-la em seu site e nas fotos de propaganda dos seus produtos (sem falar nas enormes imagens que me cercavam), todas tiradas anos antes. Mas a idade não parecia importante para ela. Annie portava-se com orgulho e confiança. Usava uma bolinha de plumas azuis em seu cabelo curto e ruivo. Os sapatos de salto alto pretos combinavam com sua saia na altura dos joelhos. Já mencionei seus seios? Eram realmente gigantescos.

"Você é a..." disse ela, olhando para mim.

"Mara", completei, sem lhe dar a oportunidade de errar. "Isso."

"Certo", assentiu. "Mara. Orgasmo feminino, né?"

A dona da galeria, Tina, apareceu logo atrás de Annie. Os cabelos de Tina eram loiro-avermelhados, e seus olhos pareciam saídos de uma animação japonesa – orvalhados e cintilantes contra a pele branca como a neve. Vestia um casaco bege bem claro. Faltavam-lhe os peitos que em Annie abundavam. Vasculhava em silêncio papéis na sua mesa.

Annie largou as sacolas em cima de uma mesa entulhada. Perguntou se eu poderia preparar o lanche. Assim que abri a primeira sacola, Annie começou a apontar para as pessoas que estavam ali.

"Ela sabe muito sobre o orgasmo feminino", declarou. "Ela sabe muito sobre o orgasmo feminino."

Ela percorreu toda a sala, até que a mesma frase fosse dita de cada uma. "Ela sabe MUITO sobre o orgasmo feminino." Ela estava apontando para Tina nessa hora. "Tina faz filmes."

Annie ainda tinha muito a preparar antes de estar pronta para fazer amor com Duchamp no dia seguinte. Desembalou algumas Hitachi Magic Wands, um boá e uma elaborada colagem que fizera com suas mamografias, que, alguns anos antes, haviam revelado um câncer de mama. Ela está bem agora.

"Quer dizer que você faz filmes", puxei assunto com Tina.

"Sou uma atriz pornô", disse ela, colocando as mãos nos quadris. Seu nome artístico era Madison Young.

Eu sabia o que "fazer filmes" queria dizer.

Começamos a conversar sobre a carreira pornô dela. Odiava estar surpresa com o fato de Tina ser uma atriz pornô, mas estava. Admito; estava surpresa. Tina era de Ohio. Trabalhara no Rainforest Café, ou tentara trabalhar lá, mas não conseguira o emprego e fora parar no Lusty Lady, uma cooperativa sindicalizada voltada para peep shows cujos funcionários eram os proprietários. Dali, as coisas evoluíram. Fazia serviços domésticos nua. Fez shows de masturbação. Depois, passou a trabalhar como modelo para o site Kink.com. Os filmes vieram em seguida. Agora, tinha o próprio site. Disse que gostava do que fazia. Perguntei como financiava a galeria.

"Você quer saber quanto sexo anal é necessário para bancar um espaço de arte feminista?", ela perguntou.

"É por aí", respondi.

Ela contou que foram necessárias dez cenas de sexo anal para a caução e cerca de três por mês para o aluguel.

"Sexo anal paga melhor", disse ela, "por isso faço os dois."

Precisava me ocupar. Molhei algumas cenouras em um pouco de homus e comi uma peça de Califórnia Roll.

Tina olhou para Annie e falou: "O meu está estropiado". Eu torcia para que ela não estivesse falando do que eu achava que ela estava falando.

Solidária, Annie comentou: "Ah, às vezes eles são brutos demais".

O olhar de Annie cruzou com o meu. "Esses caras não são assim", disse ela, aproximando o polegar do indicador até que a área entre eles correspondesse à circunferência de um lápis. "Não, essa menina é impressionante: ela pega uns caras assim." Ao dizer isso, abriu os dedos até que uma laranja-de-umbigo pudesse passar. "Grandes."

"É, preciso de férias anais." Segundo Tina, era assim que ela e "as meninas" falavam quando ficavam doídas.

"Você tem orgasmos de verdade quando está filmando?", perguntei.

"Eu exijo isso", respondeu. "Por que fingir? Cada orgasmo é um momento revolucionário."

Talvez essa tenha sido uma pergunta idiota, pois logo me despacharam até o Starbucks para comprar café. Tina perguntou se eu também queria; ela estava pagando. Não pude aceitar. Não poderia beber seu dinheiro anal. Não me parecia apropriado.

Quando voltei, Annie gritava: "Onde estão as impressões dos meus peitos?".

Ninguém respondeu. Ela vasculhou pastas e revirou telas até que finalmente as encontrou. Ela mergulhara seus peitos em tinta e os esfregara em cartolina. Havia impressões de barriga também, dela e de Beth. "Estamos celebrando nosso corpo novo", disse ela, batendo no barrigão.

Coloquei as impressões de peito numa pasta e emoldurei alguns esboços do seu torso. Annie me agradeceu pela ajuda e pediu desculpas por não ter tempo para uma entrevista. Para compensar, ganhei dois dos seus DVDs como dever de casa: *Amazing O* e *Sluts and Goddesses*.

Tina disse que precisava sair; havia uma festa de Natal no Porn Palace. O Porn Palace era a sede do Kink.com, onde Tina e seu namorado trabalhavam; lá, faziam muitos filmes de *bondage*. Ela desfilou até o banheiro com uma muda de roupa – algo dourado e colante.

"Você devia levar Mara", sugeriu Annie.

Pobre Tina. Até eu me senti mal por ela quando fez aquela cara de menina para quem a professora pede que deixe a criança gordinha e cheia de espinhas fazer parte do seu time.

"Mara devia ficar e ajudar", disse Tina. "Você ainda tem tanto para fazer aqui."

"Não", disse Annie. "É minha culpa não ter tempo para uma entrevista. Ela deveria ao menos ver algo novo."

"Você precisa de ajuda, Annie. Olhe só para este lugar."

"Não tem problema. Pode levar a moça."

"Não, você precisa dela."
"Não, pode levar."
"Acho que ela deve ficar."
"Eu acho que ela deve ir."
"Ela deve ficar."
"Ir."
"Ficar."
Cada um tem seus planos; entendo. Mas se ficasse assistindo às duas, seria triste demais. Seria como assistir a duas crianças brincando de bobinho com um aleijado. Tentei ficar indiferente, fingindo que duas atrizes pornôs não estavam tentando se livrar de mim. Passei a olhar ao meu redor como se acompanhasse um mosquito embriagado batendo contra as janelas.

Tina trocou de roupa. Saiu do banheiro vestindo um top radiante e uma saia preta que grudava na bunda feito fita crepe. Seu cabelo brilhava. Seu rosto, de tão aveludado, fazia dela um comercial ambulante. Não sabia bem o que Tina estaria anunciando, mas não importava – seja qual for o produto, um rosto lisinho vende. Eu passara nove horas andando pela cidade de calças jeans largas e botas. Estava fedendo, mas ia com ela. Tina estava a caminho da porta, sua mão levantava para o adeus.

"Obrigada pelo convite", disse eu, saindo atrás dela.

Tina e eu paramos diante do Porn Palace. Eu não estava na lista, por isso ela precisou chamar seu namorado, James, o astro pornô. Ele e o segurança quiseram saber sobre o que era o meu livro. Nunca quis tanto estar escrevendo sobre outra coisa – *qualquer* coisa – quanto naquele momento.

Confessei: nada de orgasmo.

O Porn Palace tinha muitos sets de filmagem: uma masmorra, uma sala cheia de correntes, uma cela de cadeia, um tanque de água em meia-lua para a prática de *bondage*, uma casinha de fazenda. O meu favorito era "a parede da inspiração", uma parede de instrumentos sexuais com tudo, de chicotes a máscaras de gás. Sir B não precisaria do kit de enema se visse isso; cagaria nas calças diante de tal dádiva. Eles tinham de tudo. James me contou que ganhavam dois milhões de dólares por mês com seus filmes.

Tem muita gente bizarra por aí.

Tina me apresentou a outra atriz pornô, Adrienne. Ela tinha sobrancelhas escuras, mas cabelos bem loiros. Usava calças capri e unhas francesas com pontas vermelhas. Estava com um corredor que era também astro do site Hogtied.com, especializado em filmes com mulheres amarradas.

"Ganho a vida fazendo mulheres gozarem", disse ele com sua voz rouca. "Esse é o melhor emprego do mundo!"

Tina contou que teve alguns dos melhores orgasmos com ele. Seu namorado passou por ali bem naquela hora e deu um tapa na sua bunda; suas nádegas eram tão alheias à gravidade que pareceram se esticar e devolver-lhe o tapa.

Segundo Tina, se eu ficasse por lá uma semana certamente teria um orgasmo. O cara do Hogtied prometeu que me faria gozar gostoso.

"Eu gosto com uma Magic Wand, um punho e um pouco de corda", disse Tina.

"Se fosse comigo", perguntei, "você usaria essas coisas?"

"Essas coisas são gostosas", ele respondeu.

"Gostosas", falei, repetindo o que ele dizia. Talvez ele achasse que eu era um eco e me deixasse em paz.

Posamos com uma Real Doll: uma dessas bonecas de silicone em tamanho real com que se pode fazer sexo. Em nome do espírito natalino, estava vestida de Mamãe Noel, mas tinha uma garrafa de cerveja enfiada no canal vaginal. Um cara tirou uma Polaroid e colocou a foto numa moldura de papelão.

Todos nos reunimos na masmorra. Estavam distribuindo prêmios por melhor edição e exibindo trailers na tela. Tina estava à minha direita; seu namorado, atrás dela. Durante a apresentação, ele esfregou os mamilos dela até que se ergueram feito duas tendas sob a camiseta. Mostraram um breve clipe de Tina; ela estava treinando para ser submissa. No momento em que a vi nua e vomitando do ponto de vista de uma privada – isso mesmo, a câmera parecia estar no vaso –, tive certeza de que tomara a decisão correta ao não voltar à casa de Sir B.

Dei uma volta, mas logo retornei para a companhia de Tina e de Adrienne. Elas estavam num canto bebendo vodca com suco de amora. Falavam sobre como Tina perdera seu anel clitoridiano, engolido por um cara chamado Mark durante uma cena. Em seguida, voltaram a falar dos pontos altos do sexo anal; elas acreditam que, de alguma forma, ele atinge melhor o ponto G. Coincidentemente, Adrienne visitara dr. Matlock, o Estilete, depois que um pau gigantesco rasgara a sua vagina.

"Mundo pequeno", disse eu.

Ela me olhou como se dissesse: "Um pau também rasgou a sua vagina?".

"Eu sei quem é o dr. Matlock", falei. "Quer dizer, eu o conheci."

Adrienne continuou. Disse que a cirurgia não funcionara. Ainda sentia dor e preferia sexo anal. O cara do pau grande nem pedira desculpas. Mas ela ainda tinha um clitóris e um cu, então disse que estava feliz.

Começava a me sentir uma intrusa. Estava tão perto delas que, se fosse um homem, as duas estariam sentindo o meu pênis. Solicitariam uma ordem de afastamento contra mim. Não poderia chegar a menos de um metro e meio delas. Não gostava daquela sensação, de precisar, de me impor. Mas lá estava eu, encurralando as duas num canto. Elas estavam atrás de uma pilastra, encobertas por alto-falantes gigantescos. Será que tentavam se esconder de mim? Deve trazer má sorte ter uma mulher que nunca gozou no seu quartel-general pornográfico. Sentia-me a própria antipornografia. Juro, expulsei-me de lá – depois de me entregar a uma fatia de bolo de chocolate e tomar algumas vodcas com suco de amora. Expulsei-me de lá. Não podia mais fazer aquilo com eles.

Fui para a cama. A luz alaranjada de um poste entrava pela janela, colorindo os meus lençóis. Foi então que vi o pisca-pisca piscando no canto.

PARTE III

Atarantada

Quando acordei no dia seguinte, minha tia já tinha saído de casa. Pisei, sozinha, na varanda com uma caneca de café. A baía estava turva por causa da neblina, e o meu café, nebuloso por causa do leite. O mesmo acontecia comigo devido a um processo de pensamento tresloucado. Era como se tivesse perdido a capacidade de pensar com clareza; havia dois monólogos rolando ao mesmo tempo na minha cabeça e eu estava à margem, assistindo à disputa entre os dois. Algo acontecera, mas eu não sabia ao certo o quê. Isso fez com que as entrevistas seguintes fossem um tanto confusas.

Apenas dois dias depois, quando conversava com Fiona, consegui entender o que estava acontecendo. Eu navegava pela internet enquanto conversávamos, mas de repente parei e comecei a olhar fixamente para o tapete. Acompanhava os desenhos de espiral com os olhos. Tive um estalo. Quando ela disse "merda", tive um estalo. Ela disse: "Merda, não é o que eu pensava".

Mas, antes, deixe-me contar o que acontecera no dia anterior. Eu tomara conta da minha priminha por algumas horas. Ela quis brincar de Super-Homem. Pulou do sofá e, quando a peguei, pensei: "Se tivesse realmente acontecido – se os circuitos certos tivessem sido acionados –, eu não estaria ansiando pelo meu próprio saco pulante de alegria?". Mas eu não estava ansiando por nada disso. Não mesmo. Na verdade, torcia para que *aquele* saco de alegria não fizesse caca antes dos pais chegarem em casa.

Sendo assim, o que sentira talvez fosse *uma* sensação, mas não *a* sensação. É, não pode ter sido isso. Não era isso. Se isso *tivesse* acontecido, eu estaria assentada, estaria no caminho certo. Eu agora desejaria sossegar e, quem sabe, assinar uma revista como a *Consumer Reports* ou até mesmo a *Sunset*. Além disso, o que realmente acontecera não poderia ser chamado de bombástico, que dirá explosivo. Ainda assim, *foi* algo trêmulo e bastante singular.

Logo estava na Oakland Bart Station por causa de uma entrevista. Um Jetta estacionou rente ao meio-fio. Um cigarro pendia da ponta dos dedos da motorista, que soprava a fumaça pela janela. Ela tinha os cabelos castanhos e curtos. Usava um chapéu verde peludo. Era magricela e, quando tirou os óculos escuros, soube que ficara acordada até tarde. Ela carregava a sua bagagem nos olhos como faz O Colecionador no meu quintal. Acredito que todos carregamos nossa bagagem em algum lugar. Naquele momento, a minha martelava o meu cérebro. Marteladas faziam parte da minha atmosfera interior.

Era Dorrie Lane. Eu não esperava que a inventora de delicadas bocetas de pelúcia fosse tão excêntrica. Bom, é verdade que as minhas expectativas estavam me deixando na mão naqueles dias. Entrei no carro e coloquei o cinto. Não lembrava mais por que nos encontráramos, mas sabia que tinha enchido o saco dela para ir até lá. Ela estacionou e disse "Minha Deusa!" quando outro carro passou correndo. Dorrie falou Deusa em vez de Deus.

Ela nos levava para um pequeno café popular entre lésbicas perto de Berkeley. Trance music tocava baixinho. Enquanto batia meu pé no chão, notei que estava fora do ritmo. Eu parecia inquieta; sei disso, pois vi a minha cara no retrovisor lateral. Minhas narinas, rebeldes, estavam dilatadas e o meu cenho franzido criava uma sobrancelha contínua, como a de Frida Kahlo.

Como não recebeu nenhuma direção da entrevistadora, Dorrie, a entrevistada, desatou a falar. Isto foi o que disse uma mulher ao ganhar espaço: "Por que somos incapazes de reconhecer as mulheres como as verdadeiras criadoras? Por que as jovens não aprendem isso na escola? Se respeitássemos a vulva, não haveria estupro. É um crime contra a mulher, que é o próprio lugar de onde todos viemos".

"Minha Deusa!", disse Dorrie ao olhar o cardápio. "Estou morrendo de fome." Tomei café. Ela comeu. Flertou com a nossa garçonete tatuada enquanto a única pergunta que me vinha à mente – Como você sabe quando teve um orgasmo? – parecia canhestra demais para ser mencionada, especialmente ao falar com uma mulher que usava um anel de prata em forma de vulva. É injusto. Os homens têm aquele indício bastante conveniente de que tiveram um orgasmo: o esperma. Mas as mulheres parecem lidar com sucessivas abstrações.

No caminho para a casa dela, fiquei olhando fixamente para o seu anel de vulva, aquele que vira meses antes no site e havia jurado nunca usar. Não é que agora achava aquele anel bem classudo? A vulva, aquela filha da mãe, estava mesmo me conquistando. Elas fazem isso, as vulvas; conquistam as pessoas, especialmente a Dorrie.

Ela morava em um armazém transformado. Havia boceta em tudo quanto era canto: mouse pad de vulva, joias de vulva, vulvas de pelúcia transbordando em cestas. Havia um novo modelo de minivulva, que ela demonstrou para mim. Dorrie me falou sobre Eva Ensler, a criadora de *Os monólogos da vagina*, e explicou que seu espetáculo recebera o nome errado. A vagina é o canal. "Ela sugere relação sexual com um pênis", disse Doris, "do jeito heterossexual careta."

"Conversas do clitóris!", ela exclamou. "Esse devia ser o nome."

Dorrie fumava seu cigarro, deixando a sala toda enfumaçada. Peguei um cigarro em vez dos biscoitos que ela servira. Você acharia que eu esquecera o meu medo da morte se tivesse visto como tragava.

Você acharia que eu me esquecera de mim mesma. Examinei as joias de boceta, meu cérebro boiando confortavelmente em seu próprio líquido, relaxando com a onda de nicotina. Comprei dois anéis de vulva, um para mim e outro para Fiona. Coloquei o meu no anular esquerdo.

Dorrie me levou de volta à estação de trem. Tudo continuava estranho; nada parecia normal. Eu estava atrasada para a sessão de orgasmo energético. Não estava no clima de fazer amor energético com um homem morto, mas fui assim mesmo, porque nunca deixo que a minha falta de vontade me impeça de aproveitar alguma coisa, especialmente se essa coisa está marcada na minha agenda. Além disso, queria aprender mais. Só não sabia ainda o que era esse mais.

Contudo, no dia seguinte, quando Fiona ligou e disse "merda, não é o que eu pensava" enquanto eu acompanhava os desenhos de espiral com os olhos, tudo fez sentido, todas aquelas sensações contraditórias fizeram sentido.

Antes de chegar a isso, porém, deixe-me contar como foi a sessão. Elas transformaram a galeria de um dia para o outro. As fotos estavam penduradas; as impressões de peito, impecavelmente empilhadas. Avistei Tina. Não me aproximei; não queria me impor. Em homenagem aos ready-mades de Duchamp – como o urinol que ele virou de cabeça para baixo, chamou de *Fountain* e em que assinou R. Mutt –, Annie expôs uma Hitachi e assinou R. Muff. Havia uma imagem emoldurada de Duchamp pendurada sob uma calcinha que pertencera a Rose Sélavy, pseudônimo que ele usava quando se vestia de mulher. O destaque da exposição era uma obra de videoarte exibida na TV de tela plana. Seu nome era *Grandes nus descendo a escadaria* e fora inspirada na obra de Duchamp *Nu descendo a escada*. Nela, Annie e Beth desciam nuas, com barrigões de fora e tudo, uma escada em caracol parisiense. O vídeo estava em loop. O único som vinha das solas dos seus pés.

Às oito da noite, aquele espaço minúsculo estava lotado de gente. Annie silenciou as massas; a sessão ia começar. Todos circundaram uma mesa de massagem montada no centro da sala. Ela estava coberta por um pesado tapete oriental sobre o qual deitava-se um homenzarrão chamado Ted. Ele era médium. Uma jovem de indumentária vintage entoou um canto lírico para canalizar nele o espírito de Duchamp.

"Marceeeeeeeel," ela cantou. "Marceeeeeeeeeeeeeeeeel. Maaaaaaaaarcellllll Duuuuchaaaaaaaaamp."

Todos nos demos as mãos no momento em que um gato pulou entre as pernas do médium. O bichano acomodou seu traseiro na virilha do homem e passou a golpear, com seu rabo listrado de laranja, a genitália do sujeito. O riso invadiu a sala; todos concluíram que Duchamp já estava ali.

Annie começou a respirar pesado, e o resto seguiu o exemplo. Eles gritavam e berravam. Eu não fazia nada. A sala ficou quente, e as janelas embaçaram. Assisti ao vapor se transformar em gotas e escorrer pelo vidro. A mão que segurava a minha foi ficando pegajosa. As pessoas abanavam o rosto conforme as bochechas coravam.

Aí acabou. Annie declarou que tinha acabado. Fizemos amor com Marcel Duchamp.

Aquele foi o sexo mais fácil que já fizera na minha vida. Eu devia arranjar pessoas para fazer isso por mim mais vezes.

Quando os convidados começaram a sair, Annie estava pronta a me ajudar. Ela foi um amor. Queria aconselhar Mia ou Mara ou Mia ou Mara, quem quer que fosse aquela jovem precisando de um orgasmo.

Segui Annie até a mesa de massagem. Ela subiu na mesa e começou a gemer, a respirar pesado e a fazer círculos com os braços ao lado da cabeça, como se fizesse o penteado da Princesa Leia.

Em seguida, Annie me disse para subir na mesa; era a minha vez de tentar o orgasmo energético-respiratório. Segundo ela, quando associada ao sexo, a técnica de respiração sempre me satisfaria. Subi na mesa. Senti-me o alvo de todos os olhares. Estava desconfortável – constrangida – e queria descer.

Aquela sensação me lembrava de como sempre me sentia ao tentar compartilhar minha sexualidade com outra pessoa. Quando estava na cama com um cara me estimulando, apalpando as minhas entranhas e começava a sentir algo como um tremor nas coxas e na região lombar que tinha o potencial de me levar a patamares de sensação nunca antes alcançados, eu me segurava ou me afastava um pouco para que ele não pudesse continuar – para não perder o controle e não deixar que me controlasse. Se perdesse o controle, tinha medo que meu corpo entrasse em convulsão. Seria impossível manter o encanto feminino, imaginava eu, enquanto sob o domínio de movimentos involuntários. Preocupava-me mais com o que ele veria do que com o modo como me sentiria.

E, agora, todas aquelas pessoas na galeria estavam olhando para mim. Eu deveria me soltar enquanto Annie guiava meus gemidos e não me importar em perder a cabeça diante de todo mundo. Não iria parecer nada atraente no meu despertar íntimo.

Mas na outra noite, depois da festa no Porn Palace, eu estava sozinha. Não me importava com a minha aparência. Só queria sentir algo verdadeiro. Queria provar para mim mesma que podia ser uma mulher totalmente independente. Não precisava de outra pessoa para me excitar. Foi aí que vi o pisca-pisca piscando num canto. Nunca fui capaz de me abrir muito bem, acho eu. Pelo visto, isso ainda era verdade. Enfim, tinha a total atenção dessa mulher tremendamente orgástica, que oferecia sua energia para me ajudar a atingir o clímax, e tudo o que eu queria fazer era sair dali. Desci da mesa de massagem.

"Todo mundo tem orgasmos quando criança", disse Annie, enquanto eu procurava a saída. "Seu problema é que está tentando controlar o gozo."

Fui embora.

Foi no dia seguinte quando estava diante do computador que Fiona ligou. Ela estava em Wisconsin. Eu estava no apartamento da minha prima praticando meus métodos de procrastinação. Eric, meu puto sagrado, acabara de me enviar uma mensagem instantânea e logo em seguida se desconectar:

Eric: aparecer/atiçar/atacar/puf!

Que porra era aquela? Fiona não se continha de tanta excitação. Mal conseguia parar a torrente de palavras para respirar. Passou a citar trechos de *A nascente*. Levantei-me e comecei a andar para lá e para cá pela casa. Ela desatou um discurso anticapitalista e concluiu com uma passagem do manifesto do autoconhecimento *Comer, rezar, amar*. Estava se encontrando em parágrafos. Ressaltava as frases de maior impacto.

"Fi, o que você está tentando dizer?"

Ela contou que tivera uma revelação. "Merda", disse ela, "não é nada do que eu pensava."

Fiquei muda por um segundo.

"Você está aí?", perguntou.

Foi então que eu percebi que acabara de passar por dois dias inteiros de negação orgástica. Um dos meus monólogos dizia que eu tivera um orgasmo, já o outro me mandava ignorar aquela indigestão pélvica e sair para fazer entrevistas – trabalho, como sempre – até encontrar o orgasmo que eu *deveria* ter – aquele que, segundo ouvira falar, seria como fogos de artifício estourando na minha virilha.

"Também acho que não é como eu pensava", disse a Fiona.

Em seguida, passei a descrever o que acontecera comigo e o meu vibrador roxo que, na verdade, era verde. Contei a ela que, naquela noite, quando voltei da festa no Porn Palace, vi o pisca-pisca piscando num canto. Eu já me sentia ridícula por não fazer o que parecia ser o foco do mundo todo, ao menos do mundo que passara a frequentar. Finalmente me dessensibilizara; orgasmos eram a regra. Eu não deixaria que a pornografia me rejeitasse tão facilmente. Tirei o vibrador da tomada; eu não ia desistir. No fundo uma luddita*, meti as minhas patas lá embaixo como aconselhara a Betty. Catuquei e futuquei e acarinhei e belisquei e esfreguei e apertei os olhos e segurei a respiração até que... até que... bem... até que a minha boceta deu uma espécie de espirro. O maior indício de que isso era o que estava procurando, embora não fosse nada do que eu esperava, foi que senti pequenas contrações – discretos movimentos pubococcígeos involuntários – em conjunto com uma comoção tremulante e morna perto do corpo cavernoso da Clitty Rose.

"Parabéns!", exclamou Fiona. Ela estava bastante satisfeita.

"Mas é só isso?", perguntei. "Isso é um orgasmo?"

Ela me disse que, para ela, a sensação era sempre diferente. Algumas vezes, seus orgasmos pareciam cera morna alastrando-se lentamente pelas entranhas; outras, seu corpo reagia como se tivesse enfiado o dedo na tomada. Segundo Fiona, é impossível ter o mesmo orgasmo duas vezes. Sua explicação me lembrava de como costuma falar de todo namorado novo. "Nunca me senti assim antes", é o que sempre diz. Talvez cada orgasmo, por si só, seja um romance em miniatura.

Mas não podia evitar a sensação de que o meu orgasmo devia estar entupido. Precisava de um laxante para ajudá-lo a sair

---

* Adepto do luddismo; aquele que considera o avanço tecnológico prejudicial à sociedade. (N.T.)

do lugar. Não só a sensação foi decepcionante, como eu esperava mais do que viria depois. Planejara algum tipo de revelação, porra. Quando fui para a varanda da minha tia na manhã seguinte à minha primeira masturbação bem-sucedida, previra que tudo ficaria claro, mas até o meu café estava nebuloso. Fechei os olhos. As nuvens que atravessavam o céu ora bloqueavam, ora deixavam passar o sol, mudando constantemente os tons de vermelho que via sob as minhas pálpebras, tornando-me consciente do interior e do exterior ao mesmo tempo. Eu tinha mais perguntas do que no início daquela jornada. Talvez ter um orgasmo – tornar-me orgástica – não fosse suficiente.

Quando desliguei o telefone, soube que o que antes esperava ser a linha de chegada era apenas o primeiro passo.

Sei que estamos no meio, mas este é só o começo

Voltemos a Satya, a dakini. Eu não sabia no que estava me metendo. Eu lera sua página na internet e tudo o mais, mas ainda não tinha ideia do que ela faria comigo. Tudo o que sabia ao certo era que seu nome, em sânscrito, significava verdade. Cheguei ao seu templo às cinco da tarde. Voltaria para Nova York no fim da tarde seguinte. Ela não estava pronta para me receber, então esperei sentada no meio-fio, preparando-me para o trauma. Assisti ao sol se pôr atrás de um prédio de três andares. "Nunca imaginei que estaria esperando à porta de alguém para pagar por contato sexual", pensava. Mas estava aprendendo que as coisas não eram sempre como eu pensava. Ela me fez entrar. Satya vestia um robe de seda e me ofereceu uma xícara de chá. Em seguida, sentamo-nos por algum tempo. Conversamos. Eu era incapaz de olhá-la nos olhos. Ria nos momentos errados. Cutucava aquele meu calombo na testa. Quando fico nervosa, cutuco sem parar. Nojento. Irritei o troço, que, em troca, cresceu um pouco. Então, cutucava o negócio enquanto conversávamos e tomava meu chá. Sentia-me estranha por estar lá. Como *deveria* me comportar? Nunca houve uma série que me ensinasse a agir durante uma sessão de tantra. Havia pouca luz. Velas estavam acesas. Trance music tocava baixinho. Satya me fazia perguntas e estava intrigada com a minha busca. Comentei que já tivera o meu primeiro orgasmo. "Você não rega a planta uma vez só", advertiu. Satya contou que uma das suas professoras, Margo Anand, disse que há tantos orgasmos quanto estrelas no céu, portanto eu tinha muito o que explorar; aquele era só o começo. Eu concordava. Ela contou que vivera uma jornada parecida muito tempo antes. Ela agora tinha 32 anos.

As paredes do seu templo eram brancas. Algumas pinturas. Alguns tapetes orientais e uma mesa de massagem forrada de toalhas.

Biombos dividiam a mesa do resto da sala. Havia um pequeno altar e um sofá rente ao chão. Almofadas, muitas almofadas. Ela estava voluptuosa em seu robe de seda. Seus cabelos pendiam em longos cachos castanhos. Tinha olhos que focavam extremamente bem – clareza total. Satya disse que a maioria das pessoas tenta separar o que está abaixo da cintura de todo o resto. O Tantra é uma prática que abre um portal e une ambas as partes.

Em seguida, quis saber se eu gostaria de ficar nua. Perguntei o que era normal. Ela contou que algumas pessoas tiravam a roupa, mas que eu podia fazer o que quisesse. "Não existe normal", disse ela. Queria que dissesse logo o que era normal para que eu pudesse decidir.

Era hora de começar. Satya pediu que deixasse minha contribuição no recipiente perto da vela e fizesse um pedido. Deixei a quantia padrão, trezentos dólares (parece muito, mas os homens pagam o dobro disso). Coloquei o dinheiro no pote e fiquei lá, tentando encontrar o pedido certo. Já que estava pagando tão caro, queria sair dali com tudo o que estivesse ao meu alcance, ainda que fosse abstrato. Meu desejo não podia ser traduzido em palavras; era mais uma sensação.

Ficamos uma diante da outra e respiramos. Ela perguntou se eu queria um abraço. Normal? Tá. Claro. Foi um bom abraço. Fizemos alguns movimentos de ioga. Abaixei-me e toquei os dedos dos pés. Depois me agachei. Devia sentir a minha respiração. Sempre tenho problema com isso. Ela perguntou se eu era gay ou bissexual. Respondi que não. Em seguida me ocorreu que devia explicar por que procurei uma mulher se não era gay. "Porque você me foi indicada e achei que ficaria mais confortável." E, de fato, fiquei. Acho – bom, apesar do lance de não ser capaz de olhar nos olhos dela. Depois, nós duas respiramos. Minha mão estava no seu peito e a dela, no meu. Ela perguntou se eu ia tirar a roupa e disse que talvez. Normal?

Satya saiu da sala e decidi que, por trezentos dólares, devia fazê-la ver as partes do meu corpo que eu tanto temia mostrar. Estava pagando o suficiente para que alguém aguentasse a espinha na minha bunda. Tirei a roupa e deitei-me de barriga para baixo. Ela começou a esfregar óleo nas minhas costas. Sua vizinha de cima estava lavando a roupa e eu podia ouvir o barulho da máquina de lavar. Ela me disse para respirar, que eu devia fazer barulhos para liberar o que quer que estivesse sentindo. Sou péssima com barulhos. Mas ela se orgulhava em saber que eu nunca recorrera a eles para fingir orgasmos. Segundo ela, orgasmos falsos só fazem nos distanciar mais do nosso objetivo. Rori diz que objetivos não são tudo; era nisso que eu pensava. Depois, comecei a pensar que gostava de como ela me esfregava. Ela tirou toda a roupa. "Gosto de fazer isso ao natural", disse ela. Ao natural significava nada a não ser um fio dental e uma tatuagem nas costas. Ah, brincos de argola também. Gostei de sentir seus seios abraçando a minha cabeça. Seus cabelos faziam cócegas nas minhas costas. Minha bunda estava para o ar, totalmente de fora. Ela passou a tocar minha vulva com movimentos rápidos de vez em quando. E era muito bom. Era como qualquer outra parte do corpo, uma área a massagear. Foi como encontrar aquela área intocada entre as omoplatas que, ao ser acariciada, desperta um pouquinho.

Ela me falou para visualizar a Fonte de Amrita, que é um jeito rebuscado de chamar a ejaculação feminina. Nessa hora, olhei assustada para ela. Ela disse que eu poderia visualizar outras coisas também. Foi o que fiz. Ejaculação feminina sobre o meu corpo não era algo que eu desejava. Pensei então numa bela fonte com muito cloro (sabe quando o cheiro praticamente queima as suas narinas?) me inundando. Em seguida, ela me virou. Minha perereca piscou para ela. Ficar excitada me afligia. Bom, fazia sentido, porque ela estava me acariciando lá. Por outro lado, ela era uma mulher e eu, uma heterossexual. E se aquilo me deixasse confusa? Satya continuava a me massagear e disse que eu podia tocá-la. Não toquei. Fiquei bem paradinha. Ela tinha seios lindos. Dos mais impressionantes que já vira, e eu queria tocá-los... Mas isso era normal? O que é normal? Sou movida a expectativas sociais.

Depois de estimular bastante o meu clitóris, ela perguntou se eu gostaria de uma massagem no ponto G. Aquilo era o auge da dessensibilização: meu pai teria se orgulhado de mim. Eu disse que precisava fazer xixi antes. Quando desci da mesa, senti como se a minha cabeça fosse um balão de hélio prestes a subir. Meus tímpanos começaram a estalar (eu também andava dando um tempo dos cotonetes, por isso não achei que aquilo fosse um problema). Quando voltei, senti um eco na minha cabeça. A voz de Satya soava como se houvesse um funil entre a sua boca e as minhas orelhas, com papagaios voando ali dentro. Ao fechar os olhos, vi estrelas. Comecei a contá-las para saber quantos orgasmos mais teria. Em seguida, deitei-me de novo, e ela borrifou litros de óleo em mim. Tentei expressar o que sentia com um som na expiração seguinte. Eeehh ehhhh aahhhaa. Saiu como o barulho de um pneu furando. Ela esfregou o óleo e tocou meu terceiro olho. Tinha um toque e tanto. Era potente. Sabia o que estava fazendo. Foi então que Satya tentou enfiar seu dedo, mas eu estava tão apreensiva que me contraí assim que ela tocou na entrada da minha vagina. Meus punhos estavam cerrados, e aposto que nem uma agulha passava pelo meu ânus. Ela tentava entrar e eu tentava relaxar. Foi um momento difícil, repleto de olhos tortos e sobrancelhas franzidas. Ela colocou um dedo. Perguntei se conseguia sentir meu ponto G, e ela respondeu que ainda não. Precisava de dois dedos. Tentou colocar o outro, mas não cabia. Senti-me como uma noviça, porra. Pensei nas minhas novas amigas, as estrelas pornôs, que ficariam constrangidas por mim. O *fisting* era tudo para elas. A Satya estava com um dedo lá dentro e olhava para a minha vulva. Percebi que, se não me enganava, ela era a única pessoa além de mim, do Noam e do meu ginecologista a ver a Senhorita Clitty Rose tão de perto. Senti que estava finalmente me abrindo. Talvez fosse capaz de me compartilhar, afinal de contas. Eu me perguntava por que aquela parte do corpo era tão diferente das outras. Devia ficar ainda mais exposta, acho eu, porque proporciona tanto prazer. Sério, por que a parte do corpo que provavelmente precisa de mais alívio e pode, mesmo, proporcionar mais prazer ao corpo é a mais limitada por tantas leis? Nesse momento, ela começou a massagear o meu ponto G. Ou o que ela disse ser o meu ponto G. Ainda estou cética, pois a minha tia disse que pontos G são superstição. Muita gente ainda pensa assim. Senti vontade de fazer xixi de novo. Para mim, a massagem no ponto G eliminou a sensação agradável do clitóris. Zola disse que o ponto G liberava traumas e memórias, por isso eu esperava cair no choro, jorrar amrita ou ter algum outro tipo de revelação. Mas nada disso aconteceu. Em vez disso, meus lábios – meus lábios de verdade, aqueles que ficam no rosto – resolveram travar, e eu não conseguia mais respirar pela boca. A saliência do meu lábio superior se contorcia. Em seguida, senti uma pressão no lado esquerdo do meu tórax. Tudo parecia formigar, mas não o tipo de formigamento que acontece quando uma parte do corpo sai da dormência, um outro tipo. Eu estava mais consciente do meu interior do que nunca. Naquele momento, seus dedos pareciam fazer parte de mim. A sensação, embora não fosse orgástica, era mais complexa e estranha do que o meu primeiro clímax. Então achei que estava hiperventilando de novo. Tinha ferrado meu corpo respirando demais. Antes, só respirava o suficiente para sobreviver. Parei de respirar profundamente e toda aquela sensação não foi embora. Ela estava colocando com força lá embaixo, mas o outro dedo ainda não entrava. Ela disse para continuar com a sensação, que novas conexões neurais logo seriam criadas para sustentá-la. Eu logo teria orgasmos mais fortes facilmente – nada de indigestão genital, mas uma experiência pélvica cinco estrelas. Segundo ela, aquilo era só o começo. Em seguida, tirou os dedos e chegou perto de mim. Sua cabeça pairava sobre a minha, seus cabelos estavam presos num rabo de cavalo e apenas seus brincos pendiam. Seus seios estavam praticamente descansando sobre o meu peito. A sensação era boa, íntima, nada nojenta. Desejava saber o que ela sabia e poder oferecer às minhas amigas uma bela noite como aquela, mas a coisa não funciona bem assim. A maioria delas entraria em pânico. Eu também. Satya me pediu que explicasse as minhas sensações. Expliquei, e ela disse não estar surpresa. Afirmou que, se eu me empenhasse, começaria a canalizar minha energia sexual – meu kundalini. Ela disse que agora estava muito forte, pois era como um vulcão que ainda não entrara em erupção. Eu não deixava que aquela energia fosse a lugar algum exceto para dentro de mim. Não fiz barulhos nem me mexi. Satya contou que muitas pessoas pareciam nadar em cima da mesa enquanto ela fazia o que acabara de fazer. Agora ela me diz o que é normal, depois que tudo acabou.

Ao ter todas aquelas sensações, cogitei se o sexo era como uma droga. Nunca fora muito boa com drogas. Sempre sentira demais as coisas e pensava que talvez sentisse demais o sexo também. Talvez fosse por isso que me fechara. Temia ser consumida por reações viscerais e me perder para a metade inferior do meu corpo. Não queria me perder. Satya, porém, fez com que me perder parecesse parte do processo de me encontrar.

Ela andava ao redor da mesa, acariciando-me suavemente para que eu relaxasse. Disse que eu era como um botão de rosa. Satya podia sentir a minha energia começando a fluir. "Você está numa jornada, sem dúvida", disse ela. Embora eu soubesse que estava numa jornada, foi bom ser legitimada. Legitimações são sempre bem-vindas. Em seguida, ela pairou sobre mim, seu rosto iluminado pela chama das velas. Sorriu, seus olhos brilharam e sua maquiagem reluziu. Ela disse que estava orgulhosa de mim; fora corajosa para uma primeira vez. Eu sabia que tinha progredido. Embora não tenha tido um orgasmo durante a sessão, algo até mais extraordinário aconteceu. Ela despertou uma fome, uma energia, um desejo talvez, algo cuja essência se instalara sob a minha consciência durante muito tempo. Em seguida, ela me envolveu com um cobertor. Eu não estava traumatizada.

Genéricos

Eu estava no ônibus noturno da Greyhound Lines rumando ao norte para a minha estadia com o Povo do Orgasmo. De partida para o Acampamento do Orgasmo.

Desde o início eles haviam se instalado no meio do nada, em parte para gozar seu modo de vida orgástico-comunitário longe das críticas e interpretações equivocadas da sociedade. Sendo assim, para resguardar sua privacidade, concordei em mudar o nome dos seus integrantes e do seu local. Vamos chamá-lo de Fazenda Pussy Willow.

No ônibus, andei para lá e para cá várias vezes tentando encontrar um lugar para me sentar. Só de observar meus companheiros de viagem senti-me normal como há muito não me sentia. A Greyhound era famosa por atrair desajustados. Uma mulher me olhou com raiva enquanto eu a assistia comer um troço branco que ela tirava de uma luva de látex. Sério.

"Você é hippie?", perguntou um garoto desgrenhado que comia Doritos; havia farelos de queijo presos ao seu bigodinho.

"Não", respondi.

"Ah, eu ia deixar você sentar comigo", ele disse. "Esqueça."

Não ser hippie nunca me deixara tão contente.

Sentei-me ao lado da primeira pessoa que não me disse nada, um homem desmaiado com um pacote de goiabinhas genéricas no colo. O ônibus logo partiu.

No meu último dia em São Francisco, encontrei-me com Tallulah Sulis. Ela é dona da produtora Juicy Mama Productions e foi diretora de *Divine Nectar*, filme ligeiramente nauseante sobre a ejaculação feminina a que Zola me fizera assistir em Nova York. As histórias de Tallulah sobre Betty eram divertidas – segundo ouvira dizer, o clitóris de Betty era do tamanho de um dedo mindinho –, mas foi a sua obsessão pelas emissões via la vulva (ela disse até que seu nome, na língua dos índios choctaw, significa "água que salta") que me impressionou. Eu meio que passei a considerar a ejaculação feminina depois de conversar com ela.

"As mulheres sempre ouviram dizer que são incapazes de ejacular", afirmou. "Elas foram levadas a se envergonhar e a se constranger com isso, mas este é um fato totalmente científico: mulheres ejaculam, *sim*! Elas serão curadas pela reivindicação do seu poder de emissão!"

Segundo Tallulah, toda mulher tem a anatomia para ejacular. Qualquer sinal de umidade durante o sexo ou o orgasmo pode ser indício de um esguicho; a coisa nem sempre se comporta como um projétil, disse ela. A ejaculação feminina não é exatamente uma habilidade, mas algumas mulheres conseguem dominar a técnica e lançar seus jatos a grandes distâncias. De acordo com ela, aprimorar o poder de emissão requer prática e total entrega durante momentos de excitação extrema. "Também é preciso dedicar tempo a massagear o ponto G", acrescentou. "Você precisa trabalhar o negócio."

"Comigo, partiu de uma coisinha de nada", continuou, "até que fui capaz de liberar quantidades enormes. Depois, comecei a jorrar feito fontes e rios e molhava toda a cama. Minhas emissões voavam pelos ares; iam parar em tudo quanto é canto. Mas, lembre-se, não é uma questão de quantidade, o importante é a descarga. Penso nisso como dar à luz o orgasmo."

Se eu estivesse num clima mais sentimental, talvez tivesse até chegado às lágrimas – bom, depois que a fiz explicar como sabe que a ejaculação feminina não é urina. Ela contou que existem pesquisas e que também realizara seus próprios testes. "O gosto não é nada como o do xixi", disse ela.

Estava convencida.

Ao partir, Tallulah me disse, toda empolgada, que a nova Revolução Erótica estava a caminho. As águas femininas, segundo ela, iriam proclamá-la. Desejei-lhe boa sorte.

O ônibus ficou em silêncio, e senti sono de repente. Tirei meus sapatos e cruzei meus pés na poltrona. Comecei a esfregá-los. Com meu dedo, percorri as cicatrizes da cirurgia nos meus joanetes.

Lembrei-me do Fred lambendo essas cicatrizes. Pensava comigo mesma por que sexo era diferente de uma lambida, de um tapinha no ombro ou de correr descalça na terra. Não é tudo vibração, fricção – membrana na membrana, molécula na molécula – num certo sentido? Acho que foi algo dito por Tallulah que me fez refletir. "Quanto mais puder expandir o significado do orgasmo, mais poderá libertar-se através dele."

    Quando estava na mesa de Satya, esforcei-me para entender o que era normal; queria tanto ser normal que acabei subvertendo a minha autenticidade. Mas nunca fui tão genuína durante o sexo. Estava muito ocupada tentando descobrir o que era "certo" – os sons, os movimentos, as reações e as emoções. No passado, tivera vontade de gritar, cantar, dormir, chorar, mas, em vez disso, tentara desvendar o que parecia "sexy". Distanciei-me de um ato para que pudesse fazer sexo desencanado como mulheres "liberadas". O oposto aconteceu: fiquei presa dentro de mim mesma. Tornei-me o oposto do derramamento.

    Sentia-me quase mais culpada de esconder meu orgasmo da Rori do que de escondê-lo de mim. Quando finalmente revelei meu clímax decepcionante ao telefone, ela não encarou o evento como algo negativo. Disse-me que associasse o espirro pélvico a como eu vivia no mundo. Se conseguisse prestar atenção ao que satisfazia meu corpo, talvez pudesse começar a prestar mais atenção aos meus desejos. Saberia dizer quem me excitava e confiar nos meus sentidos. Saberia o que queria ou deixava de querer sem ter de passar pelo filtro da minha tão exigente matéria cinzenta. Em outras palavras, não dependeria de informações nutricionais para descobrir que sabor de sorvete queria.

    Meu companheiro de assento continuava dormindo. Seu ronco ficava cada vez mais próximo da minha orelha, e sua cabeça pairava sobre o meu ombro. Tenho medo da baba de estranhos, então desloquei o meu ombro para baixo e a cabeça dele caiu, levantou, caiu de novo e foi para o outro lado, onde podia descansar.

    Cabeceei até dormir.

    Acordei com o sol saindo de trás do Mount Shasta. O farfalhar do saco de biscoitos do meu vizinho me acordou; eles passaram a viagem toda no seu colo. Eu estava com fome – queria um *daqueles* biscoitos –, então comecei uma conversa. Santos tinha 32 anos e era guatemalteco. Só falava espanhol. Contou-me que iria de carro de Portland até a Guatemala para a sua congregação. Não demorou muito até que a conversa descambasse para a caça ao cônjuge. Ele me disse que encontrasse um marido imediatamente e depois me explicou o que os missionários lhe contaram sobre o Apocalipse. Disse a ele que a Bíblia não era o meu lance e que estava mais incerta ainda quanto ao marido. Ele falou que ainda não era tarde. Ofereceu-me uma goiabinha genérica do seu estoque como consolo pela eternidade que eu passaria queimando no inferno. Parti o biscoito e engoli os pedaços com prazer.

Ainda dava tempo de me arrepender, disse ele. Deus me aceitaria. Assenti com a cabeça enquanto migalhas caíam no meu colo. Santos me olhou incrédulo. Para ele, eu me adequava perfeitamente àquele ônibus; eu era um daqueles desajustados da Greyhound. Quem não seria considerado louco por se esquivar de bons conselhos e escolher um caminho diferente?

Temos mais escolhas do que escolhemos aceitar.

Acampamento do Orgasmo

Fazenda Pussy Willow, 9 de dezembro, 22h PWCT

Deveria estar me masturbando neste exato momento. Masturbação é o meu dever de casa desta noite, mas não fiz nada até agora. Vou fazer. Não posso chegar para os meus professores amanhã e dizer que o cachorro comeu o meu dever de casa.

Estou na cabana dos campistas sentada na cama, cerca de três minutos a pé da casa marrom onde acabo de jantar com o Povo do Orgasmo ou, para abreviar, PO. É lá que todos eles dormem.

Tenho que me ODar agora. É assim que eles chamam seu método de orgasmo: Orgasmo Deliberado, OD, que parece ter se transformado num verbo. Você pode ODar, ter ODado, ou estar ODando. O OD envolve massagear o clitóris; se parece muito com a OM da OneTaste. Grosso modo, eles recorrem a um dedilhado apurado para levar a mulher em uma viagem orgástica – altos, baixos, voltas, giros, loopings. Qualquer movimento que ela faça parece valer, desde que o dedo esteja localizado diretamente no clitóris.

O Povo do Orgasmo vive para o OD. Para os doze – três homens e nove mulheres –, ODar é tudo. Eles não têm emprego. Parece que chegam a ganhar dinheiro ODando; ODam em DVDs, que vendem como vídeos de educação sexual. Tudo gira em torno do orgasmo feminino e, se têm tempo sobrando, trabalham na reforma da cozinha e comem comidas maravilhosas. Não soa nada mal, né?

Mas há algo de estranho. É como se tivessem passado tanto tempo sozinhos no meio do mato estudando seus corpos que, não sei como, conhecem o meu melhor do que eu. Há pouquinho, enquanto nos sentávamos diante de tigelas de cozido, senti-me transparente. Eles intuem tudo. Chegam a afirmar que sentem os orgasmos uns dos outros – o contato com a própria sensação é tanto que também sentem a que emana das pessoas ao seu redor.

As leis da natureza, como as conheço, não se aplicam aqui. O Povo do Orgasmo mudou até seu fuso horário. Eles o chamam de PWCT – Pussy Willow Creek Time – por causa do córrego que serpenteia por sua propriedade. Têm uma hora a mais em relação ao resto da Califórnia para aproveitar melhor a luz do sol. Além disso, como a civilização mais próxima fica a uma hora de distância, eles podem sair para resolver alguma coisa na hora em que querem chegar. A hora não foi a única coisa que mudaram; também recusam-se a acreditar que o orgasmo feminino seja o que cerca de 99,99 por cento da população acredita ser. Mas deixo para falar sobre isso daqui a pouco.

Agora, volto ao cozido. Para dizer a verdade, estou paranoica. Sinto como se pudessem cravar os olhos no meu ser e descobrir o que estou pensando. Colocar todo esse lance de sexo em ordem clareou seus canais de comunicação ou qualquer coisa assim.

Quando me perguntam como dormi, sabem que estou imaginando se vão me ODar. Quando me perguntam se estou gostando da comida, penso "Nossa, como conseguem ter seios tão fantásticos?". Seus decotes fazem com que os seios pareçam mais do que meras partes do corpo. Eles se transformam em acessórios que adornam o busto, como joias repletas de diamantes. Quando me perguntam se quero café, penso "Quantos orgasmos ela teve hoje?" e "Se eu tivesse tantos orgasmos assim, será que o meu andar seria tão suave como o dela; minha atitude, tão agradável; meu ser, tão centrado; e meu metabolismo, tão acelerado?".

"Por favor, com açúcar e leite", respondo.

Quando me perguntam se quero dar uma volta, penso como será a vida deles. Onde dormem? Com quem dormem? O que é uma relação romântica para eles? Não há fotos de casamento sobre o console da lareira; na verdade, não acho que tenham um console. Onde fica o console deles?

"Claro, adoraria dar uma volta."

Sabem o que estou pensando e vão falar sobre isso depois, em grupo. *Você viu o que a Mara estava pensando? Que louca estava ontem à noite durante o jantar. Enquanto descascava a laranja, ela pensava "Quero que o Collin me ODe"*. Segundo eles, para que um homem queira transar com uma mulher ela precisa antes enxergar essa ideia como possibilidade; caso contrário, isso nunca passaria pela cabeça dele. Às mulheres pertence o poder de excitar-se; os homens só reagem a isso. Sendo assim, penso que devem estar pensando que eu transaria com eles e seria ODada por eles. Espero que não estejam pensando isso, porque não é verdade; em seguida, percebo que *é* verdade. Penso em ODar o tempo todo. Tento expulsar essa ideia. Vai embora. Penso nas compotas de damasco. Aquelas deliciosas compotas de damasco. Isso, foco. Foco. Será que vão me ODar? Não, para. Compotas. Chicória. Aspargos.

Depois, não consigo mais parar de pensar em comida, porque ela nunca foi tão deliciosa – dá para trepar com a comida. Eles mesmos se encarregam de criar o gado e cultivar as hortaliças no seu quinhão de mato, que fica tão no meio do nada que não há nada para ver além de árvores. Nunca tentei conscientemente penetrar uma baguete, quentinha e macia, da maneira que tentei fazer à mesa hoje à noite. Foi como se cada mordida que dera antes daquele momento fosse uma versão bastarda do verdadeiro sabor, e agora as terminações nervosas bulbosas da minha língua fizessem amor com a comida em sua verdadeira forma. Acho que o meu envolvimento sexual com a refeição se deveu, em parte, à minha sensação de estar de fora. Eu queria fazer amor com *alguma coisa*.

Você precisava vê-los, esse Povo do Orgasmo. Estão sempre rindo, embora eu nunca entenda as piadas. Acho que todos sofreram uma espécie de overdose orgástica. Não é fácil confiar em pessoas tão felizes; tudo indica que devem ter um parafuso solto. Cutuquei meu calombinho na testa. Aquele calombinho era muito reconfortante; eu podia ter certeza de que sempre estaria lá. Assistia às bochechas de todos corarem.

Ah, eles também não usam maquiagem. Pigmentos artificiais mascaram a excitação, e eles querem saber a verdade sobre o quanto cada um de nós está excitado em cada momento. Eu uso maquiagem no ACE Bar; todas as garçonetes usam. Ganhamos dinheiro camuflando nossa indiferença. É assim com muitas mulheres.

Há dois homens mais velhos, na faixa dos sessenta anos, nos quartos contíguos ao meu. Eles são meus companheiros de

Acampamento Orgástico, e também devem estar se masturbando neste exato momento. Posso ouvir um deles mandando brasa. Sinceramente, fico feliz que esteja indo à loucura consigo mesmo, mas acho que preferiria um dos bodes do Povo do Orgasmo na minha cama, berrando na minha orelha, aos gemidos desse cara. O som do prazer alheio, em especial o de estranhos e recém-conhecidos, é constrangedor. Sinto como se não devesse estar aqui.

Tenho um pouco de lubrificante e algumas toalhas de orvalho diante de mim (eles chamam a toalha de mão de toalha de orvalho). Dolly, em seu uniforme de empregada francesa, me deu o kit de masturbação depois do jantar. Ontem, quando a vi pela primeira vez de uniforme antes da aula, tudo o que pude fazer foi arregalar os olhos. Até aquele momento, todas as senhoras do Orgasmo – entre 30 e 55 anos – pareciam donas de casa. Conseguia vê-las tirando uma travessa do forno para o almoço de domingo.

Mas Dolly... A saia preta com babados terminava logo abaixo do bumbum. Meias arrastão cobriam suas pernas e saltos de couro, os seus pés. Seus peitos saltavam do decote como massa de bolo que cresce além da forma. Esperei até que todos os professores entrassem na sala e então perguntei por que Dolly estava fantasiada de empregada francesa. Neil, que parecia ser o mais experiente do grupo, olhou para mim como se eu fosse uma idiota.

"É divertido, não é?", disse ele. Em seguida, puxou um canivete. O troço abriu de um golpe só. A lâmina parecia bastante afiada para fazer sashimi de mim.

"É", respondi, lançando um sorriso apaziguador. "Divertido."

Descobri que, no mundo deles, diversão é o motivo número um para fazer alguma coisa, qualquer coisa, tudo. Isso fazia muito mais sentido do que eu estava pronta para admitir naquele momento. Estou acostumada a fazer as coisas por obrigação, porque devo fazer.

Neil deixou-se cair numa enorme poltrona e começou a cavucar alegremente sob as unhas com a faca. Ele e três mulheres – os instrutores – sentaram-se diante de mim e dos meus companheiros de acampamento acariciando retalhos de couro de bode que eles mesmos fizeram e que descansavam sobre os braços do sofá. Enquanto isso, liam linha após linha de um fichário de três furos. As aulas eram áridas. Nada de genitália. Roupa o tempo todo. Só palavras. Muitas e muitas palavras. Ao longo do fim de semana, tive de aguentar o equivalente a dezesseis horas de palavras. O tempo todo, havia um quê de submissão enquanto Dolly lhes servia chá de joelhos.

"Todos são sexualmente inaptos." Assim começou Neil. "E todos acham que têm problemas na cama."

Fiquei mais do que aliviada quando ele pôs aquilo em pratos limpos.

Neil tinha um estoque de tiradas fantásticas. Eis outra: "Um cara que não está disposto a tirar com os dentes um tampax usado da boceta de uma mulher não merece um boquete".

Aquela declaração foi estranhamente estimulante, embora eu nunca vá deixar que um cara faça isso.

Mas voltemos à masturbação. Eu devia mandar ver logo. Já está ficando tarde e o meu vizinho de porta começa a sossegar. É a minha vez, e de súbito não é mais tão difícil, pois sabe o que esse Povo do Orgasmo faz? Embora eles sejam gozadores profissionais e possam gozar durante uma hora – o que verei amanhã durante a OGI (Observação do Gozo Intenso) –, eles mudaram a definição de orgasmo de modo que toda mulher com uma boceta possa gozar a qualquer hora. Eles dizem que o orgasmo ocorre no momento em que a sensação na região pélvica é melhor do que no resto do corpo.

Na década de 70, Masters e Johnson declararam que o orgasmo feminino se caracteriza por três a quinze contrações uterinas, dependendo da intensidade do orgasmo, que ocorrem em intervalos de 0,08 segundo. Para o Povo do Orgasmo, eles são grandessíssimos limitadores. Segundo eles, M & J impuseram o modelo de orgasmo ejaculatório masculino às mulheres, ao passo que as mulheres têm um poder muito maior que o do homem para experimentar diversos graus e múltiplas variações de sensações orgásticas. É o que fariam se ao menos soubessem do que são capazes. O Povo do Orgasmo incumbiu-se da missão de divulgar o potencial que está aí. "Abra a sua mente para os tipos de sensações que pode ter e valorizar como prazerosas", disse Neil.

Isso quer dizer que, se cutuco Clitty Rose e é gostosinho, tive um orgasmo. É tão fácil que parece trapaça. Mas vou experimentar.

9 de dezembro, 23h15 PWCT

Nada feito. Acabei me distraindo. Quando fui me masturbar, ouvi murmúrios na cozinha e tive de ver o que estava acontecendo. Meu companheiro de acampamento estava lá com uma garrafa de vinho de dois litros e gotas de suor na testa. Ofereceu-me uma taça; eu não podia recusar. Começamos a conversar. Enquanto entornava o vinho, desatou a fazer um triste relato sobre a sua vida. Era uma história da melancolia. Segundo lhe disseram, ele ficaria cego ou cabelos cresceriam na mão caso um dia se tocasse; ainda não se livrara da sua angústia acerca da masturbação. Sexo era a coisa mais difícil na sua vida. Ele parecia mais aflito com isso do que com a morte.

Disse que a sua esposa também tinha problemas com o prazer. "Vejo como essas mulheres são felizes aqui, e (...)". Ao dizer isso, colocou as mãos entre os cabelos brancos e olhou para o vazio. Nossa conversa terminou com seu rosto nas mãos. Ele gemeu: "Sinto falta de sexo com a minha esposa".

Foi uma experiência estranha ver um homem adulto como aquele completamente perdido e inconsolável. Eu não deveria dizer isso, não disse isso, mas vou escrever: ele me assustou.

Não quero ficar assim.

Não quero que ninguém fique assim.

10 de dezembro, 17h PWCT

Assisti a Samantha, meu primeiro contato aqui, gozar por uma hora. O Povo do Orgasmo tem um palco do gozo, um teatro do orgasmo, no porão. Ele tem fundo azul fosforescente e lanternas chinesas brancas penduradas em seu entorno. Samantha estava em cima de uma mesa com toda a família sentada ao seu redor enquanto Neil dedilhava seu clitóris. Wendy lhe dava água por um canudo dobrável. Meu companheiro de acampamento observava a tudo com ar desejoso. Seus dedos estavam agitados; acho que dedilhavam invejosamente um clitóris imaginário, seguindo o ritmo de Neil.

Quando meu companheiro de acampamento estava gemendo de portas fechadas, ouvi-lo parecia indecente. Mas Samantha fazia aquilo tão às claras que tudo parecia natural. Se eu conseguisse gemer, plagiaria Samantha. Aqueles sons de gozo deveriam ser patenteados. Neil seria creditado como compositor, creio eu.

Decidi me manifestar. "O que um cara ganha com toda essa esfregação do clitóris?", perguntei. Tudo o que os caras faziam era esfregar o clitóris. E essa história de dor nos ovos de que os homens sempre reclamam?

Achei que o Neil fosse pegar seu canivete de novo, mas para enfiá-lo em mim dessa vez. Em vez disso, franziu a sobrancelha.

"Ele ganha uma mulher feliz", respondeu. Disse isso como se eu já devesse saber. "Gerar um orgasmo gigantesco no corpo de uma mulher é o gesto mais amigável que um homem pode fazer", declarou. "Uma mulher feliz faz um homem feliz."

Naquele momento, parecia que uma mulher feliz fazia um ambiente feliz. Todas as mulheres no palco endireitavam as costas, suas bochechas tão coradas que estavam iguais às compotas caseiras de framboesa. Samantha estava gozando por todos, e todos sentiam isso. "Boa, Samantha", disse Eloisa com os olhos fechados. "Isso foi gostoso", comentou Wendy. "Ótimo clímax!", exclamou Collin.

Eles formavam uma enorme massa, um bloco humano – nem mesmo a pele era um limite para eles. Talvez aqueles larápios sexuais dos classificados online que entrevistara meses atrás fossem mais esclarecidos do que eu pensava. Talvez um orgasmo não deva ser considerado uma *propriedade*. Aqui, sem dúvida alguma, ele não pertence a ninguém: ele é compartilhado.

"Você pode mexer os dedos até o dia da sua morte", disse Neil, enfatizando que ODar é uma atividade para a vida toda.

Isso é o que meus pais diziam sobre o tênis. Aqui, meus pais estavam perdendo um pouco mais de encanto a cada minuto.

11 de dezembro, 11h PWCT

Logo teria de me dirigir ao aeroporto. O Povo do Orgasmo estava atrasado para uma entrevista que combináramos, e comecei a andar a esmo. Topei com Collin e tentei não pensar em ODar para que ele não pensasse que eu queria que ele me ODasse, como eu talvez quisesse.

"Talvez a gente se encontre de novo", disse Collin.

Acho que ele sabia. Sabia o que eu estava pensando.

"É, talvez", disse eu.

Falei isso meio que flertando. Levantei a mão e coloquei o cabelo atrás da orelha.

Em seguida, ele disse: "Talvez não".

E assim, sem mais nem menos, virou-se e foi embora. Contorci meu rosto como se tivesse comido algo azedo. Depois, enfiei uma banana na boca.

Hora da entrevista. Neil estava metido num grande roupão de banho azul, tomando café. As mulheres que o cercavam já estavam vestidas e aprumadas no sofá.

Só restavam alguns minutos antes que tivesse de partir para o aeroporto. Em vez de me deixar entrevistá-los, como eu queria, decidiram usar aquele tempo para me ensinar algumas coisas. Chamavam a energia sexual, ou a energia corporal de um modo geral, de tumescência. Disseram que você pode usar a tumescência como quiser, mas cada um é responsável pela sua, e a forma mais eficaz de usá-la é por meio do orgasmo.

Essencialmente, eles me disseram, eu fora irresponsável com a minha tumescência e, durante o fim de semana todo, ela estivera transbordando do meu corpo para o deles. Precisavam fazer alguma coisa com o excesso e foram obrigados a triplicar as habituais sessões de OD. Foi por isso que se atrasaram. (Em seguida, me dei conta de que era mesmo verdade; eles se atrasaram para as aulas o fim de semana todo.)

"Você está dizendo que eu intumesci vocês?", perguntei. Eles riram. Eu me sentia culpada. "Desculpe", disse.

Aquilo era um tanto quanto constrangedor. Era como se

eles tivessem passado aqueles dias me masturbando sem eu saber. Todo mundo sabia como eu era reprimida e tinha a libido travada.

"Você aprendeu a ser bem civilizada com isso", disse Neil. "Ela transborda, sabia? Às vezes você deixa escapar, mas, de um modo geral, é bastante civilizada."

Tentei explicar por que era tão retrógrada sexualmente, mencionei tudo aquilo que acreditava ser responsável pelo meu problema: Bangcoc, Keena, o tarado da sorveteria, a sociedade...

Neil me interrompeu dizendo que vítimas, apesar da visão da sociedade acerca do tema, não são heróis. "É fácil fazer o papel da vítima", disse ele, "porque, então, você não precisa assumir nenhuma responsabilidade."

Olhei para as mulheres; balançavam a cabeça, concordando.

"Pode levar a vida toda para desfazer esse nó", afirmou. "Nesse meio tempo, você pode seguir na direção do que deseja."

Era hora de voltar para Nova York.

PARTE IV

O caso dos memorandos perdidos

Nova York era a mesma, exceto pela queda de temperatura, típica em meados de dezembro, mas eu mudara. Assim disseram. Minha mãe falou que eu parecia segura. Leigh disse que algo parecia diferente em mim – talvez as minhas bochechas estivessem mais rosadas ou eu risse com mais facilidade. Quando passei pelo Atman no Greenmarket, ele tocou a minha mão e olhou nos meus olhos. "Algo muito saudável aconteceu enquanto você esteve fora", disse ele. "Muitas coisas saudáveis." Ele desviou o olhar antes de ver meu sorriso de confirmação.

Mas era difícil acreditar que meu espirro pélvico pudesse realmente me transformar. Não me sentia muito diferente, mas talvez estivesse mesmo diferente. Passei a me dar melhor com os gatos. Até me peguei brincando com a correntinha do abajur do jeito que os bichanos fazem com uma cordinha, mas talvez não seja um bom sinal se dar com um animal cujo cérebro é do tamanho de uma porção individual de pudim. Além disso, perdera a dissertação do meu pai. Dei-me conta disso numa noite em que tive problemas para dormir e fui procurar por ela. Talvez isso quisesse dizer que, ao longo do mês que estive fora, passara a me sentir um pouco menos travada pela minha criação (foi mal, pai).

Agora, devia seguir em frente e assumir as minhas responsabilidades, conforme dissera o Povo do Orgasmo, mas tudo o que fazia era olhar para o passado. Vasculhei minhas gavetas, revirando pilhas de revistas e correspondências antigas, para encontrar a máscara de dormir que Joe deixara para trás alguns meses antes. Levei a máscara ao nariz. O cheiro de Joe não estava mais lá; ela agora cheirava ao meu quarto. Era o fim.

Muitas coisas me faziam pensar nele e no nosso relacionamento. Uma delas foi voltar a trabalhar no bar, onde parecia que cada destacamento humano era – ou tentava ser – um amálgama de quatro pernas, dois troncos e dois lábios. Todos davam a impressão de que se conectar é muito fácil, muito natural.

Depois, quando liguei para os meus avós, eles quiseram saber se eu já chegara à parte *E o vento levou* do meu livro. Isso queria dizer, creio eu, que eles gostariam de saber se havia algum romance – tórrido ou não – que pudesse resultar em bisnetos. Nem perguntaram sobre o meu orgasmo. Tinha também Leigh, atormentada por rumar aos 35 anos e ainda ser solteira. "Quero me apaixonar", disse ela. "Quero alguém que me leve para jantar e que queira cuidar de mim." Não posso dizer que essa declaração passou incólume pelos meus ouvidos, mas também não vou afirmar o contrário.

Depois de desencavar a máscara de dormir de Joe, tive o impulso de jogá-la no monte de lixo do Colecionador, que se transformara numa bela camada uniforme de sacos enquanto estive fora. Mas não fiz isso. Enfiei de volta atrás de alguns livros na prateleira. Lembranças são lembranças – é preciso guardá-las.

Fui à minha primeira sessão com Rori desde que retornara. Talvez ela temesse que eu tivesse me curado durante a viagem, pois plantou uma revista nova na sala de espera, como se quisesse garantir que o horário das três horas continuasse ocupado ao arruinar ainda mais a minha psique. No momento em que folheei a revista, não havia uma única coisa certa comigo. Filhos da mãe.

Rori ainda estava apegada ao Diet Snapple de pêssego. Era de se imaginar que escolhesse um chá quente ou algo um pouco mais invernal.

Eu aguardara ansiosamente por aquele encontro durante semanas. Caí dentro. Nem precisei morder minhas bochechas dessa vez; já estavam tão repletas de calombos em função do mês anterior que se tornaram um posto permanente, com sulcos perfeitamente cavados, onde meus dentes podiam descansar.

"Acho que não recebi os memorandos", comecei.

Rori inclinou-se para a frente. Juntou as mãos. "Que memorandos?", perguntou.

"Todos os memorandos que dizem aquilo que devemos saber", respondi.

"Alguns exemplos, por favor."

"Bom, é óbvio que não recebi o memorando do orgasmo."

"O que mais?"
Falei para ela das pessoas no bar.
"Não recebi o memorando que explica como ter um relacionamento."
"Algum outro?"
"Todos", disse eu. "Acho que alguém bloqueou meus memorandos."
Ela correu os dedos pelo cabelo. Tomou um gole de Snapple.
"Como você ficou sabendo de todos esses memorandos se não recebeu nenhum?"
Tenho que reconhecer: essa era uma boa pergunta. Ela disse que eu devia estar jogando os memorandos fora.
"Por que você está evitando os memorandos?"
Dei de ombros.
"Vá lá, dê um chute."
Dei de ombros mais uma vez.
"Talvez seja um meio de evitar regras", disse ela. Em seguida, Rori chamou a atenção para uma conversa anterior em que eu mencionara invejar gatos e até mesmo pessoas que perderam – ou nunca tiveram – suas faculdades mentais (faço referência constante aos mentalmente incapazes, ela frisou), pois podem agir como delinquentes emocionais sem sofrer consequências. Acho que estava sugerindo que eu perdia os memorandos de propósito, perdia-os para que também pudesse agir como retardada.

Comecei a balançar a cabeça, discordando. Não estava de acordo com que Rori rompesse a minha realidade. Por que ela falava tanto? Eu achava que terapeutas deviam parecer interessados e fingir escutar. E, fala sério, por que ela insistia em beber Diet Snapple? Isso era tão anos 90. Por que eu precisava de alguém que bebia Snapple para me ajudar a forjar minhas experiências no século XXI?

Enquanto saía do prédio, tentei acessar meus memorandos. Talvez eu tivesse enviado inconscientemente todos eles para a caixa de spam do meu cérebro.

Quando o descomplicado fica complicado

Evitando? Não estava evitando nada. Voltei à OneTaste a fim de provar isso para mim mesma. Paguei 250 dólares por um curso introdutório de OMing (Meditação Orgástica). Eu iria tirar as minhas calças.

Depois de muito papo New Age sobre como os orgasmos nos permitem alcançar nosso verdadeiro propósito, finalmente pudemos experimentar a OMing. Não era obrigatório, mas o Povo do Orgasmo disse que eu deveria buscar o que queria, e eu queria querer o estilo de vida da OneTaste. Eles eram livres. Exploravam. Encontravam significado. Eram pesquisadores. Questionavam as restrições da sociedade. E, poxa, tinham orgasmos todo dia. Eu podia ser assim. Então, deitei-me.

Infelizmente, não tive um orgasmo – nem mesmo para os padrões do PO. Meu clitóris ficou dormente de novo – teve medo do palco –, o que não era de se estranhar considerando as circunstâncias.

Tudo ali parecia errado. Desenrolamos os tapetes de ioga no piso de madeira. Estavam a cerca de trinta centímetros um do outro, eram vinte. De parede a parede, o apartamento estava lotado de gente. Calças arriadas, pernas abertas.

Enquanto esperava a minha primeira OM começar, fixei o olhar na tatuagem de formiga; ela não ajudou a me acalmar. Cutucar meu calombo na testa só me preocupava – talvez fosse câncer.

"É *só* sexo", alguém disse para me acalmar.

Só sexo. *Só* sexo. Só SEXO. Só SEXO.

Um estranho era meu parceiro. Sua função era esfregar o quadrante superior esquerdo do meu clitóris durante quinze minutos com o dedo indicador. Ele tinha que expulsar minha energia "estática", que, segundo dizem, fica preza nos órgãos genitais devido ao acúmulo de desejos negligenciados.

Veja bem, não havia álcool para amenizar toda essa vividez. Estamos falando de coisas muito vívidas. Eu me sentia vívida. Estava numa sala cheia de pererecas peladas prestes a latejar. Não senti nem um pingo da serenidade que sentira na fazenda do Povo do Orgasmo.

O professor, que tinha vinte e poucos anos e a cabeça raspada, transformou-se num sargento. A atmosfera era completamente estéril. Não havia nada de romance nessa troca orgástica. O orgasmo tornara-se malhação. Ele apertou o cronômetro. "Acariciem", ordenou.

Ele andava de um lado para o outro da sala.

"Façam barulho, meninas!", gritou.

Gemidos despontaram a todo o meu redor. Virei a cabeça de lado e tudo o que pude ver foram lábios inchados – dos dois tipos – em todo lugar.

"Aqui está o seu clitóris", disse o meu parceiro, mexendo nervosamente o indicador.

Fiquei feliz que o tivesse localizado, pois eu estava rindo demais para sentir qualquer coisa.

"O riso é um mecanismo de defesa que bloqueia o prazer", disse-me um instrutor.

E se eu não quisesse o que acreditava querer? Queria querer, mas talvez não fosse um desejo. Talvez as mulheres *sejam* privadas de sensualidade, como pregava a OneTaste – eu podia concordar com isso –, mas não queria ser mais uma boceta numa longa fila de bocetas sendo acariciadas por estranhos.

"Conseguem sentir?", gritou o professor, percorrendo a sala com seu cronômetro. "Mais rápido. Acariciem como um pequeno beija-flor."

As palavras "nazista do orgasmo" vieram à mente quando o professor agachou ao lado do meu parceiro. Ele olhou bem no meio das minhas pernas, como se fosse um mineiro encarregado de supervisionar uma mina cuja produção de carvão anda mal. "Acaricie", disse ele. "Rápido e suave. Rápido e suave. Rápido e suave."

Assim que ele disse "tempo", levantei as calças. Mas antes de sair correndo de lá, abracei as pessoas e disse que fora ótimo e que amara a experiência. Fui falsa, uma fraude. "Voltarei em breve para a OM", disse eu. Uma farsa. Contudo, não conseguia entender por que não gostara. A prática era toda voltada para o orgasmo, e o orgasmo era tudo para mim, certo? Precisava manter as aparências para não me confundir. Além disso, ainda queria entrevistar O Gasmo. Ainda queria perguntar a ela qual o SIGNIFICADO DO ORGASMO. Saí porta afora sentindo que estava com um princípio de TEPT: Transtorno de Estresse por Perereca Traumatizada.

Quando saí do prédio, meu parceiro de carícias já estava do lado de fora enrolando um cigarro. Ele fez uma cara de que-porra--foi-aquela, correspondida por mim. Fomos a um bar ali por perto chamado O'Neils.

"Não entendo", disse ele. "Por que separar amor e sexo?"

Ele fez a pergunta que, nos últimos tempos, eu tivera problema para verbalizar.

Greg estava na faixa dos trinta. Tinha porte médio e olhos grandes e brilhantes. Usava um gorro enquanto bebia Cabernet. Era a primeira vez que ia à OneTaste. Não conseguia entender por que todo o foco recaía sobre o orgasmo e os órgãos genitais da mulher.

"As mulheres são privadas de sensualidade", disse eu, reproduzindo o que aprendera.

"Discordo", retrucou. "As mulheres podem usar maquiagem, salto alto. Elas podem chorar. Podem tomar banho de espuma. Se um cara toma um banho de espuma, logo é taxado de afeminado."

Ele contou que passara por uma experiência bastante traumática quando era mais novo e fora pego pela mãe masturbando-se diante de uma revista pornográfica. Ela chamou suas irmãs a entrar para ver como ele era horrível, como os homens eram horríveis.

"Os homens crescem com um peso terrível sobre os ombros", disse ele. "Somos programados para ser de determinada maneira. Não podemos ser sensíveis, mas devemos ter vergonha da nossa masculinidade. Aprendemos que somos carentes de mulheres, ao mesmo tempo que somos figuras dominantes, assustadoras e repulsivas para elas."

Segundo Greg, homens devem ser homens, mas também manter contato com seu lado feminino, o que é diferente de ser feminino. O melhor sexo que já fizera, ele contou, foi quando se imaginou fazendo amor como uma mulher. "Parece estranho", disse ele, "mas eu pressionei a minha boceta contra a dela, meus seios contra os dela: foi tão mais de corpo inteiro. Não precisava ser tudo focado no meu pau duro."

Perguntou-me por que eu estava no curso. Disse a ele que não sabia mais.

Logo estava de volta ao bar, servindo gim-tônica suficiente para deixar tonto um elefante. Servi um coquetel para um cara que conversava com um amigo. Dizia que os homens são muito simples; só precisam de alguma coisa em que enfiar o pau para serem felizes. Eu acabara de estar com Greg e agora achava que todos eram complicados – alardear superficialidade era apenas um meio de fugir à realidade. "Todo homem precisa de sexo", disse o cara outra vez. "Bastante sexo e ficamos felizes." "Enfie essa sua simplicidade, essa sua descomplicação falaciosa no rabo", pensei, "e pense com um pouquinho mais de profundidade, por favor: todos são multidimensionais." Aquele foi o meu último dia trabalhando no bar. De qualquer maneira, estava só a três semanas de partir para Israel.

Afluentes

"Cookies orgásticos", disse dr. Komisaruk, o pesquisador do orgasmo. "Fui eu mesmo que fiz." Por cima da mesa do bar em que decidimos almoçar no dia de Natal, ele me entregou uma linda sacola de presente, cheia até o topo de delícias com pedaços de chocolate. Dei uma mordida. Ele não parava de me impressionar – neurocientistas sabem cozinhar! Não nos víamos desde a conferência sobre sexo, então logo o coloquei a par do meu orgasmo; contei que tinha gozado. Expliquei que, até aquele momento, eles eram pouco confiáveis, mas assegurei, meio de brincadeira, que meus orgasmos auriculares iam de vento em popa.

"Enfio aquele cotonete na orelha", disse eu, "e sei que vou sentir um frio na espinha. Por que os orgasmos genitais não são fáceis assim?"

Em vez de rir, dr. Komisaruk ficou bastante sério e começou a me dar uma aula sobre o nervo vago, que ele e sua colega Beverly Whipple estudaram a fundo. Por meio da sua pesquisa com o aparelho de ressonância magnética funcional, eles descobriram que mulheres com danos na medula espinhal (parte do corpo que se acreditava transmitir as sensações pélvicas para o cérebro) ainda podem ter orgasmos. Ele credita isso ao nervo vago, que passa ao largo do canal medular. O dr. Komisaruk disse que o nervo vago sai do colo do útero, passa pelas vísceras e chega até o cérebro, conectando-se ao bulbo raquidiano.

"Mas o que isso tem a ver com o meu orgasmo auricular ser fácil?"

"Espere aí", disse ele.

Eu estava sempre interrompendo. Ele estava sempre me dizendo para esperar.

Ele contou que o vago tem várias ramificações, como afluentes, que correm para o tronco principal do nervo. Um desses afluentes se torna raso em um único lugar do corpo: a orelha. Disse que ainda não existiam estudos sobre o orgasmo auricular, mas acreditava ser possível que o meu orgasmo auricular fosse um orgasmo válido, causado pelo cotonete estimulando a mesma via neural que transporta os orgasmos cervicais. Minhas sensações auriculares estavam percorrendo a legítima trilha vaga do orgasmo!

O dr. Komisaruk deu um baita sorriso e enfiou um pedaço de batata recheada goela abaixo. Enquanto mastigava, seus olhos brilharam forte, e pude ver que ele estava planejando algo. Orgasmos, especialmente novas ideias sobre orgasmos, deixavam-no bastante empolgado. Exemplo disso foi quando percebeu que podia economizar a verba da bolsa criando consolos próprios, que seus pacientes usavam durante os experimentos. Ele cortava e polia bastões de acrílico, depois usava resina odontológica para fixar um tampax modificado na ponta. Em vez de pagar sessenta dólares por uma unidade em sex shops, seus consolos artesanais só lhe custavam um dólar cada. Quando finalmente terminou de engolir, ele disse que gostaria de me observar usando o cotonete dentro de um aparelho de ressonância magnética funcional para ver se meu orgasmo auricular ativava as mesmas partes do cérebro que um orgasmo típico. Poderíamos realizar o primeiro estudo sobre o orgasmo auricular e provar sua existência de modo tangível! De repente, porém, ficou triste quando se deu conta de um problema. Ele disse que, do jeito que as coisas eram, infelizmente, não havia espaço para cotonetes, especialmente para o meu uso dos cotonetes, no aparelho que eles têm. Quando a cabeça entra lá, sobra espaço apenas para piscar. Ainda assim, eu estava empolgada. O dr. Komisaruk fizera com que os meus orgasmos auriculares soassem tão importantes como qualquer outro tipo de orgasmo. Sem dúvida, ele não tinha preconceitos contra nenhum orgasmo.

Em seguida, perguntei como andava o outro trabalho com aparelhos de ressonância magnética funcional e se poderia participar da pesquisa, especialmente agora que meio que tinha tido um orgasmo. Ele contou que ainda estava preenchendo formulários solicitando verba. Ele não parecia nada surpreso, nem eu, ao me dizer que nada tinha acontecido ainda.

Mas ele não estava interessado apenas no prazer. O dr. Komisaruk também descobriu que o orgasmo pode conter a solução para a meta de toda a sua vida: descobrir como a consciência se forma a partir dos neurônios. Ele disse que a resposta pode estar no clímax. Com as ressonâncias dos orgasmos, ele podia ver como os neurônios são ativados e se eles interagem. "A atividade desses neurônios está gerando a experiência consciente de algum modo", disse ele. "Ainda chego lá. Nunca desisti de nada nessa vida!"

Continuamos a comer as gordurosas batatas enquanto ele tentava superar o som alto vindo da TV, que transmitia uma partida de algum esporte. Ele contou que estava escrevendo um capítulo sobre a consciência para um livro: "Vou chamar o capítulo de 'Onde está o eu?'".

"Onde está o eu?", repeti. "Essa é uma ótima pergunta."

"Onde está o eu?", bradou com orgulho.

"Então, onde está o eu?", perguntei.

"Ainda não sabemos onde fica o 'eu'", explicou.

Ele esperava que o aparelho de ressonância magnética fosse aprovado logo para que pudesse usar meus neurônios a fim de continuar sua busca pelas origens da primeira pessoa do singular. Disse a ele que conhecia várias pessoas que gastavam milhares de dólares tentando se encontrar – encontrar seu "eu" – nos lugares mais remotos ou em convenções de autoajuda. Tinha certeza, então, de que haveria muita gente interessada caso ele descobrisse que o "eu" pode estar bem mais perto.

O encantador de bocetas faz sua segunda aparição

Quando caminho pelo Prospect Park, geralmente penso em sexo: sexo apropriado, sexo inadequado, sexo comigo mesma, pessoas fazendo sexo, sexo era-uma-vez e sexo felizes-para-sempre. Daquela vez, porém, pensava por que Rori sugerira que eu fizesse duas sessões por semana.

Tudo o que fiz foi falar sobre aquelas moscas volantes no meu olho, sobre as pequenas teias de aranha que vejo quando olho para o céu. Disse a ela que cada fiozinho parecia pegar fogo e correr para lá e para cá desatinado. "Tudo faísca de vez em quando", disse. Minhas mosquinhas volantes estavam fora de controle.

"Talvez elas sejam as lágrimas que você está retendo", sugerira. Logo depois, ela disse: "Por que você não vem duas vezes por semana?". Em seguida, lançou-me um olhar tão triste que tive vontade de niná-lo.

Será que eu estava *tão* perturbada assim?

Enquanto saía, elaborei uma nova hipótese: talvez Rori fosse lésbica e quisesse me namorar. Com uma hora a mais por semana, poderia me conquistar. Por outro lado, talvez *eu* fosse a lésbica e tivesse uma quedinha pela minha terapeuta. Sei o que é transferência, o fenômeno de redirecionar sentimentos de uma pessoa para outra inconscientemente. Mas aquilo não era transferência, pois por quem eu me sentia assim? Quem sabe devesse convidá-la para um café, um Snapple. Eu poderia aprender a gostar de Snapple. Poderíamos criar uma bela, embora peculiar, história de amor. Isso acontecia nos filmes o tempo todo – terapeuta e cliente. Seríamos a vida imitando a arte, ou ao menos a cultura pop. Mas não ia dar certo, ficaríamos cansadas uma da outra, bajulando, apodrecendo, morrendo. Então quem restaria para me dizer que não chorei o suficiente?

Respondera a ela que achava melhor continuarmos com uma sessão por semana.

Eu precisava voltar ao básico. Tinha decidido isso ao terminar a volta pelo parque. Toda a minha busca tinha a ver com o orgasmo, e eu não gozara muito desde aquela primeira vez em São Francisco.

Voltei para casa e liguei meu vibrador. Nos dias seguintes, enfiei-me no quarto. Tive um espirro pélvico atrás do outro. Esses orgasmos eram bons, mas não eram lá muito fantásticos. Está certo, por que mentir? Na verdade, eram patéticos. Sexólogos com quem conversei disseram que tudo se resumia à criação das conexões neurais apropriadas. Essas conexões precisam ser liberadas e, então, preparadas com muita retroalimentação – isso queria dizer que eu precisava ter muitos orgasmos. Estava atrasada, por isso tinha que trabalhar com mais afinco ainda. Mas não tinha a paciência necessária para relaxar e respirar. Ficava expelindo aqueles orgasmos, fazendo caras e bocas como se estivesse com constipação orgástica.

Eric, meu puto sagrado, andava me enviando mensagens instantâneas. Geralmente, uma variação de:

Eric: aparecer!/atacar!/massagear!/prazer!/sumir!

Não respondi imediatamente, pois me sentia um pouco estranha em ter um puto sagrado, mas calculei que ele seria a pessoa certa para levar meu orgasmo à próxima etapa. Nada de dependência, apenas uma boa e franca educação masturbatória. Fiz o que faz uma mulher com perguntas: fui ao meu guru para assuntos pélvicos. Durante todo o caminho, amaldiçoei meu desejo de sempre procurar respostas nos outros.

Os legumes estavam horrorosos naquele final de dezembro. Havia alguns poucos lotes de abóbora – as últimas abobrinhas da estação –, mas nenhuma digna de Kegel. O vento castigava, mas Atman, como sempre, sorria.

"Dia lindo", disse ele enquanto eu assistia a copinhos descartáveis e páginas de jornal debatendo-se no asfalto. Os transeuntes usavam as mãos enluvadas para proteger o rosto.

"Hmmm", disse eu. "Pode ser, claro."
"O que foi, querida?", perguntou enquanto pegava minhas mãos e as beijava. "Como vai o mulherão aí dentro?"
Seus discípulos, que o ajudavam com as vendas, estavam do seu lado. Tentando manter nossa conversa privada, disse a ele baixinho que andava pensando bastante em intimidade e relacionamentos.
"Quando a hora chegar", afirmou, "alguém vai aparecer do seu mesmo nível."
"Quando?", perguntei empolgada. "Quando vou encontrar essa pessoa?" Sempre esquecia que Atman não era um vidente e que eu não estava mesmo procurando por alguém. Aquele era apenas o meu piloto automático.
"Você conhece a alma aí dentro", disse ele, apontando para o meu coração. "E conhece o corpo libidinoso", continuou, sacudindo os meus ombros gentilmente. "Este é um veículo casualmente ocupado para andar e respirar, para dar o impulso. Você não vai culpar se tiver relacionamento sexual se ele não está no mesmo estado de espírito que você anda, respira."
Seu jeito de falar era obscuro às vezes, quase uma poética particular. Acho que estava me dizendo para trepar de uma vez, para procurar o meu puto sagrado imediatamente. Bom, foi assim que interpretei.
"Você não confia nela", disse ele. "Você conversa com amigos, vai à biblioteca, mas ela é que manda."
Ele apontava para Clitty Rose, para minha flor.
Escolhi alguns produtos – dois bolinhos de passas – e paguei.
"Cuidado para não pegar doença, sabe", disse ele, ainda apontando para a minha virilha. "Esse não é o estilo dela. Ela é muito seletiva nesse sentido."
"Jura?", comentei.
"Ela é muito seletiva nesse sentido", ele repetiu. "É um pouco neurológico com a sua psicologia."
Atman me abraçou e, à medida que me afastava, gritou seu último conselho, um conselho bem alto para que todos pudessem ouvir.

"Lembre-se", clamou, chamando por mim. "Umbigo, peitos, lóbulos – essas energias, a flor vai abrir bem." Ele abriu a palma da mão voltada para o céu. "Waaah!"

Eu estava sobre um lençol colorido com estampa indiana cujas cores vibravam e voltavam a escurecer com o tremular das velas. Um CD suave de cantoras africanas tocava no meu som. Earl, o elefante de pelúcia, fora expulso mais cedo. Travesseiros apoiavam meu pescoço confortavelmente. Olhei para os dedos do meu pé. Minhas pernas estavam abertas. Eric, meu puto sagrado, estava de joelhos entre elas.

"Vamos fazer sexo lésbico", disse ele. "É assim que as lésbicas fazem sexo toda noite; elas estão fazendo isso em todo o mundo neste momento!"

Ele tinha um grande vibrador roxo que chamava de Sabor em uma das mãos e um consolo rosa choque cheio de veias na outra. "É com esse tipo aqui que gosto de explorar o meu ânus", disse ele, sorrindo ao sacudir o falo no ar.

Esse momento não acontecera instantaneamente; leváramos três horas trocando carinhos até chegar ali. Começamos com o jantar. Aquela era a primeira vez que via o Eric fora do Templo da Betty. Ele parecia desconfortável. No restaurante, estava fora de lugar, como um caubói no Ritz Carlton, mas, quando voltamos para a minha casa e ele deu uma espiada na minha cama, voltou a ser ele mesmo. Era a minha vez de ficar paralisada.

Eric tirou parte da roupa e se apresentou em seu uniforme de profissional do sexo – aquela mesma camiseta de lycra que usara antes –, mas ainda vestia a calça jeans preta. Olhou-se no meu espelho de corpo inteiro. "Se eu fosse gay", disse ele, "me comia." Estremeci. Ele disse aquilo alto. Leigh, com quem divido o apartamento, compartilha uma parede comigo. Tenho certeza de que ela ouviu o que ele falou. Se fosse outro cara e não o meu puto sagrado – descobri que putos sagrados têm muito mais liberdade de comportamento –, eu o teria expulsado na hora. Mas, pensando bem, o jeito com que disse aquilo até que foi terno, pois eu sabia que falava sério. Caso *fosse* gay, daria um jeito de se penetrar. Tenho certeza disso.

Tentei fazer com que ficasse quieto, mas ele estava muito interessado naquele assunto. Eric contou que sempre quis chegar à forma física em que teria vontade de se comer; levou um tempão para chegar lá. Falou em detalhes do livro, The Orgasmic Diet, que o ajudou. Explicou que Marrena Lindberg, a autora, era gordinha, então o negócio não era emagrecer, mas adquirir *grrr*. Comprimidos de ômega 3, tome quatro ao dia, disse Eric. Muitos legumes no vapor. Nada de pão branco. Nada de fumar. Segundo ele, isso é como veneno para o orgasmo. E nem pensar em soja. "Eu amo soja", disse eu. "Nada de soja!", reiterou. A memória ficaria mais clara, e quando o corpo e a mente estivessem funcionando de maneira ótima responderiam melhor a estímulos. "Conforme o seu orgasmo melhorar", disse ele, "você saberá que está ficando mais saudável."

"Agora que você já tem o seu orgasmo", continuou, "precisamos nos preocupar em intensificá-lo. Nosso objetivo é que você revire os olhos e bata a cabeça no colchão de tão bom que é." Ele fingiu que caía para trás; pude ver o branco dos seus olhos.

Eric começou a me massagear e a me despir bem devagar. Ele me falou de algo chamado "taking touch" (toque contagiante), que consiste em tocar o outro do jeito que mais agrada àquele que toca. Como este se sente bem e se empenha nisso com confiança e de forma plena, consequentemente, deve ser bom também para o outro. Se era isso o que ele estava fazendo, então é verdade: a sensação era extraordinária.

Eu era um veículo. Ele era um mecânico. Conhecia todas as minhas alavancas e roldanas. Estava tentando me acelerar, me colocar na marcha certa, apertando todos os meus botões.

"Posso chupar?"

Ele estava se referindo ao meu mamilo.

Quando comecei a me esquivar, ele anunciou: "Relutância ao prazer". Isso acabou tornando-se o refrão da noite. Eric falou que a relutância ao prazer é natural. Segundo ele, era preciso respirar para vencê-la.

Eu não conseguia mais ouvir a música por causa dos meus gritos. Ele pegara os meus pés e enfiava cada dedinho na boca. Eu gritava advertências para ele.

"Relutância ao prazer", ele repetiu.

"Não, cuidado", eu disse. "Meus dedos acumulam muita sujeira."

Pelo menos com Fred, o podólatra, eu lavara os pés.

"Eu não faria nada que não quisesse", respondeu.

Seria bom que ninguém fizesse nada que não quisesse; assim, não precisaria perder meu tempo me preocupando se estão gostando ou não. Mas isso era loucura; isso era um risco à saúde. Observei estupefata enquanto Eric lambia cada curva, cada sulco, cada trechinho do meu casco. Também não sou chegada a uma pedicure, longe disso. Não poria meus pés na boca nem que me pagassem – sei por onde andaram –, mas Eric parecia ainda mais bem nutrido do que no restaurante quando acabara de comer sushi.

Senti um baita caso de relutância ao prazer surgindo e um desejo de me esconder no banheiro; tentei a sublimação por meio da inspiração. Isso é o que há de ruim em sessões com um puto sagrado dentro da sua própria casa; não dá para fugir. Você está lá. Está presa. Talvez seja algo bom – era a única maneira de eu ficar.

De repente, ele estava em todos os lugares ao mesmo tempo.

"Seus peitos têm boa resistência", disse ele enquanto os segurava nas mãos. "Eles são espessos." Nunca fora chamada de espessa e vira isso como um elogio, mas, vindo do Eric, parecia que todos os peitos deveriam ser espessos.

Ele me acariciava e começou a emitir pequenos latidos, como um filhote de leão-marinho. Eric afirmou que era dever de um homem lutar contra o seu *grrr* com sensibilidade. "A maioria dos homens empurra, cutuca e puxa", disse ele, traçando círculos ao redor do meu mamilo. "Nada bom." Vieram à mente momentos do meu passado quando pensei que poderia sofrer uma mastectomia espontânea devido às patas entusiasmadas de alguns homens. Meus mamilos não são tampas de rosca; eles não são removíveis. O rosto do Eric se iluminou de repente quando começou a massagear suavemente os meus seios. "Parece que estou passando os dedos sobre fileiras e mais fileiras de um terreno bem-cuidado. Ele sobe em espiral e termina com uma bela pepita no topo."

Sorri e, infelizmente, pensei no viveiro dos meus pais. Aposto que eles ficariam orgulhosos se soubessem que havia pelo menos a essência de um bom jardineiro dentro de mim.

Foi aí que Eric sacou uma bolsa de presentes fúcsia e cintilante. "Algumas coisas para experimentarmos", disse ele. "Se quiser."

O conteúdo – um consolo, um vibrador e lubrificante – agora estava diante dele. Esses itens faziam com que o meu aparelhinho parecesse coisa de principiante. Aquele vibrador era um bebê. Perguntei se ele tinha inveja da mulher, que pode recorrer a tantos brinquedinhos. Eric respondeu que invejava os muitos espaços onde pôr os brinquedinhos, mas ele tinha um pênis, a que se referia como um grande clitóris, que podia usar para penetrar, logo não tinha tanta inveja assim. Disse que estávamos quites. Disse também que existem muitas lésbicas que invejam seu grande clitóris; elas adorariam sentir o interior da namorada com seu pequeno clitóris. Sendo assim, ficava feliz de poder sentir o interior das mulheres de que gostava.

Entregou-me o Sabor e disse que eu ficaria responsável pela estimulação do clitóris, que chamou de "clit stim". (Acho que a palavra inteira, estimulação, fica muito difícil de pronunciar quando você a usa novecentas vezes ao dia.) Para começar, ele ficaria no comando do consolo em nosso sexo lésbico.

Olhei para baixo e o vi entre as minhas pernas, sentado com a postura perfeita e o falo fluorescente descansando ao seu lado. Apoiei-me nos cotovelos e comecei a me afastar aos poucos.

"Relutância ao prazer", disse ele.

Voltei para o lugar

Olhou diretamente para a minha vulva. Ainda o via como um mecânico – um mecânico checando meu equipamento orgástico. Estava acostumado com essas coisas. Eu não precisava me preocupar se ele tinha vontade de brincar com outras vulvas – como me preocuparia caso fosse um interesse romântico –, pois já sabia que ele andara brincando com milhares. Vulvas eram a sua carreira.

Deslizou o dedo para dentro e me falou para contrair e relaxar – empregando os movimentos de Kegel. Estava me preparando para a grande coisa rosa. Demorou um pouco e precisei de muita concentração para não parar com tudo enquanto ele colocava o negócio lá dentro. A inserção não foi particularmente prazerosa. "Agora é hora de estimular o clitóris", ordenou. Ele arrancou o Sabor de mim, aumentou a potência do vibrador e me devolveu o aparelho como se fosse um pirulito, que coloquei de qualquer jeito em cima do meu clitóris. "Não deixe o vibrador parado", ele disse baixinho. "Mexa-o para a frente e para trás."

Eric deslizava o consolo para dentro e para fora, suavemente. Muito bom. Boa frequência. A cada três segundos mais ou menos, ele mergulhava o negócio de novo. Comecei a pensar nele como um bombeiro, mergulhando para pegar o meu orgasmo. Acreditava nele: sabia que podia desentupir aquele troço.

"Por que você parou?", perguntou.

Eu perdera de vista as minhas obrigações. Uma ferramenta "lá" já é o bastante. Minha boceta devia estar um tanto quanto surpresa; nunca vira plástico, que dirá plástico rosa choque.

"Relutância ao prazer", disse ele. Respirei.

Em seguida, Eric me pediu que experimentasse os dois ao mesmo tempo, pois ele não estaria lá todos os dias para fazer aquilo por mim. "É melhor quando você mistura sensações", disse ele, "e estimula o clitóris pelos dois lados. Mas isso requer prática." Confisquei o consolo com a mão direita enquanto o Sabor continuava na esquerda – foi como tentar assoviar e chupar cana ao mesmo tempo. Eu tentava trepar com o vibrador sem esquecer do consolo. Eric entrou em clima de motim e assumiu de volta o comando do consolo. Talvez estivéssemos nos precipitando, disse ele.

Finalmente pegamos o ritmo da coisa. Ambos realizávamos com sucesso nossas respectivas tarefas. Ambos movimentávamos o plástico para frente e para trás. Ele declarou que amava a própria vida. "Você ama a sua?", perguntou.

Olhei para Clitty Rose, para minha fenda cheia de instrumentos, e pensei por um segundo. "É, eu amo a minha vida", respondi. Foi aí que a coisa começou a acontecer. As sensações ficaram imensas, ou seriam intensas... Não, as sensações não eram coerentes. Eram confusas. Estavam acontecendo no meu clitóris, mas afetavam todos os lugares ao mesmo tempo. Tentava ter o tipo "certo" de orgasmo – deixar a energia crescer de forma natural, não como naqueles espirros pélvicos que andava tendo –, mas comecei a esquentar como um motor sobrecarregado. Estávamos naquilo há pelo menos vinte minutos. Eu estava quente, muito quente, e gotas de suor brotavam de todas as minhas reentrâncias. Queria entrar em *rigor mortis*, queria enrijecer todos aqueles músculos e expelir o negócio, mas não. Não queria parecer um cadáver diante do meu puto sagrado, especialmente agora, quando acabara de dizer que amo a minha vida. Parei com o Sabor; não podia mais continuar. Senti como se as pontas dos dedos dos meus pés estivessem pegando fogo e me perguntei que tipo de conexões neurais eu estava criando. Não tinha certeza de que desejava criar aquelas.

Eric parou. Ele retirou suavemente o consolo. "Adoro esse som de sucção", declarou. Particularmente, não acho que tenha sido muito mais agradável do que o som de unhas num quadro-negro. Eu estava um pouco decepcionada; esperava um orgasmo.

"Foi bom?", indagou, aconchegando-se ao meu lado.

"Não gozei", respondi.

"Mas foi bom?", perguntou.

"Ótimo", disse eu.

"Perfeito, então."

Ele me disse que fizera um grande progresso desde a nossa última sessão, desde que ele me apresentara a mim mesma e estabelecera que o meu cheiro cintilava. "O cintilar não dura para sempre", disse ele. Aquilo soou como um aviso.

Enquanto ele tomava banho, debrucei-me sobre a janela, respirando o ar gelado e deixando a coisa esfriar (principalmente a sola dos meus pés). Um cara como Eric – tão paciente e sensível – me fazia acreditar ser impossível que todo o gênero pudesse não amar e respeitar todas as bocetas do mundo.

Eric entrou no quarto. "Agora entendo!", gritei. "Finalmente entendi: os homens amam mesmo as mulheres!"

Parte de mim esperava que ele ficasse nu, quem sabe até se masturbasse de tão excitado com a minha descoberta, mas ele pareceu preocupado.

"*Alguns* homens amam mesmo as mulheres", disse ele. "Alguns. Cuidado."

Levei Eric até a porta, mas ele deixou os apetrechos comigo para que brincasse com eles. Enquanto o ouvia descer pelas escadas, fiquei espantada com a minha falta de sentimentos românticos. Eric misturava negócios com prazer e, não sei como, eu fizera um ótimo trabalho em não deixar vazar nem uma gota de sentimentalismo em relação a toda a experiência.

Voltei para o quarto a fim de me superar. Meu orgasmo devia ter medo de outras pessoas, pois resolvi o problema rapidinho.

Liguei para Fiona assim que terminei. Ela estava em San Diego visitando a família no feriado. Ela me agradeceu pelo anel de vulva que eu lhe dera de Natal. Fiona contou que o presente criara uma situação bastante constrangedora em torno da árvore de Natal. Ela disse que o anel passou de mão e mão sem que ninguém dissesse nada, até que seu pai finalmente disse algo para que pudessem seguir adiante.

"Agora você tem duas."

Achei aquilo engraçado.

Em seguida, contei que tinha medo de começar a decorar a minha casa com consolos, como boa parte do pessoal do sexo que conheci. Pedi que me desse um tapa bem forte caso descobrisse um móbile de consolos pendurado sobre a minha cama da próxima vez que me visitasse.

Depois, expliquei o que eu e Eric fizéramos aquela noite. Achei que apresentaria uma novidade para ela dessa vez; nem mesmo Fiona poderia ter recebido aquele memorando.

"Ele chamou de sexo lésbico", disse eu. "Dois brinquedos de uma vez só. Isso não é muito louuuuco?"

"Não sei não, Mara. Acho que todo mundo faz isso. Eu faço."

"Porra!", exclamei. "Quem te ensinou isso?"

Ela só riu. "É maravilhoso, né?"

Intervalo obrigatório para masturbação

O sexo sentido

Não sei o que é, mas o Povo do Orgasmo deve ter algum tipo de percepção sobrenatural quando o assunto é orgasmo. Chegavam a me assustar um pouco; foram capazes de sentir minha situação orgástica mesmo eu estando no outro lado do continente. Samantha me ligou no dia seguinte ao lance com Eric.

"Você já tem algum parceiro de pesquisa?", perguntou.

Comecei a descrever o que acontecera com Eric. "Ele me trouxe uns brinquedinhos fantásticos e..."

"Vibradores?", ela me interrompeu, com um tom de advertência na voz.

"Sim", grunhi. "O que foi que fiz de errado?"

"O vibrador é um meio fácil de se masturbar. Não se deixe seduzir por ele. Com a vibração e a pressão, as mulheres acabam perdendo a sensibilidade. Elas precisam ir cada vez mais rápido para conseguir um orgasmo, e então sentem um grande alívio, pois o corpo ansiava por aquilo, mas os órgãos genitais vão perdendo a sensibilidade."

"Nada de vibradores?", perguntei. Estava perplexa. Nunca percebera que o Povo do Orgasmo não acreditava em instrumentos sexuais.

"Eles não promovem a intumescência ou a intimidade com outra pessoa", disse ela. "Eles limitam a quantidade de prazer que se pode ter. Você é bem instruída e tem bastante informação; fará a escolha certa. Explore sensações, sinta mais e faça mais."

Uns me diziam para usar vibradores, outros diziam que não deveria. De uma hora para outra, comecei a achar que não sabia mais de nada. O que devia fazer?

De qualquer forma, partiria para Israel em alguns dias. Falei para Samantha que ia viajar, e ela disse que gostaria de manter contato para me ajudar a voltar ao caminho certo; ela me ligaria quando eu voltasse.

Quando cheguei à sala, Ursula estava trabalhando no seu documentário, e Leigh, bebendo um chá com leite de soja que, segundo eu aprendera na noite anterior, era um líquido antiorgástico. Não a repreendi por dificultar seus orgasmos, mas exibi meus dois brinquedinhos novos, provavelmente os esfreguei na cara delas, e perguntei o que achavam deles.

Afinal, eu não era a única que deixara de receber o memorando sobre sexo lésbico. Senti-me bem melhor ao saber que havia outras pessoas como eu, mas tive pena de Leigh, que teve de cuspir seu chá, mesmo que isso fosse melhor para os seus orgasmos.

Mais tarde naquele dia, eu e Leigh saímos para jantar. Ela disse algo que me desnorteou. Desnorteou mesmo. "Você não precisa se transformar numa especialista", declarou. "Há poucos meses você era totalmente inexperiente e agora anda com profissionais. Você não precisa virar faixa preta."

Disse que gostava do que estava fazendo. Estava aprendendo muito.

"E o seu coração?", ela perguntou. "Estou preocupada com o seu coração."

É óbvio que, depois de ouvir isso, também fiquei preocupada com o meu coração. Sou hipocondríaca por antecipação. Preocupo-me com as coisas antes de ter os sintomas para não ter de lidar com a dor, mas Leigh me fez ver que, nesse caso, os sintomas já estavam presentes: eu não conseguia mais sentir.

Mas não havia tempo para me preocupar com aquilo naquela hora. Israel estava logo ali, e eu ainda não tinha preparado nada. Lá fui eu. Fui ao dermatologista, pois temia que o calombo na minha cabeça, que vivia cutucando, fosse canceroso. A Terra Santa é, historicamente, um lugar bastante popular para morrer, mas não estava pronta para esse tipo de compromisso.

O câncer era, na verdade, uma verruga. O médico a removeu. Conclusão: sou nojenta.

Pós-conclusão: o que vou cutucar agora?

Contei a Atman que estava de partida. "Esse é o tempo certo", disse ele. "Você precisa amadurecer, essa é a melhor maneira."

"Você está dizendo que demoro a desabrochar?"

"Desabrochar, não" disse ele. "Flor querida. É a sua flor."

Um dia antes da viagem, Leigh saiu do quarto sacudindo um monte de embalagens quadradas de alumínio. Ela estava rindo histericamente, com um sorriso que eu não sabia se era maníaco ou satisfeito. "Minhas camisinhas perderam a validade", disse ela, deixando que a cartela se desdobrasse como um acordeão em suas mãos. "Minhas camisinhas perderam a validade!"

Isso me fez pensar em quanto tempo fazia desde que fizera sexo com um homem de verdade – não vale sexo tântrico, sexo lésbico, sexo com puto sagrado, sexo comigo mesma. Contei nos dedos e cheguei até o indicador da mão esquerda: já fazia sete meses.

Eu já devia ter percebido isso. Minhas ações mais recentes estavam tentando me alertar. Afinal, fora a uma festa à fantasia no Réveillon com uma máscara em forma de cachorro-quente. Todos estavam muito dispostos a me dizer que eu tinha salsicha na cabeça. Tinha também a tromba do Earl, o elefante de pelúcia – só vou dizer que os lugares em que a encontrava quando acordava nunca deixaram de me surpreender.

Na noite anterior à viagem, Zola me levou ao Casa Mono, um bar de tapas especializado em tudo o que não é kosher. Ela me levou só por garantia, caso Israel conseguisse vencer o meu péssimo comportamento de judia, como acontecera com meu irmão. "Essa pode ser sua última oportunidade de comer porco!", exclamou. Ela pediu algo com banha de porco e frutos do mar. Bebemos e comemos com os rendimentos da sua última sessão de tantra – seu cliente era um banqueiro cujo desejo era que lhe vestissem calcinhas, o espancassem e mijassem nele. "Eu NUNCA beberia xixi", disse ela, "mas ver alguém bebendo o seu xixi, bom, é incrível." Ela empinou a cabeça para o teto e imitou o cliente, como um filhote de passarinho abrindo e fechando o bico, esperando que a mamãe pássaro lhe traga o verme.

"Que nojento", disse eu.

"Eu acho lindo", disse ela, largando um marisco na boca. "Todos estamos tentando nos satisfazer." Em seguida, pausou para gemer enquanto engolia o bocado. "Ele tem sorte de ter descoberto como se satisfazer."

Gonorreia espiritual

Meu voo chegou ao Aeroporto Internacional Ben Gurion às cinco horas da manhã. Um homem grande e careca chamado Shlomo "Momo" Lifshitz, o organizador da viagem, gritava "Bem-vindos ao lar! Bem-vindos ao lar!" numa voz áspera de barítono, enquanto centenas de judeus da diáspora se arrastavam com os olhos inchados para a esteira de bagagens.

Desde 2000, filantropos judeus enviaram 190 mil judeus dos 18 aos 26 anos a Israel pela primeira vez por meio do projeto Birthright. Esperam que ainda sejamos impressionáveis o bastante para desenvolver um relacionamento com o lugar, e que a experiência fortaleça nossa identidade judaica. Alguns chamam isso de propaganda, mas eu encarei como uma viagem gratuita e a oportunidade perfeita para explorar minhas origens orgásticas.

Guias turísticos nos puseram em vários ônibus – havia 28 pessoas no meu. Não dormiríamos antes de um dia inteiro fazendo turismo. Omer, um israelense de 35 anos que seria nosso guia pelos próximos dez dias, pegou o microfone do ônibus. Não calava a boca. Usava óculos e tinha um corte de cabelo estranho: era reto até chegar à testa, de onde pendiam fios que não eram longos o suficiente para serem chamados de franja nem curtos o bastante para serem chamados de qualquer outra coisa. "À direita, podem ver uma vila árabe", disse ele. "Isso à esquerda é a pedra de Jerusalém." Falava sem parar; não podíamos dormir nem por um minuto.

Paramos na Cidade Antiga de Jerusalém. Atordoada devido à mudança de fuso horário e aos ventos gelados que varriam as ruas de pedra, acho que foquei demais e muito rápido o meu orgasmo. Contei a Omer que estava escrevendo um livro e pedi que me indicasse tudo o que tivesse relação com o orgasmo durante a viagem e, se tivesse tempo, alguns templos de prostituição antigos. Ele pareceu um pouco assustado.

"Não existem templos de prostituição", disse ele.

"Não, eu sei que não funcionam mais", falei. "Mas li que há alguns milhares de anos existiam templos que abrigavam prostitutos, os putos sagrados."

Ele nos dissera que havia se formado em História. Naturalmente, achei que saberia disso. Talvez estivesse apenas se fazendo de ignorante, mas distanciou-se devagar e nos disse para preparar um bilhete para o Muro das Lamentações (também chamado Kotel), que é um vestígio do Templo de Jerusalém e, portanto, um dos locais mais sagrados para os judeus. Omer disse que deveríamos deixar uma prece para nos ajudar a encontrar nossa cara-metade.

"Segundo as leis judaicas, não somos completos sozinhos", disse ele. "Precisamos encontrar nossa cara-metade."

O Muro das Lamentações é dividido – um lado para os homens e outro para as mulheres. As mulheres têm cerca de um terço do espaço; será que isso significa que, na verdade, devemos encontrar nossa cara-dois-terços? Queria poder dizer que a disparidade tinha relação com o tamanho das mulheres, mas infelizmente não consegui me convencer disso, principalmente porque os homens pareciam receber tratamento especial. Os judeus hassídicos de barba comprida, cachos nas orelhas e chapéu preto encorajavam os homens do grupo a colocar tiras de couro chamadas tefillin em torno do braço e da cabeça antes de fazer uma prece. Parecia um tipo interessante de bondage. O bondage não era para mulheres. Finalmente desejei ser amarrada quando me era proibido.

Rasguei um pedaço de papel do meu caderno. Comecei a rabiscar uma prece. Fiz o melhor que pude – elegante e simples – dada a falta de sono e a minha relação intermitente com o judaísmo.

Prezado Muro das Lamentações,

Por favor, me dê alguma luz acerca da boceta durante a minha estada e me ajude a entender o que quer a *$%! da minha xoxota. E, se tiver tempo, ouvi dizer que meu coração também merece preocupação.

Atenciosamente,
Mara Altman

(Eu não queria dizer palavrões ao Muro.)

Transformei a minha prece numa bolinha – parecia uma daquelas bolinhas de papel que as crianças arremessam por um canudo na escola – e acomodei-a no fundo de uma das fendas entre os grandes blocos de pedra. Ao meu redor, mulheres balançavam-se para a frente e para trás enquanto recitavam trechos da Torá. Os homens faziam o mesmo do seu lado. Logan dissera que eu me sentiria encontrando meu povo quando chegasse. Até aquele momento, não acreditava nele. Achei estranho no início – as pessoas se balançando –, mas em seguida percebi que *eram* o meu povo, pois comecei a ver aquilo como sexo: as pessoas estavam tendo relações com Deus!

Ao sair de lá sem dar as costas para o Muro, aderindo aos costumes, torcia para que não fosse sacrilégio rezar pela minha boceta em território tão sagrado, mas supus que isso poderia ser até apreciado se levasse em conta todas as curiosidades sobre o judaísmo que reunira antes de deixar Nova York. Eu contatara uma espécie rara de consultor: um rabino sexólogo de Los Angeles que tinha um interesse especial pela cabala, o Rabino Ronald Levine.

Eu já sabia que os judeus carregam doenças genéticas como Tay-Sachs e doença de Crohn, mas eu queria saber se havia algo mais positivo, como talvez uma tendência para o orgasmo. Afinal, o primeiro mandamento dos judeus diz para frutificar e se multiplicar. O Rabino Levine me disse que o orgasmo feminino era uma obrigação para todo marido judeu. Se a mulher não gozasse, tinha motivos para o divórcio. Além disso, segundo o rabino, os cabalistas acreditam que o prazer sexual que os homens dão às mulheres agrada a Deus e ajuda a manter a harmonia universal. Brinque com o clitóris em vez de brincar com cartuchos de bala. "Segundo a cabala", disse Levine, "o sexo faz o mundo girar – o mundo de Deus, o seu mundo. Estamos falando de prazer verdadeiro – não de fazer bebês –, de puro prazer."

Por outro lado, o Rabino Levine não é qualquer rabino e admitiu que a Torá é sempre interpretada de diversas maneiras. "Durante vários períodos, dependendo das fontes e eras que você leva em conta", observou, "o judaísmo não é tão simpático à sexualidade." Sendo assim, como tudo na vida, o potencial orgástico dos judeus dependia do ponto de vista. Nos dias seguintes, eu teria que decifrar o meu.

Depois de muitas paradas – e da narração minuto a minuto de Omer –, finalmente chegamos ao hotel. Antes que pudéssemos dormir, tivemos uma última conversa com Momo Lifshitz sobre a nossa jornada por vir. Não esperava ouvir o que ele tinha a dizer. Essencialmente, disse-nos para trepar, mas que só o fizéssemos com judeus. Ele nos contou que a família judaica estava encolhendo – éramos apenas treze milhões naquele momento – e tínhamos a responsabilidade de aumentar esse número. Isso era bem diferente da mensagem do cristianismo ou do budismo, em que o devoto ideal devia ser um monge celibatário, uma monja celibatária, um padre celibatário ou uma freira celibatária.

"Considerem a Birthright uma fábrica de formar casais", disse ele. "O futuro da família judaica está em suas mãos. Abram os olhos para uma boa oportunidade. Vocês chegaram esta manhã, todos são bonitos. Abram seu coração, seus braços, e encontrem um amor judeu." Ele nos subornou para que formássemos casais. Disse que, se encontrássemos um amor judeu durante a viagem e nos casássemos, ele nos traria de volta para uma lua de mel com tudo pago.

Eu estava cansada, mas não era boba. Já tinha dado uma boa olhada em todo mundo. Sondei primeiro as mulheres para avaliar a concorrência. Criei um gráfico mental com todas nós – olhos grandes, pele clara, cachos fartos, bunda firme e corpo magrinho ganhavam pontos a mais. No entanto, quando dei uma olhada nos caras, percebi que meu esforço tinha sido em vão. Nenhum dos homens chamou a minha atenção. Mas não me fechei totalmente para as oportunidades. Ainda tinha esperanças de encontrar alguém que colaborasse para o meu orgasmo. Afinal de contas, aquele era só o primeiro dia.

Fiz amizade com uma mulher de 23 anos chamada Rebecca. Ela debochou do sermão de Momo; para ela, a questão não era frutificar e se multiplicar: seu negócio era encontrar outra mulher. "Mulheres conhecem mulheres", disse ela. "A conexão entre as almas é mais profunda." Ela era uma judia lésbica.

Havia todo tipo de judeu em Israel, não só os estereótipos que encontramos nos Estados Unidos, como advogados, médicos e gente de Hollywood. Havia faxineiros judeus, mendigos judeus, judeus maus, judeus altos, judeus feios, judeus pequeninos, tinha até judeus de nariz pequeno e, claro, motoristas de ônibus judeus nos levando para todo canto. Nos dias seguintes, fomos a Haifa, Cesaria, Akko e Safed, uma antiga cidade cabalista. Enquanto estávamos lá, perguntei a Abraham, um artista cabalista, se a cabala era sinônimo de sexo, como dissera o Rabino Levine.

"Não sei do que você está falando", respondeu. Por que todos se faziam de ignorantes? Ele parecia determinado a me bater na cabeça com a máquina de cartão de crédito, que usava enquanto todos do grupo juntavam-se para escolher suvenires entre as suas pinturas.

"A cabala é vida", ele disse, olhando-me de cara feia. Em seguida, voltou a passar cartões de crédito.

"Num certo sentido, vida não é sexo?", perguntei. Ele não disse nada, talvez porque eu tenha falado baixinho. Temia ficar com um MasterCard marcado na testa. Pelo menos não tentou me vender uma garrafa de água especial por dois dólares e cinquenta como fez o Kabbalah Center de Manhattan quando fui até lá fazer perguntas. Em vez disso, comprei uma gravura por cem shekels que poderia apontar como prova quando voltasse para casa e dissesse: "Ei, olhe só, já fui a Safed!".

À medida que passavam os dias, as chances de encontrar um parceiro diminuíam significativamente. Minha mãe sempre disse que eu me daria melhor com rapazes judeus; já teríamos algo em comum de saída. Meus avós falavam a mesma coisa. "Todos nós, judeus, crescemos da mesma maneira, comendo salmão defumado e cream cheese", dizia o meu avô.

Contudo, apesar do que dizia minha família, em meu despertar judaico descobri que um bando de homens judeus de vinte e poucos anos não é diferente de nenhum outro bando de humanos do sexo masculino. Nosso grupo regrediu para algo semelhante a uma excursão de adolescentes. Ficávamos até tarde da noite bebendo. Pude conhecer – felizmente, não experimentei – o *shocker* (quando um cara enfia os dedos na boceta e no cu da mulher ao mesmo tempo), o *superman* (quando um cara goza nas costas da mulher e coloca um lençol por cima para que ela fique com uma capa quando o esperma secar) e o encantador acrônimo GASP, de Gordura na Área Superior da Boceta. Ótimo, mais uma coisa divertida para me deixar insegura.

Omer levava seu trabalho muito a sério; quando pegava no microfone, parecia orgulhoso como Poseidon segurando o tridente. Geralmente, quando eu perguntava alguma coisa, ele dizia "Mara, isso não é relevante" e voltava a falar, enquanto eu ficava lá, em meio a alguma ruína, perplexa. Os rapazes do grupo chamavam Omer de espanta-xoxota. Esse era o seu jeito estranho de dizer que era incapaz de conseguir uma boceta. Era muito importante para os rapazes determinar quem era capaz de conseguir uma boceta. Mal sabiam eles que, quanto mais se referissem à boceta como um objeto diante das verdadeiras detentoras da dita cuja, menos chances teriam de conseguir uma.

Foi então que a minha carteira desapareceu – não perdi a carteira; ela desapareceu. Afinal de contas, estávamos em Tiberíades, perto do Mar da Galileia, onde Jesus andou sobre a água; fenômenos estranhos obviamente aconteciam por lá. Todos uniram-se na busca pelo meu dinheiro. Nunca o encontramos. Tentei que Omer me ajudasse a ligar para o meu banco no estrangeiro. Quando bati na porta do seu quarto, ele estava ocupado assistindo a um jogo de basquete. Ele era o meu Judas, um completo idiota, e não desgrudava os olhos da tela. Fico imaginando se o que aconteceu comigo a seguir tinha relação com o fato de estar a poucos quilômetros da cidade natal de Maria Madalena. Talvez fosse a escassez de parceiros em potencial ou aquilo que enfiara na fenda do Muro. Fosse qual fosse o motivo, quando ele fechou a porta na minha cara tive uma forte sensação "lá". Era como se toda a minha região central estivesse mergulhada num balde de gelo – era muito frio, mas quente ao mesmo tempo.

Será que Omer era O Escolhido? O judeu que colaboraria com Clitty Rose para um orgasmo?

Depois de passar uma hora ao telefone com o banco e uma hora assistindo às pessoas se embebedarem, voltei para o meu quarto e fantasiei Omer e eu nos pegando durante os intervalos do jogo. Eu dividia um quarto com Rebecca; ela voltou tarde e me acordou. Seus olhos estavam arregalados.

"O que é isso?", perguntou, apontando para o próprio queixo. "O que é isso?"

Seu queixo estava ralado. Parece que a lésbica do grupo tinha sido a única a trepar com um cara. Ela estava tentando cumprir sua missão de judia, mas totalmente por fora dos males que os pelos faciais podem causar. Não sabia o que pode fazer uma barba malfeita.

"Juro que vou continuar gay para o resto da vida", declarou. Bom, esse é um meio de manter a pele lisa.

Enquanto rumávamos ao norte para as Colinas de Golã e depois descíamos para Tel Aviv, Omer ainda tinha seus momentos maçantes, mas me peguei mais atenta. Mesmo durante a sua lenga-lenga, ficava fascinada só de vê-lo apontar um mapa, movendo os dedos para cima e para baixo do oblongo território israelense.

Ele era dominador, impaciente e meio babaca, sem falar que usava o mesmo casaco todo dia. Nunca nos daríamos bem.

Será que esse era o motivo de querê-lo tanto?

No meio da viagem, oito soldados israelenses juntaram-se ao grupo. Lá estava a minha grande chance de interagir com nossos colegas israelenses. Como seria o orgasmo de soldados israelenses? Coletei alguns dados com eles. Veredito: eram muito orgásticos, com exceção de um. Ele contou que, apesar de fazer sexo, não conseguia gozar há seis meses, pois a vida não tinha mais importância, nada mais tinha importância. "Agora sei como as mulheres se sentem", disse ele.

Hummm.

Seguimos para o acampamento beduíno no deserto de Negev. Passaríamos a noite com eles. Lá, poderíamos ver como judeus e muçulmanos eram capazes conviver como amigos. Curiosamente, Cisjordânia e Gaza não estavam nos planos para esse fim. Mas estou divagando.

Camelos vagavam diante das barracas. Andávamos neles. Enquanto estava lá em cima, na corcova de um, adquirindo a minha própria pata de camelo à medida que as minhas calças subiam, conversei sobre sexo com a menina que andava comigo. Ela disse amar orgasmos, mas não tanto sozinha – o ato sexual com outra pessoa fazia bem à sua autoestima.

Os beduínos nos mostraram uma tradicional cerimônia do café, depois da qual poderíamos fazer perguntas por meio do nosso tradutor. Minha pergunta sobre os efeitos da circuncisão feminina foi convenientemente ignorada. "Inapropriado", Omer me censurou.

Estávamos nos arrumando para o jantar – um tradicional banquete beduíno, em que poderíamos usar as mãos para encher a cara de comida. Omer estava conversando comigo, Rebecca e outra menina. Ao se levantar, olhou para mim.

"Seus olhos são uma ilusão", disse ele. "Não são tão grandes quanto parecem."

"Uma ilusão?", perguntei atônita.

"Não é que sejam grandes", continuou. "São só o que vejo quando olho para você."

"Por quê?"

"A cor, não sei."

Abri a porta atrás dos meus olhos e deixei que ele entrasse. "Talvez seja um problema de tireoide", disse eu, tentando flertar.

Ele sorriu. O riso lhe caía muito bem.

Ele andou na minha frente. Omer tinha pele bronzeada e ombros largos que se elevavam cerca de trinta centímetros acima dos meus. Fumava um cigarro. Eu andava pela nuvem de fumaça vertiginosa. Ela formava curvas sinuosas, quase círculos, que se assemelhavam a grandes Os – grandes orgasmos, pensei. Agradeci ao Muro por me fornecer uma luz palpável, que agora sentava-se bem diante de mim para comer.

Rebecca notou meu olhar sôfrego. "Não deixe que escape", disse ela ao passar. Àquela altura, sua escoriação tinha se transformado numa espécie de calosidade.

No dia seguinte, fomos a Masada, uma fortaleza construída pelo rei Herodes, o grande. Alcancei Omer assim que chegamos a um platô, depois de subir centenas de escadas. Podíamos enxergar quilômetros à nossa frente. O marrom-claro do chão encontrava o azul-claro do céu no horizonte. Omer nos contou sobre um suicídio em massa de judeus que ocorrera no século I d.C. "Eles preferiram morrer a se submeter ao controle romano", relatou. Quando olhava para ele, não reparava mais em seu estranho corte de cabelo. Notava seus lábios grossos. Havia uma migalhinha no canto da boca; eu queria lambê-la. Descendo a montanha, ele disse que eu precisava de um nome hebraico. Chamou-me de Noa. Noa significa movimento. Minhas entranhas se contorceram.

Fiquei tão concentrada em encarar Omer que acabei esquecendo o meu propósito de desvendar minhas raízes orgásticas. Ehud, um vendedor de joias, ajudava turistas em sua loja quando me dei conta da mancada. Comecei a conversar com ele.

"Só dez por cento das mulheres têm orgasmo, correto?", perguntou.

"Não, muito mais", respondi, "mas é difícil para elas durante o sexo."

"Então como conseguem?", continuou perguntando. "Num selim de bicicleta ou algo assim?"

"Não, a masturbação dá conta do recado", disse eu.

"Ah, sim, masturbação."

"Você considera o orgasmo importante?", perguntei.

"Cinquenta por cento do mundo é mulheres", respondeu. "Se todas podem ter orgasmo, elas seriam mais felizes. Quanto mais feliz, isso faria o universo mais feliz."

Gostei da sua visão positiva, então comprei um par de brincos dele. Quando chegasse em casa, poderia apontar para os meus brincos e dizer: "Comprei isso aqui perto de Masada, onde os judeus se mataram certa vez".

Em seguida fomos para Elat, uma cidade-resort perto da fronteira com o Egito. Nós nos arrumamos para uma noitada, primeiro sairíamos para jantar e depois dançar. Fomos ao Caldo Brazil, uma churrascaria brasileira. Eu não estava com fome, mas estava com sede. Havia vinho tinto no meu copo.

Em seguida, não havia mais.

Meu coração batia rápido enquanto nos dirigíamos a um bar chamado Unplugged. Eu caminhava com Omer. Ele dizia que Israel é o que há de mais precioso para os judeus; valia a pena lutar por isso, disse ele. Retruquei dizendo que lutar não melhoraria nada, mas só queria provocar. Disse que só haveria paz na Terra no dia em que enfrentássemos alienígenas, um inimigo comum para nos unir. Então, lutaríamos no espaço.

Mas o que eu realmente queria dizer era que curaríamos o mundo mais rápido se ele começasse a focar a minha região pélvica.

Não queria perder a sensação na minha região pélvica. Só tinha dois dias para fazer alguma coisa acontecer, para finalmente experimentar aquele negócio de orgasmo com paixão.

"Eu queria dizer uma coisa. Espero que não leve a mal ou fique ofendido, mas..."

Ele me olhou e disse: "Vá em frente".

"Ééé... Tenho uma enorme queda por você. Grande mesmo."

De repente, senti-me como uma criança de dois anos. Ele era um judeu de verdade. Eu era uma judia de segunda categoria da diáspora. Ele estivera nas forças armadas. Ao telefone, eu dissera a recrutadores das forças armadas que parassem de encher o meu saco durante o jantar. Ele atirara em pessoas. Eu vira filmes em que pessoas levavam tiros.

Meu coração estava acelerado.

"Sou um profissional", ele respondeu. "Levo meu trabalho a sério."

Merda. Eu estava prestes a ser rejeitada. Ele tinha autocontrole; eu podia gostar dele por isso. Na verdade, Clitty Rose estava mais agitada do que nunca.

"Acho você especial", disse ele.

Eu não queria saber que tipo de especial ele queria dizer, então não perguntei.

"Não posso fazer nada antes do fim da viagem", declarou, "mas posso levar você para jantar depois?"

"Pode."

Não falei com ele de novo aquela noite até que todos voltamos a pé para o hotel. Fiquei ao lado dele enquanto todos entravam.

Estávamos sozinhos do lado de fora. "Querida Noa", disse ele, "preciso dormir."

Entrou, e não pude tocar seus lábios. "Se ele olhar para trás, é porque me deseja ardentemente", pensei.

Ele não olhou para trás. Merda.

De manhã, acordei mais atordoada pelo arrependimento do que pela ressaca. O salmão em conserva do café da manhã quase me fez vomitar. Avistei Omer e disse oi; ele disse oi de volta. A única admissão da nossa conversa da noite anterior foi um ligeiro movimento de lábios. Ou será que ele só estava mastigando?

Aquilo tudo acontecera mesmo?

Quando voltei para o quarto a fim de arrumar as malas para os dois últimos dias em Jerusalém, liguei para a companhia aérea e estendi minha viagem por mais quatro dias. Não tinha nada a perder, a não ser, talvez, minha crença no despertar genital e minha dignidade.

Cada minuto que passava era como uma contagem regressiva. Sentia um calor na barriga toda vez que Omer pegava o microfone. Talvez até o meu coração estivesse esquentando. Mal podia esperar até que todos me deixassem sozinha na Terra Santa para que pudesse colocar minhas mãos na península dele. Alguma coisa tinha que acontecer. Alguma coisa ia acontecer.

Foi então que algo aconteceu. Estávamos no ônibus. O silêncio reinava – todos descansavam das aventuras da noite anterior – até que ouvi o farfalhar de uma sacola plástica vindo de algum lugar na frente do ônibus. Era lá que Omer se sentava. Em seguida, ouvi o som de quem tenta vomitar e engasga. Depois, mais farfalhares e um suspiro.

Omer vomitara.

Omer estava muito doente.

Quem fez isso? O Muro?

Fomos ao Yad Vashem, o memorial do holocausto, no último dia. Sentia-me muito culpada ouvindo a palestra de um sobrevivente porque, enquanto ele falava sobre beber a urina de outro homem para sobreviver, ser afastado da família e chicoteado nas nádegas 25 vezes por querer um nabo, eu pensava em enfiar a língua na orelha de Omer e torcia para que ele fosse bem treinado em assuntos da anatomia feminina. Mas as coisas não iam bem – Omer era a personificação de uma implosão, contorcendo-se como se alguém tivesse acendido um fósforo no seu rabo. Quando tentou exibir um sorriso, o suor empoçou na sua testa. Minha boceta estava mais confusa do que nunca. Ela encontrou algo que queria, e a coisa estava prestes a ir por água abaixo? Ainda restavam quatro dias, tinha certeza de que ele ia melhorar.

Ele tinha que melhorar.

Não, sério, ele tinha que melhorar.

"Como está se sentindo?", perguntei, enquanto passava pelo corredor. Ele me disse que ficasse em Tel Aviv nos dias que me restavam. "Vou levar você para sair amanhã", afirmou, sem fôlego, como se tivesse levado um tiro no abdômen.

Podia ver tudo: ficaríamos lado a lado quatro noites seguidas. Já escolhera os sapatos que ele usaria para quebrar o copo no nosso casamento. Amor judaico! Ganharia uma viagem grátis de volta a Israel!

Antes de rumar para o aeroporto, a fim de completar o círculo da nossa viagem, paramos uma última vez no Muro das Lamentações. Uma mulher segurava um celular próximo ao Muro para que alguém fizesse uma prece de longa distância. Achei que era trapaça. Rasguei outro pedaço de papel do meu caderno. Sentia-me muito mais focada do que na vez anterior.

Dei um tapinha na pedra. Sentia como se nós – eu e o Muro – fôssemos velhos amigos. Passáramos por muitas coisas naqueles dez dias, e não queria que pensasse que sou ingrata.

Prezado Muro das Lamentações,

Gostaria de agradecer muitíssimo a você por despertar a minha boceta – se é que isso foi você mesmo –, mas estou um pouco confusa. Alguns sinais estão embaralhados, pois o gatilho da minha recém-descoberta excitação está agora vomitando no banheiro masculino. Sei que você deve ser muito ocupado, mas podemos esclarecer isso? Mais uma vez, muitíssimo obrigada.

Atenciosamente,
Mara Altman

Tentei colocar o bilhete na fenda. Desta vez, ele não quis ficar. Tive que me abaixar e levantar várias vezes para pegar o papelzinho e enfiá-lo de volta. Foi então que, sutilmente, comecei a balançar para a frente e para trás – ainda estava um pouco inibida, menos confortável do que o resto das mulheres. Além disso, não queria que meu sexo com Deus, na frente de todo mundo, fosse óbvio demais.

Rolaram muitos abraços no aeroporto. Muitos claro-que-vamos-todos-nos-encontrar-quando-chegarmos-em-casa-e-formos-judeus-juntos. Rebecca me deu um tapinha nas costas e me desejou boa sorte com o nosso guia. Logo, todos haviam partido. Fui para um quarto de hotel em Tel Aviv apenas com a minha mala e o telefone de Omer.

Registrei diárias independentes no albergue Mugraby, na esperança de passar pelo menos uma noite em outro lugar. Pagava quarenta dólares por dia por um quarto sem banheiro, sem aquecimento e com uma cama coberta por uma manta de oncinha de aspecto vulgar. Eu me embonequei e me empetequei. Tirei pelo daqui e dali. Embelezei-me tanto quanto era possível. Tudo estava prestes a acontecer – aquela que não trepa voltaria a trepar. Fui para a cama.

De manhã, liguei para Omer de um telefone público. Ele disse que ainda se sentia mal, mas acho que ouvi um jogo de basquete rolando ao fundo. Pediu-me que ligasse mais tarde. Foi então que me entreguei a uma orgia de homus e pão branco. Sabia que estava envenenando o meu orgasmo, mas, naquela hora, não me importava.

Recusava-me a sentir pena de mim mesma e passei então à terapia de compras. Eric estava certo; isso desviava a energia sexual, mas não o suficiente. E, veja bem, todo esse tempo estava ligando para o Omer e ele ainda falando coisas sem sentido por causa da febre alta. Bom, isso era o que ele dizia.

Continuei então a busca por minhas origens orgásticas. Pensei em Momo Lifshitz, o organizador da viagem. Ele parecia versado em questões do amor; além do mais, dissera a todos os participantes do Birthright que poderíamos ligar a qualquer hora para o seu celular caso precisássemos. Sendo assim, liguei para ele e propus uma entrevista sobre orgasmo.

"É o Shabat!", disse ele. Momo sabia ficar irritado muito bem. "Você não tem respeito?"

"Desculpe", respondi, mas ele não me ouviu; a ligação foi interrompida antes que eu pudesse colocar outra moeda. Fui para o quarto e sentei-me na manta de oncinha; em seguida, bati com a cabeça no travesseiro. Eu ia chorar, eu queria chorar, eu não podia chorar. Precisava da Rori para chorar.

Meu colaborador orgástico em potencial estava me deixando na mão!

No dia seguinte, encontrei-me com uma sexóloga chamada Orit Armond. Um dos soldados israelenses me falara dela. Tivemos de nos encontrar em seu carro sob chuva forte, pois ela estava atrasada para uma apresentação sobre consolos numa despedida de solteira. A noiva não queria que me juntasse a elas. Ficamos cerca de cinco minutos conversando. A sexóloga falou sobre a masturbação entre os judeus. "Segundo as leis judaicas, a mulher deve se masturbar", disse ela. "Elas não dizem que não deve, então ela deve se masturbar!"

Mas os brinquedos de Eric não teriam ajudado; aquele anseio era muito profundo, e nenhum plástico seria capaz de preenchê-lo. Não conseguia parar de sacudir a minha cabeça de um lado para o outro. Estava estupefata com a minha idiotice. Àquela altura, eu já devia estar em Nova York, fantasiando sobre o que teria acontecido se tivesse ficado em Tel Aviv.

Orit me contou que sexo com o marido é um mitzvah, um mandamento. Para ela, se os americanos entendessem isso, preservariam melhor os casamentos. "Nos Estados Unidos, eles transam uma vez por ano", disse ela. "Não é suficiente." Foi então que me lembrei de algo dito pelo Rabino Levine. Segundo ele, existe um porém nessa história de que os judeus são abertos e orgásticos: tudo deve acontecer entre duas pessoas casadas. "Todo texto judaico clássico prega que o sexo pertence ao casamento", disse o rabino. "Fora não é bem visto, mas dentro do casamento o céu é o limite! É maravilhoso!" Ele disse até que o sexo anal é legal desde que você faça seus votos antes.

De hora em hora, minhas raízes orgásticas iam secando. Acho que o deserto é capaz de secar praticamente qualquer coisa.

No último dia, desisti de Omer. Não liguei. Ele não ligou. Àquela altura, já estava mesmo uma vaca de tanto homus, o que tornou ainda mais estranho quando a minha vulva fugiu de mim; o anel escorregou do meu dedo inchado e rolou pela Ben Yehuda, uma rua movimentada. Corri para pegá-lo. Olhei para o céu. Gonorreia espiritual – meu caso era grave.

Arrumei as minhas coisas aquela noite. Meu voo saía cedo na manhã seguinte. Fui ao Mike's Place, um bar de expatriados ao lado da embaixada americana. Comecei uma conversa com uma expatriada chamada Leah. Contei a ela sobre o meu não romance. Leah me disse que era melhor assim; ela saíra com vários israelenses, cuja ideia de "melhor" era sempre mais rápido e mais forte. "Digo a eles: 'Calma, calma, amigo', mas eles não me ouvem. Fazem o que veem nos filmes. Bam bam bam."

Ela contou que, em hebraico, todos os substantivos são femininos ou masculinos, e o clitóris é masculino. "O cara me perguntou onde ele estava", disse ela, falando de um amante que procurava seu clitóris. "Como você pode fazer amor direito quando pensa que ela é ele?"

Acho que ela só estava tentando fazer com que me sentisse melhor. Sentia-me um pouco melhor – pelo menos estava voltando a um país em que a minha anatomia, como eu, podia ser feminina.

No avião, havia um judeu hassídico grandalhão ao meu lado. Só pedi para não ser presenteada com um tossegoso. É claro que levei um tossegoso. Ele tossia através da barba encrespada, apagando toda inquietação que ainda restava entre as minhas pernas.

Talvez fosse melhor assim; eu não tinha que sofrer daquele jeito. Se ao menos tivesse falado com Fiona, pediria a ela para me dizer que tudo ficaria bem.

Havia um monte de muffins na cozinha do avião. Peguei um e trouxe para o meu assento. Ofereci a guloseima para o tossegoso, pois me sentia culpada. Abominava o seu catarro com tanta veemência que passei a abominá-lo também. Nem o conhecia. Aquilo não era justo.

"Quer um muffin?", perguntei.

"Por que você pegou o muffin se não queria o muffin?", ele perguntou de volta.

"Pensei que você talvez quisesse", respondi. "Quis ser atenciosa."

"Você não estava com fome e pegou o muffin?", disse ele. "Por que você pegou o muffin?"

"Quis ser gentil", expliquei. Se não tivesse me depilado, meus pelos teriam ficado em pé.

"Se quero comer um muffin", disse ele, "sei como conseguir meu próprio muffin."

Enfiei a guloseima embrulhada em plástico no bolso do assento à minha frente.

Expirei.

Profundo. Aquele tossegoso era profundo.

Eu tô feliz, porra!

Olhei de perto para os meus folículos, os folículos nus da minha perna. Pequenos pontos pretos. Observei-os por alguns dias. Não ficam nus por muito tempo. As pequenas proteínas brotavam da minha pele, mostrando suas pontas pretas e debochando de mim por tê-las cortado antecipadamente na minha ânsia por companhia masculina. Lembretezinhos filhos da mãe. Coisinhas mais insolentes.

Pensei em ligar para Omer quando cheguei aos Estados Unidos para saber se ele estava melhor, mas já me expusera demais. Devia ganhar um Oscar pela minha interpretação de mulher desesperada. Ficaria marcada para sempre por esse papel se aqueles quatro dias tivessem sido filmados.

Decidi que deveria ao menos checar se ele não tinha morrido.

Fui ao Google. Se tivesse morrido, não tinha morrido em inglês, pois não apareceu nenhum obituário de ninguém chamado Omer. Era possível que seu obituário estivesse escrito em hebraico, mas era mais provável que estivesse hipnotizado por um jogo de basquete naquele exato momento, hipnotizado por bolas e cestas. Bolas e cestas... bolas em cestas... bolas penetrando cestas...

E sabe o que aconteceu com o pobre Colecionador no porão? Ursula me contou que, enquanto estive fora, um médico receitou remédios para ele – e os remédios funcionaram. A pilha do Colecionador estava parada. Seu entulho estava estagnado. Estagnação – parecia pior do que o acúmulo regular de sacos, pois seu monte não tinha mais nada a fazer além de apodrecer. A lixarada estava se transformando numa grande massa pastosa.

Fiona, por outro lado, estava cansada de estagnação. Seu contrato com o espetáculo finalmente terminara, e ela viria me visitar em uma semana antes de partir para a Índia a fim de encontrar outras partes de si mesma. Garantiu-me que Omer não era para ser; os sinais eram claros, disse ela. Vômito era sempre um sinal bastante claro.

Foi então que a inevitável consulta com Rori aconteceu. Senti os pelos da minha perna roçarem meus jeans enquanto sentava-me em seu sofá. Contei a ela todo o fiasco com Omer.

Notei o pôster de Van Gogh, meu olhar desvairado acompanhava as pinceladas. Sério, aquela era uma péssima escolha para o consultório de uma terapeuta.

"Como você se sente a respeito de não ver mais Omer?"

"Bem", respondi. "Não foi culpa dele. Estava doente. Como posso ficar zangada? Não era para ser, ao menos foi o que pareceu."

"A quem você está concedendo autoridade?", ela perguntou. "A quem você está dando o direito de dar sentido à sua vida?"

Essa era uma boa pergunta, pois eu não acreditava em Deus. Acreditava em livre-arbítrio e num mundo em que as formigas são esmagadas indiscriminadamente. Ainda assim, andara escrevendo cartas para o Muro das Lamentações e trepando com Deus nas duas semanas anteriores...

"Você não está chateada porque as coisas deram errado?", cutucou.

"Não", respondi. "Foi melhor assim. Voltei a ser eu mesma agora. Meus níveis de dopamina estão ótimos. Sou uma daquelas pessoas que se recuperam rapidinho. Estou feliz."

Dei um sorriso enorme, dentes todos à mostra. "Viu?"

Ela disse que os níveis de dopamina não são tudo, embora eu merecesse crédito pelos meus mecanismos de enfrentamento. Segundo ela, eu desenvolvera mecanismos e tanto.

"Obrigada", respondi. Cuidava muito bem dos meus mecanismos. Estavam sempre prontos para entrar em ação. Sabia enfrentar situações difíceis. Era medalha de ouro nesse quesito.

Em seguida, ela sugeriu que eu suspendesse meus mecanismos. Devia deixar de lado minha necessidade de felicidade constante e sentir todas as sensações que corriam dentro de mim. Segundo ela, a excelência dos meus mecanismos me impedia de sentir emoções negativas. Tristeza, infelicidade, raiva – essas emoções estavam vindo à tona de outras maneiras. "Isso alimenta a sua ansiedade, seu medo da morte", disse ela. "Esses são sentimentos com que você já está à vontade."

"Não quero ficar com raiva", respondi. "A questão toda não é ser feliz? Só quero ser feliz e sentir o meu sexo."

"Raiva e excitação são emoções muito próximas", disse ela. "Se você não se permite sentir uma, não sentirá integralmente a outra."

Fiz seu cheque mensal com meus mecanismos em alerta total. Não parei de sorrir até a porta de saída. O dia estava maravilhoso. As nuvens estavam cinzas; um caminhão soprou fumaça preta na minha cara; minhas mãos estavam dormentes do frio; e um cara pisou no calcanhar do meu sapato enquanto eu entrava no metrô. Sorri durante aquilo tudo. "O dia está maravilhoso, porra! Sensacional, caralho!"

Não pare. Não, pare.

Um amigo meu se sentiu mal pelo meu fiasco com Omer. Ele achava que eu não deveria ter desistido do Povo Escolhido tão rápido, então me inscreveu no JDate, um site de relacionamentos para judeus. Criei meu perfil para apaziguá-lo e talvez para provar a mim mesma que podia namorar homens no mesmo continente. Além disso, Atman me fizera pensar em como todos precisam de alguém, ainda que ele tivesse escolhido passar pelo caos da vida sozinho.

"Você é parte de algo mais, de outra pessoa", disse ele. "Precisamos de amigos, um íntimo, uma alma gêmea, compreende?"

"Mas por quê?", perguntei.

"Por quê?", repetiu. "Caso contrário, você carrega o si. Fica com si. Por sinal, para ficar com si, você precisa de exercícios muito longos. Com si, você precisa de um montão de coragem."

Eu tinha coragem – talvez até um montão de coragem –, mas precisava fazer algo. Afinal, aquela era uma jornada, e eu estava aprendendo que jornadas nunca terminam de verdade. Eu conseguira ter um orgasmo sozinha, mas ainda sentia que queria algo mais, e algo mais não era apenas a resposta do Gasmo para o SIGNIFICADO DO ORGASMO, que ainda estava pendente.

Não demorou muito para que um cara entrasse em contato comigo pelo JDate. Era bonito, quase simétrico demais para o meu gosto. Chamei Leigh até o meu computador para mostrar o que tinha faturado. Ela ficou empolgada, mas em seguida começou a me alertar mais uma vez sobre assuntos do coração. Ficava feliz que estivesse me passando os memorandos que eu perdera. Leigh disse que homens gostosos e homens endinheirados podiam ficar com quem quisessem. Eu precisava de uma estratégia. Devia escrever com moderação e não podia parecer muito disponível.

Infelizmente, fui rápida no gatilho. Já tinha respondido ao cara.

Ao que parece, quebrei as regras, mas ele concordou em tomar alguma coisa. Saímos e nos divertimos. Havia muitos copos de vinho envolvidos, o que causou falhas nos meus sentidos. Nós nos beijamos na rua. Ele fazia um barulhinho esquisito no final do beijo. Mas podia ser treinado a retrair a língua em silêncio, achava eu.

Contei a Leigh sobre a noite. Ela disse que eu era boa naquilo. Achava que eu poderia aperfeiçoar meus dotes e tornar-me uma puta da comida, saindo com vários caras para ganhar refeições gratuitas. Na opinião de Leigh, os homens nos devem refeições e pequenas extravagâncias devido à eterna discrepância de salários entre os gêneros. Ela tinha métodos peculiares para alcançar a igualdade entre os gêneros.

Mas eu tinha ficado empolgada com esse cara, e não só pela comida. Esperei pelo nosso próximo encontro, que planejáramos para alguns dias depois, com um novo gingado no meu caminhar. Talvez Omer tivesse sido apenas um bom gatilho.

Jantamos e, quando saímos do restaurante, estava chovendo. Convidei-o para a minha casa. Vou culpar Clitty Rose por isso: ela clamava por atenção. Estávamos no meu quarto, e eu não conseguia relaxar enquanto trocávamos carícias. Ele era um daqueles caras que acham que os meus peitos são tampas de rosca. Pensei no Eric e em como ele me relaxara permitindo que eu assumisse o controle. Aquilo parecia incontrolável; aquela pegação estava indo para algum lugar.

"Teve muitas namoradas sérias?", perguntei, enquanto ele mordiscava o meu pescoço. "O JDate está funcionando para você? Usa o serviço há muito tempo?"

Era incapaz de calar a boca. Cada pergunta era pior do que a anterior. Fazia algum tempo, mas tudo indicava que eu ainda era muito boa em subverter um processo. Tomei a minha distância. Numa cama tamanho queen-size, consegui criar a ilusão de que estávamos em continentes separados.

Ele disse que estava ficando tarde antes mesmo de passar os olhos pelos números verdes e brilhantes do meu relógio digital. Enquanto descia as escadas, os degraus gemendo sob seus pés, senti que minha vida estava em modo de repetição. Era o mesmo cara de cabelos castanhos, olhos castanhos e compleição média descendo as escadas repetidas vezes. Eu não sabia que botão apertar para fazê-lo parar, para me fazer convidá-lo a ficar.

De qualquer forma, ele era gostoso demais.

"Encontre alguém para o seu bico", pensei.

O menino de sete anos

Fiona chegou na noite seguinte. Ela veio da sua última apresentação em Washington D.C. Eu passara muitíssimo tempo sentindo pena de mim mesma e tentando segurar as pontas. Mas quando vi Fiona, meus mecanismos de enfrentamento foram por água abaixo. Que merda de mecanismos. Eles não foram feitos para durar.

Fiona afagava meus cabelos enquanto eu criava uma poça de lágrimas na sua clavícula. Esperava que aquele fosse o tipo de confusão que antecede a ordem, como a bagunça que se instaura quando começamos a arrumar um armário muito cheio.

É uma função corporal – apenas uma sensação –, ainda assim, esse negócio de orgasmo está muito ligado a determinada emoção. Essa conexão faz com que seja muito difícil explorar um sem o outro. Amor e Orgasmo. Amorgasmo. Orgasmor.

"Eu nun... nun... nun...", disse eu, as lágrimas impedindo o livre fluxo das palavras, "nun... nun... ca vou acertar esse troço."

Pensava nos homens. Tudo indica que meu ímã de homens estava invertido; eu repelia essas criaturas. Todas elas, feito ratos, corriam na direção oposta a mim.

Meu pai me falou que eu era um daqueles indivíduos, como ele, que simplesmente *saberia* quando encontrasse a pessoa certa. Era exigente, disse ele. Mas, sério, como saber quando o que queremos está diante de nós? Em 26 anos, o único que pareceu ser o cara certo foi Evan, e isso só aconteceu depois que paramos de nos falar. E eu tinha dezoito anos.

"Você nunca tem certeza", disse Fiona. "Você precisa mergulhar de cabeça e se deixar levar."

E se "o cara certo" não fosse quem eu achava que era? Estava com medo até mesmo de tentar encontrar alguém, porque temia descobrir que o amor não era o que eu pensava ser, não era o que eu esperava ser. Para ser sincera, temia que fosse decepcionante como o meu primeiro orgasmo.

"É óbvio que já errei", continuou Fiona, "mas, Mara, relacionamentos são liiiiiindos."

Como gostava de fazer vez ou outra, ela disse "lindos" prolongando todas as sílabas, estendendo a palavra para que pudesse abarcar tudo. Um "lindos" dito dessa forma, como se pudesse entrar em órbita, me fazia querer fincar os pés no chão.

"Mas quando você chega lá", disse eu, "fica meio presa. Aonde vai a seguir? Se perde. Acaba encaixotado ou num beco sem saída."

Levei Fiona até a minha janela e disse que olhasse para a pilha do Colecionador. "Isso é estagnação", disse eu. "Isso é estar preso."

"Estagnação, prisão, perda?", questionou. "Você não se perde. Consegue ver um lado seu totalmente novo. O outro desperta isso em você. Só precisa se abrir."

"Mas como faço para me abrir?", perguntei.

"Não precisa tentar", respondeu. "Posso ver você se abrindo agora mesmo."

Eu me perguntava onde Fiona aprendera aquilo tudo. Sempre achei que ela nunca ficara sozinha tempo suficiente para aprender sobre si mesma.

"Parece que a única coisa que aprendi nos últimos cinco meses foi que sou mais perturbada do que pensava", disse eu. "Não consigo fazer nada dar certo. E se eu quiser me casar algum dia?"

Ela segurou o meu rosto e me olhou de lado. "Você quer se casar?", perguntou.

"Eu disse isso mesmo?", retruquei.

Respondi que os demônios da nossa sociedade tinham me possuído momentaneamente. Estava possuída quando dissera aquilo.

Em seguida, Fiona recomendou que não me preocupasse com as espinhas. "Preocupe-se em ser bonita por dentro", disse ela.

"Não falei nada das minhas espinhas", contestei.

De manhã, Fiona e eu seguimos nossa tradição. Embrulhadas em casacões de frio e calças de moletom, nos sentamos nos degraus da entrada do prédio tomando café passado.

Foi aí que tive uma crise existencial. Você nunca sabe quando vão acontecer.

Dois garotinhos com cerca de sete anos, creio eu, vieram até nós. Um chegou bem perto. Ele me encarou. Olhou atentamente para o meu rosto e depois para os meus pés. Uma mulher mais velha, talvez a mãe dele, estava um pouco mais atrás. Ele continuou olhando fixamente para mim.

"Oi", disse Fiona. Ele nem piscou na direção dela. Olhava com muita atenção para mim.

Será que tinha uma daquelas doenças infantis – TDAH ou transtorno de Asperger?

Finalmente abriu a boca, e com isso veio a crise.

"Você é criança ou adulta?", ele me perguntou. Disse isso com um tom meio esnobe, como se fosse culpa minha ele não saber, como se eu devesse ser mais franca em relação ao que sou.

Olhei para Fiona pedindo ajuda. Ela encolheu os ombros. Eu franzi a sobrancelha.

"Não sei", respondi. "O que sou?"

"Quantos anos você tem?", ele perguntou, pulando para cima e para baixo.

A mãe dele chegou. "Não se deve perguntar a idade a uma dama, meu amor", disse ela. "É falta de educação."

Eu disse a ela que não tinha problema. Estava desesperada por uma resposta. Precisava de uma resposta. Ele tinha a resposta. Como pode uma criancinha ter a resposta?

"Tenho 26 anos", respondi. "Criança ou adulta?"

"Você é adulta", declarou. "Gostou da faculdade?"

"Espera aí, eu sou adulta?", perguntei. "Tem certeza?"

A mãe pegou a mão do menino e o afastou. "Sinto muito", disse ela. "Desculpe por interrompê-las."

"Não", disse eu. "Não, espera, eu tenho mais perguntas! Qual é a idade limite?"

Ele já estava subindo a rua, pulando as ranhuras da calçada.

Meu sensível coração de pedra

Queria ligar para minha mãe para ver se ela já sabia que eu era adulta e lhe dar uma bronca. Por que ela não me avisou? Mas não liguei. Em vez disso, passei um tempo temendo a morte. Em seguida, adici o medo da morte caçando perfis no JDate. Queria tentar algo diferente – talvez um esquisitinho, mas não um desvairado total. Meu sensível coração de pedra estava tendo dificuldades em se abrir para os gostosões. Encontrei um cara, Hank, que parecia interessante e não era simétrico demais. Não era assimétrico, mas anticonvencional na medida certa. Era para o meu bico. Éramos igualmente medíocres.

Mediocridade física é uma qualidade valiosa. As pessoas nem tão gostosas desenvolvem caráter – nós *temos* que desenvolver. Uma garota normal como eu não consegue viver só de piscadelas.

Mas estou divagando.

Hank e eu nos conhecemos alguns dias depois. Saímos para beber vinho. Assim que entrei no bar, avistei-o com a orelha colada em seu copo d'água. Ele disse que estava ouvindo a cacofonia do espaço através do vazio do copo. Segundo ele, cada copo transforma o som ambiente num zumbido particular. "Sou um técnico de som", disse ele, como se isso fosse tornar normais as suas ações. Quando ele falava, espreitava sobre os óculos com grandes esferas cinza. Ele tinha um barrigão redondo, para o qual não estava bem preparada; culpa daquelas fotos do pescoço para cima dos perfis na internet. A barba rente castanho-clara emoldurava suas bochechas redondas e parecia segurar a papada no lugar. Uma fileira de pelos estava grande demais e obscurecia seus lábios. Nunca saíra com um cara tão cheio de pelos no rosto, e eu via aquilo como propaganda enganosa em potencial. E se não houvesse queixo sob aquilo tudo?

Ele disse que os homens deviam ficar intimidados com o assunto do meu livro, e logo acrescentou que seu pênis era tão grande que já fora confundido com uma prótese de perna.

Meu rosto ficou paralisado em posição de sorriso por tanto tempo que, na hora de ir embora, estava com cãibra nas bochechas. Mas Clitty Rose, aquela vagabunda, não disse nada em nenhum momento. E, naquela hora, eu sabia que não poderia beijá-lo, mas ele também não tentou.

O mundo das cintas penianas

Encontrei-me com Zola naquela semana seguinte. Ela tinha acabado de voltar da Índia com um cliente. Quando foi temporariamente transferido, quis que seu orgasmo fosse transferido com ele. Durante cinco semanas, ele a hospedou em hotéis cinco estrelas enquanto fazia negócios. Ela disse que foi fácil; só tinha que comer a bunda do cara com uma cinta peniana e olhá-lo nos olhos de vez em quando.

Não conseguia tirar aquela imagem da minha cabeça – Zola usando uma cinta peniana. Do jeito que ela falava, parecia tudo tão simples, como se tivessem pedido a ela que pegasse a roupa na lavanderia ou qualquer coisa parecida.

Contei sobre minha experiência com Hank. Senti que um dilema estava para nascer. Disse que a sua personalidade era ótima, mas ele não me excitava. Disse que ele não era perfeito, não fora amor à primeira vista, não fora o que eu imaginava do início de um "amor" ou de um "gostar" romântico, mas, por alguma razão, ainda não queria desistir dele.

"Odeio esse papo-furado de conto de fadas!", exclamou. Ela puxou os cabelos pelas pontas e olhou para cima. "Nunca é perfeito. Deus do céu, os contos de fada fodem com todo mundo!"

Ela me falou que era segredo, mas o Príncipe Encantado tinha seus defeitos: ele tinha mau hálito, tendência a tagarelar sobre irrelevâncias e um problema crônico de ejaculação precoce.

"Eles só não contam essa parte", disse ela, "porque menos pessoas veriam o filme." Zola me garantiu que a princesa assinara um contrato de sigilo; ela só poderia falar sobre essas questões com um analista.

"Já usou uma cinta peniana?", perguntou.

Sacudi a cabeça negativamente.

"Nunca usou?!", repetiu, espantada. "Gostaria de presentear todas as mulheres com uma cinta peniana, inclusive a minha vó." Zola achava que isso me ajudaria a me relacionar melhor com os homens. Disse que desmistificaria o pênis. "Um pênis é só um pênis", afirmou.

(Ela também enfatizou que gostaria de dar uma cinta peniana para toda noiva. "Alguém tem que perder a virgindade na noite de núpcias", declarou.)

Fui até o seu templo em Gramercy alguns dias depois. Uma seda azul-clara bordada com imagens de gansos voando pendia do teto. Havia dois almofadões sobre um tapete redondo, onde, durante as sessões, ela olhava os clientes nos olhos. Segundo Zola, sodomizar alguém com um consolo não era o momento mais íntimo das sessões de tantra, mas, sim, essa troca de olhares. Peças de tecido branco, suspensas sobre a mesa de massagem, formavam um dossel. Uma fileira de plantas ocupava o peitoril da janela, e cada parede era pintada num tom diferente de calmo.

Uma valise de couro e alguns consolos estavam sobre a mesa. "Pena que não tenho mais pênis", disse ela. "Meus amigos roubaram a maioria dos meus pênis."

"Esse aqui é enorme", comentei. Era rosa e do tamanho do meu antebraço.

"É, esse é o Ferris, o pau do vendedor de diamantes."

Ela me contou que esse cliente gostava de se chupar, mas não era flexível para isso. Então, ela usava uma duplicata de silicone – do mesmo tamanho – e ele usava sua imaginação para o resto. "Sim", disse ela, "isso é bastante narcisista, e muito excitante!"

Zola respeitava todas as peculiaridades dos clientes. Seus desejos não eram mais estranhos do que interesses culinários que ela precisaria satisfazer caso fosse chef particular.

Segundo ela, a maioria dos outros caras que praticavam felação no seu consolo peniano o faziam por motivos diversos. "Imagino que seja uma coisa psicológica de submissão", disse ela, impassível. "Eles associam o boquete à própria humilhação. É um lance BDSM."

Ela cavucou a valise de couro e tirou de lá o que parecia ser uma chupeta demoníaca. O negócio era azul translúcido e tinha pequenos espinhos em toda a volta. Zola apertou um botão e o troço começou a tremer. Em seguida, ela tocou o aparelho com o nariz. "Ele vai me fazer espirrar", disse ela. "Juro por Deus, os melhores espirros são os de vibradores."

Estava tentada a experimentar aquilo, mas logo descobri que era um plugue anal. "É um pouquinho viciante", declarou, "mas pelo menos não é crack."

Zola começou a espirrar. Foi pegar um lenço. Contava os espirros. "Sete espirros equivalem a um orgasmo", explicou. "Preciso de mais dois."

Colocou o aparelho na narina direita; espirrou mais duas vezes para chegar a sete e largou o negócio. Ela gemeu, recuperou o fôlego e em seguida voltou para o monte de parafernálias.

"Bom, voltemos ao mundo das cintas penianas", declarou. "Existem diferentes tipos de cintas. Estou tão empolgada de lhe apresentar a esse mundo. Ali está um tipo fio dental. Esse aqui está mais para uma saqueira", disse ela, segurando um apetrecho de couro vermelho escuro. "Preciso polir essa belezinha." Abaixou-se para que eu pudesse enfiar as minhas pernas e levantou o negócio sobre o meu jeans até a minha cintura.

"Ai, desculpe", disse ela. "Estou te tratando feito bebê. Você é perfeitamente capaz de vestir seu pau sozinha. Desculpe."

Ela contou que a primeira vez que colocou um pau sentiu-se ilimitada. "Senti como se o mundo fosse cheio de oportunidades sem fim", afirmou. "Senti-me muito maior."

A questão não era tornar-se homem – "Amo minha boceta! Amo minha boceta!", ela me garantiu –, mas compreender que não havia nada de sagrado e divino em carregar um pau.

"Numa cultura tão centrada no homem", disse ela, "é bom pegar aquele falo e declarar: 'Você não está fora do meu domínio'."

Agarrei o meu pênis, um pau negro de quase dezoito centímetros. Inclinei-me para a frente e balancei o pau para lá e para cá como se estivesse lutando esgrima. "Touché!"

"Isso mesmo", disse Zola. "Gostou da sensação? Cuidado. Você pode fazer um estrago com isso aí!"

Virei-me para o espelho e dei uma boa olhada em mim. Zola me mirou com uma câmera.

"Você acha que o meu pau é muito grande ou muito pequeno?", perguntei. Não fazia nem dois minutos, e eu já sofria de insegurança peniana. Estava bastante ciente de onde ele estava, do que estava fazendo. Sentia-me vulnerável em relação ao meu pau.

"É do tamanho perfeito para muitas pessoas", ela respondeu, legitimando o meu pênis. "Um pouco grande para uma bunda destreinada, mas perfeito para mulheres."

Senti-me melhor por um minuto, mas logo comecei a desconfiar dele novamente depois que vi o meu reflexo na janela. "Você tem certeza de que tem um bom tamanho?"

Hoje em dia, quando Zola coloca suas cintas penianas, ela o faz sobretudo a trabalho. Ela conta que, pelo que vê no seu trabalho com homens, é bastante regenerador psicologicamente ser um cara e ter um troço no cu. "Deixar que outra pessoa veja a sua merda", disse ela, "afinal, é literalmente de lá que vem a merda, 'Ai, meu Deus, ela pode ver a minha merda... ahhh', e toda a vergonha que se abre, e que alguém possa estar tão perto de algo que você protegeu por tanto tempo sem te rejeitar – a sensação é ótima."

"Então você vê a merda dos caras?", perguntei.

"De vez em quando, sim", confirmou. "Existem algumas pessoas, advogados corporativos mais velhos, que costumam sofrer de constipação. É sempre chato quando você está fodendo os caras com um pau grande e ele topa com uma coisinha marrom. Aí você pensa: 'Tem merda na ponta do meu pau'."

Tirei a minha pemba preta e coloquei o pau gigantesco do Ferris. Ele mal passava pelo anel estabilizador. "Não me namoraria se tivesse um pau desse tamanho", comentei. Estava curvada para a frente devido ao volume. "Isso aqui colocaria qualquer vulva em perigo."

Apertei meu pau no lugar. O peso estava afrouxando o cinto. "Comer alguém com uma cinta dessas não reduz a minha feminilidade", declarou Zola. "Na verdade, me sinto uma mulher inteligente por ser capaz de me somar a isso."

Sentei-me na mesa de massagem. Meu pau se dobrou entre as pernas.

"Na nossa cultura, temos essa coisa bem artificial", afirmou Zola. "O pau deve ser como pedra, sempre duro, mas ele não é algo estático e inabalável. É belo quando mole, belo quando semiereto, belo quando duro, belo ejaculando. É cíclico e belo em todas as fases, assim como as mulheres."

Notei um pequeno sulco na ponta. "O que foi isso?", perguntei.

"Um dos meus clientes..."

"Ele mordeu?"

"Pedi que mordesse", disse ela. "O sexo pode ser assustador e confuso. Foi tão bom quando ele mordeu o meu pau, rolou uma enorme liberação de energia, e foi ótimo legitimar o cara enquanto fazia aquilo."

Meu pau representava dor para alguns. Representava prazer para outros. Fertilidade para as massas. Era algo poderoso.

Era algo complicado.

Ela disse que ambos os sexos encerravam o feminino e o masculino. "Acho importante experimentar todos os aspectos da nossa natureza", afirmou. "Não somos todas delicadas, femininas e educadas, nem estamos todas sempre prontas para receber o pau. Podemos amarrar uma pemba gigante e comandar grandes empresas, e os homens podem ser delicados, tímidos e recatados."

Ela olhou para o meu pênis mole. Ele estava sobre a mesa.

"Meu Deus", exclamou, "você está acariciando o seu pau!"

Olhei para baixo. Não tinha nem notado. Meu pênis estava tão exposto, era difícil ignorá-lo.

Não conseguia parar de tocar o meu pau.

Atacável?

Depois daquela visita ao templo de Zola, comecei a acordar no outro lado da cama – acordava ao lado do aquecedor em vez de ao lado da mesinha de cabeceira. Será que isso era um sinal? Será que estava encontrando o meu outro lado – o lado masculino – ou será que só estava com frio, me achegando ao calor ainda meio dormindo?

Nessa mesma época, Samantha, do Povo do Orgasmo, voltou a ligar. Deve ter sentido as vibrações do Sabor. Eu pegara os apetrechos algumas vezes, dando um descanso para o meu indicador.

Samantha informou-me que se reunira com a família e que eles queriam me oferecer uma bolsa para o próximo curso de comunicação, que seria uma semana depois. Tudo o que eu tinha de fazer era comprar as passagens de avião. Meus sentimentos eram ambíguos: será que essa era uma ação baseada em meritocracia ou caridade para os deficientes orgásticos?

Como aquele era um curso de comunicação, liguei de volta e perguntei se poderia ficar um dia a mais para receber orientação. "Gostaria de uma tutoria em orgasmo", disse eu. Queria ampliar meus conhecimentos orgásticos, complementar aquilo que já aprendera. Sentia-me pronta para o Orgasmo – Nível 2.

"Diga o que você quer e nós lhe forneceremos", afirmou Samantha.

Antes de partir, vi Hank algumas vezes mais.

Comecei a entender como Hank conseguira chegar aos 33 anos de idade sem juntar os trapinhos. Em nosso segundo encontro, ele apareceu meia hora atrasado para o jantar japonês – cochilara e não ouvira o despertador –, mas compensou sua demora me contando sobre um tipo de café feito de grãos recolhidos das fezes de pequenos mamíferos chamados civetas, que comem esses grãos. "Isso diminui a acidez", disse ele sobre os grãos já digeridos. "O sabor fica suave!" Ele afirmou que ficaria feliz em preparar uma xícara para mim. Em seguida, desatou a falar que gostaria de ter filhos, mas disse isso usando a palavra "prole" e continuou o raciocínio com "quero borrifar os óvulos de alguém com o meu esperma". Não sei por que, mas achei fofa a maneira como ele cruzava os limites entre o nojento e o engraçado, o obsceno e o interessante. Tudo indicava que ele também perdera alguns anos de memorandos.

Até o nosso sexto encontro, que foi louco e também o último antes da minha viagem para o Acampamento do Orgasmo, ainda não nos tínhamos beijado. Ele me encontrou no meu bairro. Compramos café e nos instalamos no meu quarto para conversar. Ficamos sentados na minha cama por cerca de uma hora, o café já estava quase no fim e o sol se punha, colorindo de um dourado róseo os edifícios do Brooklyn. O tempo estava se esgotando, e ele não tinha nem me tocado.

"Você vai me beijar ou terei eu que fazer isso?", perguntei.

"Gosto de esperar até que a situação fique excessivamente constrangedora", respondeu.

Ele não fazia um som sequer enquanto beijava. Eu podia ensiná-lo a fazer ao menos um barulhinho de sucção. E ele não continuou a me beijar.

Hank relaxou e voltou a olhar pela janela. Por que não estava tentando me atacar como outros homens? Eu não gostava de homens que atacavam, ao mesmo tempo queria ser digna de ataque. Será que não sou atacável? Talvez ele apenas tivesse mais controle. Talvez ele só fosse mais maduro. Era óbvio que era mais maduro do que eu; mordi Hank, soprei framboesas no seu braço e acidentalmente babei na sua mão.

Ele levou tudo numa boa.

Quando chegou a hora de ele ir embora, preocupei-me com o momento de acompanhá-lo até a porta. Não queria ouvir aqueles degraus gemendo de novo. Mas não precisei ouvi-los porque, enquanto descia as escadas, ele tropeçou. Hank ria envergonhado, anulando o som estridente da escada.

Eu ainda questionava a nossa compatibilidade – queria querê-lo –, mas teria que resolver isso na volta do Acampamento do

Orgasmo. Convidara Zola para vir comigo, e ela concordara em me acompanhar à Fazenda Pussy Willow.

Quando estava pronta para partir, Fiona terminava de se preparar para sua ida à Índia. Ligou para mim em meio a um ataque de nervos. Estava apreensiva com a ideia de ir sozinha a um lugar novo. Nossos papeis se inverteram; eu me sentia tão à vontade viajando sozinha a outros países quanto ela em relação ao coito. Curiosamente, meu conselho para a sua viagem foi bastante semelhante ao conselho que ela me dera sobre relacionamentos. "Basta se deixar levar", disse eu. "Fique aberta para o que acontece. Nada de expectativas. Confie em si mesma."

OD e aos amigos

Eram 14h03 PWCT (Pussy Willow Creek Time). Eu esperava no chalé. Collin estava três minutos atrasado. Se pudessem ser torcidas, minhas palmas das mãos encheriam um copo de tão úmidas. Charlotte concordou em me acompanhar durante o procedimento. Eloisa e Neil também estavam lá; ele vestia um roupão de banho azul e acabara de limpar um prato de panquecas. Ele as lambuzara de manteiga da borda para dentro. "Gosto da minha manteiga nas bordas", disse ele. "O prazer vem primeiro. Nada desse papo furado de deixar o melhor para o final." Neil comentou que as minhas bochechas estavam coradas; segundo ele, isso era sinal de excitação.

"Estou nervosa", confessei. Neil arrancou flores rosa de um marmeleiro que estava plantando em um vaso. "Pare de agir como ingênua", disse ele. "Você não pode mais ser ingênua. Para com isso!" Estava prestes a me defender quando vi Collin pela janela; ele estava se aproximando com uma caixa de luvas descartáveis numa mão e um tubo de lubrificante na outra. Collin é um ODador. Qualquer um pode ser, mas suponho que ele seja um profissional do Orgasmo Deliberado. Nos últimos doze anos, ele ODou mulheres de uma a oito vezes por dia. Isso quer dizer que desde que entrei para o ensino médio, seu indicador foi responsável por algo entre 4.280 e 35.040 orgasmos. Se os orgasmos são estrelas, ele é responsável por uma pequena parcela da galáxia. Comprimi tanto as sobrancelhas que senti minhas orelhas sendo puxadas na direção do meu nariz. "Agora vá lá e divirta-se!", ordenou Neil. "Diversão!"

Encostei minha cabeça no ombro de Eloisa tentando roubar um pouco da sua manha, como se isso pudesse ser transmitido pela pele, antes de entrar no quarto.

Mais cedo naquela manhã, Zola partira para pegar um voo em São Francisco; havíamos passado os dois dias anteriores assistindo às aulas do curso de comunicação com o Povo do Orgasmo.

Na primeira noite, notei que pouca coisa mudara desde a minha última visita, três meses antes; acho até que Caleb estava com o mesmo casaco. Ainda havia muito riso. O riso deve ser a forma tangível do orgasmo excedente; ele paira como neblina na sala de estar. Eles riam de tudo – um riso desinibido do tipo joguem-sua-cabeça-para-trás-até-que-eu-consiga-ver-bem-dentro-das-narinas – especialmente quando eu não entendia a piada. Como na hora em que perguntei por que eles me ofereceram uma bolsa.

"É porque sou boa aluna ou vocês pensaram que eu precisava desesperadamente de ajuda?"

"Nem um, nem outro."

"Ahhhhh", disse eu. "É porque vocês gostam de mim."

Neil limpou as unhas com o canivete e, em seguida, levantou-se para sair da sala. "Não posso falar uma coisa dessas", disse ele. "Se fizer isso, você vai achar que eu quero te comer."

Tive cerca de dois minutos e meio para dar uma boa olhada; o Povo do Orgasmo tinha narinas limpas.

Mais uma vez, a comida era inacreditável. A Fazenda Pussy Willow merece estar no Guia Michelin. As refeições não têm aparência melhor do que comida de lanchonete, mas acertam o alvo como um banquete de Ação de Graças depois de um período de escassez – e eles não têm medo de manteiga, gordura e açúcar (o que ficou especialmente evidente depois que os vi preparar pato confit enfiando pernas de pato em um pote de vidro já cheio até a boca de um líquido gelatinoso amarelo). Eles pareciam comer o dia todo, mas conseguiam manter a forma. Neil argumentou, referindo-se às mulheres da família, que conhecer o próprio orgasmo as colocava em posição de simplesmente ser. "Elas não precisam se isolar de nada", afirmou. "Outras pessoas comem e ficam gordas; esse é um meio de se isolar daquilo que temem, seja lá o que for."

Na primeira noite, Zola gemeu num tom mais alto que o seu normal ao mastigar o jantar. Eu também fiz amor com a comida como fizera antes, mas quando avistei Collin, especificamente seu dedo indicador, na quina sudoeste da mesa metendo uma colher com cozido de carne e cevada na boca. Aquele dedo... o dedo... o dedo...

Queria conhecer, queria experimentar o que quer que fizesse com que se instalassem no meio da floresta e vivessem numa comunidade em que o orgasmo era tudo para eles – alimento, conversa, sustento e laço. Quase parecia errado – onde estava a Lei de Murphy no mundo daquelas pessoas? – viver com tanto prazer; parecia que algo tinha de dar errado. Eu me perguntava se, caso me submetesse ao dedo, cancelaria meu voo de volta e me tornaria membro da comunidade do Povo do Orgasmo. Não sabia como pedir para experimentar – será que era inapropriado? –, então mitiguei o que poderia ser entendido como interesse pessoal transformando minhas perguntas em pura curiosidade jornalística.

"O Povo do Orgasmo pode ODar seus alunos?"

Não obtive resposta, mas tive mais uma oportunidade de observar a higiene nasal do grupo.

O objetivo do curso que eu e Zola fizemos era aprender a comunicar-se com atenção e intenção. Para ter intenção, você precisa antes saber o que deseja comunicar. O primeiro dever de casa foi colocar nossas intenções, sem recorrer a palavras, em algo ou alguém durante o intervalo para o almoço e observar suas reações. Saímos para uma caminhada e vimos as porcas da fazenda, Mountain Girl e Betty, com treze porquinhos recém-nascidos. Collin apontou para eles e, naquele momento, foquei atentamente sua nuca e apertei os olhos ao mesmo tempo em que repetia na minha mente: "ODe-me, ODe-me, ODe-me". Ele não se virou até que suas botas espirraram um pouco de lama para trás enquanto andava sobre a sujeira dos porcos. Ele pediu desculpas. Ao fazê-lo, sorriu... Então, talvez parte da mensagem tenha chegado.

Não era nada romântico. Collin não fazia comigo o que Omer fizera – minha região pélvica não estava pronta para sequestrar toda a racionalidade em busca de um toque. De qualquer maneira, para o Povo do Orgasmo, ODar é um gesto amigável. Se vendessem camisetas, elas trariam escrito: "ODe aos amigos".

Fizemos o curso com outras cinco pessoas, três das quais eram homens da comunidade estendida do PO. Eles viviam com duas outras mulheres do PO em São Francisco. Neil parecia especialmente preocupado em saber se todas as mulheres na sua comunidade eram bem ODadas. Um bom, e sistemático, OD correspondia a bem-estar e felicidade. Ele acreditava que, se toda mulher fosse ODada regularmente, a indústria farmacêutica perderia uma grande parcela da sua fiel e deprimida clientela feminina.

"Como vai a ODação?", perguntou Neil, dirigindo-se a um homem esbelto durante um dos nossos intervalos. "Imagino que tenha algumas perguntas a essa altura."

O homem respondeu que era comum ficar distraído enquanto ODava. "Isso quer dizer que ela também está distraída?"

Segundo eles, se toda a atenção está voltada para o outro, com a prática, os dois compartilhariam os mesmos sentimentos.

"É claro que isso quer dizer que ela está distraída", disse Neil. "Dê um petelequinho no clitóris dela!"

Em seguida, riu. Todos riram. Naquele momento, meus pais se tornaram verdadeiros conservadores em assuntos de sexo para mim.

Achei o curso propriamente dito um pouco tedioso, mas não disse isso em voz alta porque eles têm uma regra segundo a qual se você está entediado quer dizer que você é tedioso, pois toda a sua atenção está voltada para você mesmo. Não queria que eles achassem que eu era tediosa. O dia todo, sentávamos uns diante dos outros repetindo a mesma frase – *Peixes nadam. Peixes nadam. Peixes nadam.* – sem parar, sempre no mesmo tom e sem fazer nenhum movimento facial, nem piscar. Meus olhos estavam secos e, dessa vez, não era de excitação.

Depois que o curso terminou, Zola arrumou as malas, preparando-se para partir cedo na manhã seguinte com os outros alunos. Só então, finalmente, tive a oportunidade de fazer algo orgástico acontecer. Os caras pularam no carro, ao passo que Zola continuava em pé na entrada. "Tenho que aprimorar esse negócio de intenção", disse ela apontando para a bagagem, que os rapazes não a ajudaram a carregar. "Merda, vou ter de treiná-los." Ela se aproximou do carro e ficou vermelha. Não estava envergonhada, seu rosto refletia as luzes de freio enquanto fazia sinal para que descessem do carro a fim de ajudá-la com as malas. À medida que Zola saía em disparada, depois de conseguir o que queria, eu me dirigia à casa marrom para o café da manhã.

Cada um se serviu do que queria – granola, iogurte, bacon, ovos, aveia e café. Por algum tempo, circularam em roupões de banho, absorvendo o sol que atravessava os pinheiros do lado de fora e manchava de luz a sala da frente. Supunha que já dera todos os sinais possíveis, com exceção de falar em voz alta, de que desejava ser ODada. Eram sempre tão intuitivos, mas estavam me decepcionando dessa vez.

Eles me deixaram vagar sem rumo. Andei por ali, indo de um lado a outro, sem um objetivo em mente, como uma bolinha de pinball conduzida por um cego. Julia e Kate estavam fazendo mais um tonel de cem litros de cerveja. Rondei as duas reclamando de tudo o que teria de fazer quando voltasse para casa. Julia reparou na minha tatuagem de formigas e apontou para ela. "Pelo menos você não é uma formiga", argumentou, sempre vendo o lado bom das coisas. "Não vai morrer esmagada pelo sapato de alguém."

Segui adiante.

Enquanto Collin e Caleb trabalhavam na reforma da cozinha, Dolly preparava algo. Suponho que, num dia como outro qualquer, eles eram apenas pessoas como outras quaisquer; não arrancavam o suéter, cuja gola redonda adornava o busto, e faziam orgias no jardim. Uma pequena parte de mim cogitara essa hipótese.

Finalmente, Rena me perguntou se gostaria de dar uma volta. Ela queria ir até o riacho Pussy Willow a fim de saber se o agrião já crescera o bastante para virar salada. Verdes ramos brotavam sob os nossos pés. Os olhos azuis de Rena combinavam com o seu suéter de tricô. Enquanto passeávamos pelos blocos de gelo, ainda intactos depois do forte inverno pelo qual passaram, eu tentava dizer a ela que queria ser ODada, mas, toda vez que abria a boca, meu coração pulava e as palavras se derretiam no meu pulmão.

Ela finalmente se manifestou, quebrando a sinfonia de galhos crepitantes e ventos uivantes.

"Você pode fazer acontecer aquilo que deseja", disse ela, enquanto os nossos pés afundavam no solo carregado de fertilizante. "Tudo pode acontecer."

Passamos por uma cabra chamada Dolce; Rena era bastante chegada à bichinha. Ela apertava suas tetas todo outono para fazer lattes de leite de cabra.

"O que uma pessoa precisa fazer para ser ODada", enfim perguntei. "Ou para marcar uma sessão de OD. Ou..."

"O que você quer?", disse ela sorrindo. "Desembuche."

"Quero um OD", respondi.

Ela disse que bastava pedir. "De qualquer forma, todos já sentíamos isso", declarou.

Quando nos aproximávamos da casa, Julia e Kate, ocupadas com a cerveja, sorriram como se já soubessem que algo estava acontecendo. Rena e eu entramos pela porta da frente; não sei por que, mas ver os doze pares de botas alinhados na entrada me fez lembrar que estava numa comunidade dedicada ao sexo. Aquele lugar era muito estranho, mas muito especial. Era como se explorassem tudo o que há de fundamentalmente humano – comer, foder, sentir, conectar-se – e não aceitassem nada menos do que o real. Fazia tanto sentido; eles viviam como os seres humanos do passado, em tribos, em que a principal preocupação era cuidarem uns dos outros. Era assim que vivíamos antes de nos trancarmos em apartamentos, antes de a nossa principal preocupação tornar-se ganhar dinheiro para que pudéssemos pagar acesso à internet, encontrar uns aos outros no ciberespaço e fazer o que outrora fazíamos naturalmente.

Garantiam que seu dia seria bastante flexível, pois o desejo de ODar poderia ocorrer espontaneamente e quase sempre ganhava prioridade. Collin estava na cozinha, preparando um burrito, quando fiz o pedido. Dolly me viu gaguejar e transformar a voz, muitos decibéis mais alta, até que soasse como aquelas garotas da escola que eu tanto odiava quando chamavam a atenção dos rapazes pedindo socorro por causa de uma abelha.

"Tudo bem", ele respondeu, com um sorriso largo. Collin tinha que engolir o burrito antes. Disse que me encontraria no chalé às 14h PWCT.

Collin entrou quando eu acabara de esfregar a cabeça no ombro de Eloisa. Seguiu-me até o quarto, acompanhado de perto por Charlotte, que me orientaria e daria apoio durante a minha primeira sessão de OD, como num parto Lamaze.

Charlotte e Collin decidiram que a minha primeira sessão duraria cinco minutos. (Supostamente, uma sessão de OD, conforme exemplificada durante a OGI, podia durar de alguns segundos a vários dias.) Charlotte sentou-se no canto esquerdo do colchão observando o relógio enquanto Collin concentrava-se nos seus movimentos.

"Agora é a minha vez de fazer uma pesquisinha", ouvi Neil bradar, o que foi logo seguido de risadinhas vindas do outro lado da parede.

Tirei a calça, mas continuei de camiseta, que puxei para baixo a fim de me esconder. Em seguida, pensei no que dissera Neil. Será que estava só me fazendo de ingênua? Afinal, eu tinha desejado ardentemente o OD, e agora ele estava finalmente acontecendo. Larguei a bainha da camiseta e deixei que subisse até a cintura. Collin sentou-se ao meu lado e colocou uma perna embaixo da minha. "Essa é a posição padrão para ODar", disse Charlotte.

Collin colocou as luvas descartáveis, fazendo-as estalar cada vez que enfiava um dedo – dez estalos e estávamos prontos para começar. Como os exercícios de comunicação que nos haviam sido passados nos dois dias anteriores, ele dizia tudo em tom uniforme; nada exprimia juízo de valor.

Ele disse que meus pelos púbicos pareciam um moicano. Eu tinha uma boceta punk. Uma das mãos, colocou sob o meu bumbum; com a outra, ele me lubrificou e passou a me acariciar.

Se eu não soubesse a que estava assistindo, diria que ele estava trabalhando freneticamente para resolver um Sudoku. Ele estava concentrado e impassível.

"Há firmeza no seu poço", disse ele.

"Respire", instruiu Charlotte. "Deixe que o bumbum afunde na cama."

Ao comentarem cada coisinha que acontecia no meu corpo, eles me ajudavam a manter o foco na região pélvica em vez de me concentrar na frase que parecia aflorar o tempo todo nesta jornada: *Que porra é essa que eu estou fazendo?*

"Vou suavizar os movimentos", disse ele, "conduzi-la a um auge."

"Seu rosto está ficando corado", informou Charlotte.

"Seus lábios estão ficando intumescidos", disse ele.

O rosto de Charlotte estava calmo. Ela assistia ao trabalho de Collin. Quanto mais o tempo passava, mas eu queria continuar. Eu me perguntava se ela não poderia atrasar o relógio. Não é nada mau ter alguém esfregando o seu clitóris sem nenhuma emoção envolvida, mas eu sentia falta da emoção. Olhei para o rosto de Collin. Não era alguém que eu desejasse beijar. Pensei rapidamente em Hank.

Talvez o amor não fosse como eu pensava, mas talvez eu pudesse expandir a ideia de amor, como o PO fizera com o orgasmo, para fazer caber mais possibilidades. Eu me perguntava o que Hank acharia do OD.

"Agora você está intumescida", disse Collin. "Cerca de um centímetro de espessura. Sinto uma espécie de estalo quando seu clitóris passa pelos meus dedos."

Ele movia levemente seus dedos para frente e para trás; o movimento era tão sutil que não chegava a ser visível do meu ponto de vista. "Pimba", disse ele. "Bem aqui. Sente?"

E eu senti espasmar um nervinho na minha perna. Minha boceta punk se contraiu como se tentasse fazer sincronia labial. Para o PO, o orgasmo não é necessariamente alcançado ultrapassando o limite, mas explorando e prolongando a sensação extrema, que ocorre no limite do limite. Eu estava navegando o limite.

"Pimba", disse ele. "Bem aqui."

"Ah", exclamou Charlotte. "Ela gostou disso. Isso foi muito bom."

"Estou me reposicionando sob o seu capuz", disse Collin. "Ah, você tem um belo tom arroxeado. Agora está ficando mais avermelhado."

Charlotte apontou para o relógio. Estava na hora de Collin encerrar.

"Agora vou diminuir o ritmo", disse ele, fazendo movimentos mais longos e pesados. "Essa foi uma boa aterrissagem."

Sentia-me como se tivesse passado meia hora na sauna. Meu corpo estava relaxado, mas meu clitóris parecia uma maraca em ação – vários grãos se agitavam lá dentro.

Collin pegou uma toalha de orvalho e a pressionou contra o meu púbis (ou, como eu aprendera em Israel, a minha GASP).

Eu sorria largamente. Vi o reflexo da minha expressão no rosto deles.

Levantei a mão para o alto. Suponho que isso não fosse habitual depois de um OD, pois recebi um relutante, embora simpático, *high-five* de cada um.

"Agora o que eu faço?", perguntei, esparramada no meu ninho de travesseiros.

"O que você quiser", Charlotte respondeu. "Aprecie a sensação agradável no seu corpo."

Eu me sentia bem – vibrações no meu peito e pequenos ramos de sensação que brotavam da minha região pélvica e chegavam até os joelhos.

"Isso faz parte do nosso dia a dia", disse Charlotte. "Sinto o desejo surgir e faço uma sessão de OD. Sempre que quero, ganho."

"Do ponto de vista masculino", comentou Collin, "quando a mulher deseja, consigo sentir. Agora mesmo, estou sentindo Rena."

Collin e Charlotte deixaram que eu tirasse o excesso de lubrificante, que transformara o meu moicano num jheri curl*, e levantasse as calças. Quando terminei, fui até a casa marrom, onde todos circulavam, prontos para pular em mim e perguntar como fora a primeira sessão de OD.

Disse a Rena que fora ótimo.

"Por que você não pede outra?"

Contei que partiria naquela noite, em algumas horas.

"Ainda é possível", respondeu. "Tudo é possível. Você só precisa pedir."

---

* Penteado, popular entre os afro-americanos nas décadas de 70 e 80, em que o cabelo ondulado tem aparência de molhado. (N.T.)

Fácil assim, cutuquei o Collin no ombro. "Cinco horas?", perguntei, levantando a sobrancelha. Ele aceitou com prazer.

Aquelas mulheres tinham a vida ganha; a qualquer momento, era só dar um tapinha nas costas de qualquer um dos caras e ganhavam uma massagem no clitóris.

"Cinco minutos de novo?", perguntou Charlotte, quando já estávamos de volta no chalé.

"Seis", respondi, enquanto Collin colocava as luvas.

Depois da segunda sessão de OD, deixaram-me sozinha de novo. Comi algumas fatias de cheddar; estavam tão gostosas que só podiam ter sido feitas em casa. Olhei a embalagem: Traders Joe's. Acho que tudo fica mais gostoso quando o orgasmo está no ar.

Precisava arrumar as malas; Eloisa e Charlotte me levariam ao aeroporto. Talvez a razão de me sentir tão mais confortável com eles do que na OneTaste – afinal, eles desempenhavam atividades semelhantes – estava ligada ao fato de que eu podia partir. O PO, como a maioria dos homens que eu costumava escolher, não vivia na minha cidade. Era seguro desfrutá-los quando estavam a um longo voo de distância. Bom, parte de mim era capaz de me imaginar tirando as calças constantemente – hedonista, como quem satura de manteiga cada mordida. Ainda assim, passar o dia todo massageando o meu clitóris? Não acreditava que isso pudesse satisfazer as minhas ambições. Imagine minha lápide:

Viveu uma vida de bons orgasmos.

Não queria ser lembrada assim; havia mais a conquistar. Além disso, existiam aspectos da vida na fazenda do Povo do Orgasmo que não funcionavam para mim. Em especial, não gosto de compartilhar.

Assim que terminei de arrumar tudo, fiz a minha ronda, despedindo-me de cada um deles. Ninguém disse muita coisa, mas seus abraços diziam tudo. Eles se expressavam por meio do contato físico. Eles me sorviam enquanto apertavam tão forte que chegavam a afundar em mim. Nós nos fundíamos de tal maneira que, se eu estivesse fedendo, o cheiro passaria a ser deles também. Mais um apertão e eles me soltavam, deixando-me com algo que eu não tinha antes. Neil estava de pé próximo à cozinha, olhando pela janela. Mais uma vez, estava retirando com o canivete o que quer que tivesse se acumulado sob suas unhas. Talvez o hábito fosse uma questão de consideração; talvez ele quisesse garantir que seu dedo de ODar estivesse sempre bem cuidado.

"Obrigada por me receber", disse eu.

"O prazer foi meu", disse ele, sem um pingo de ironia. Em seguida, desviou o olhar para a direção do riacho Pussy Willow.

O carro já estava ligado na entrada me esperando.

"Talvez sete minutos da próxima vez", disse ao Collin, dirigindo-me para a porta.

"Não vamos nos empolgar", disse ele. "Seis e meio."

As narinas de todos, fico feliz em relatar, ainda estavam limpas.

Entrei no carro; Charlotte pisou no acelerador que me levaria de volta ao meu mundo, onde a Lei de Murphy perdurava com aqueles que sempre esperam o pior. Gosto desse mundo. Sentia falta dele. Você nunca sabe quando será esmagado. Quando finalmente chegamos à civilização, onde meu celular pegava, recebi uma mensagem. Era de Hank, dizendo que estava empolgado para me ver.

Charlotte me deixou na calçada. As duas saíram para mais um abraço de despedida. Senti um cheiro acre e levemente apimentado no cabelo da Eloisa. Puxei a mala até a entrada do meu terminal.

Havia orgasmo no ar.

Caspa na barba

Hank e eu atacamos uma salada quente de cogumelos. O sabor, mesclado à cremosidade do abacate, era excelente. Estava ocupada explicando as sessões de OD. Ele riu da ideia, revirou os olhos. Comentou que soava idiota, meio impessoal também, como fazendeiros que masturbam o gado para fins de inseminação artificial. "Muito estéril", opinou. "Não toco as minhas namoradas como se fossem vacas."

Ele não entendia. E, para dizer a verdade, eu também não entendia totalmente. Mas era muito protetora em relação ao Povo do Orgasmo. Encarei seu descaso como uma afronta à nobreza orgástica do PO. Não disse a ele que estava considerando fazer do OD um hábito. Podia pensar em hobbies piores.

Aguardara ansiosamente nosso reencontro – achava que gostava dele –, mas agora só conseguia pensar na sua barba. Dessa vez, ao beijá-lo, parecia que estava trocando carícias com um alce que acabara de enfiar o focinho no rio – molhado e espinhoso. Pequenas partículas brancas se escondiam nos fios da barba. Com as sobrancelhas erguidas, peguei uma e mostrei para ele.

"Caspa", ele explicou.

Esfreguei a mão no jeans, dei um sorriso amarelo e esqueci-me de piscar por um minuto. Até o cheiro dele – eu não achava que nossos perfumes corporais combinavam. Esse não era um sinal promissor. Eu lera em algum artigo que o discernimento olfativo pode determinar a compatibilidade genética. Não conseguia parar de pensar no futuro: se decidisse procriar, não queria um zigoto que fosse um desastre feromonal. Já existem obstáculos suficientes para um crescimento mitótico saudável nos dias de hoje.

"Você está bem?", perguntou, comendo uma batata roxa; ela tinha a cor das veias de um ser humano. Lembrei-me das mãos de Omer. Queria seguir seus vasos com a ponta do meu dedo até seu...

"Você parece um pouco distante", continuou Hank. "Meio fora do ar."

Um alce com caspa na barba: aceitável.

Um amigo com caspa na barba: aceitável.

Um amante em potencial com caspa na barba: inaceitável.

Um parceiro, um reflexo do eu? Por mais relutante e doentio que esse ponto de vista fosse, era assim que eu encarava as coisas. Ele estava se aproximando cada vez mais, afetando minha identidade sem caspa. Eu estava sendo hipercrítica, montando minha lista de qualidades negativas. Logo poderia me distanciar e implorar a Rori que me ajudasse a lamentar enquanto eu me perguntaria por que não tinha dado certo.

Baixei o garfo. Levantei o drink. Havíamos pedido sangria. Comemorávamos. Eu voltara de um fim de semana prolongado no Acampamento do Orgasmo. Estávamos juntos novamente. Tantos encontros – pelo menos sete até ali –, tudo por causa de uma conexão à internet. Aquilo não era de se desprezar. Que celebração.

Eu tentava pescar um pedaço de maçã no copo.

Hank balançava as pernas. Estávamos sentados nos bancos do bar. Havia um abismo crescente entre nós; ele tinha que falar alguma coisa. "Estou acostumado a ser o astro das minhas histórias", disse ele, referindo-se ao meu livro. "Ainda não sei como me sinto tendo um papel secundário na história de outra pessoa." Aquilo fazia sentido. Às vezes, nem eu mesma confiava em mim como minha narradora. E, porra, lamentava não ser onisciente. Queria saber exatamente o que todos estavam pensando. Não dá para ter tudo, a menos que você produza harmonia como o Povo do Orgasmo. Depois que voltei, tive um sonho em que todos eles estavam num conversível vermelho. Óculos escuros no rosto. Braços ao vento. Seus indicadores, como varinhas mágicas, apontavam para qualquer objeto na beira da estrada. Só de concordarem, transformavam substantivos em verbos a todo momento. Quisessem o que quisessem, transformavam sua realidade conjunta para consegui-lo.

Hank me perguntou se, no livro, ele poderia ser um cozinheiro do McDonald's com três testículos para esconder sua verdadeira identidade. "Sou reservado", disse ele. Sinceramente, não gostaria de sair com um idiota que quisesse aparecer num livro. Qualquer um que goste desse tipo de escrutínio é doente (doente como eu, suponho). Ambos concordamos com a nova identidade, então concedi a ele o título de chapista com três bolas. Mas, até onde eu sabia, ele podia ter um testículo extra. Havíamos saído várias vezes, mas ainda não tínhamos tirado a roupa.

"Não estou muito acostumado a falar abstratamente sobre orgasmo", comentou. Acho que Hank estava querendo dizer alguma coisa. Olhei para a sua barriga enquanto ele levava outro funghi em direção à sua caspa. Era como se tivesse meia bola de Pilates lá dentro. Comer demais é um pecado nesta cidade, mas só quando os efeitos se alojam no corpo. Mas quem era eu para reclamar?

Andamos na direção do apartamento dele. Nós nos beijamos numa esquina enquanto a mãozinha vermelha piscava, dizendo-nos para não atravessar. Não era seguro. Senti aquilo de novo; aquela barba, tão bestial. Ele me convidou para o seu apartamento. Vi a placa do metrô. "Depois", disse eu, abraçando Hank toda carinhosa, como se não estivesse pensando tudo aquilo que pensara a noite toda. Corri escada abaixo sem olhar para trás. Sabia que tinha problemas com limites, mas não sabia de que tipo. Quando Rori me perguntou sobre o assunto, só pude falar da imagem que apareceu na minha cabeça. Pensei numa corda disposta em círculo no chão, e eu estava a cerca de um metro do lado de fora.

Eu não fazia sexo há muito tempo. Já tinha quase um ano. (Quando contei isso a Hank, ele disse que chamaria a APB – Associação de Proteção às Bocetas. Ele falou que se candidatara a pênis adotivo.) Eu me distanciara demais da cumbuca da sopa primordial.

Naquela noite, eu me comi. Meu problema orgástico nasceu, em parte, porque eu esperava que outra pessoa fizesse o trabalho por mim. Achava que os namorados me dariam o orgasmo. Assim, não teria de desenterrá-lo eu mesma. Rodopiei o Sabor. Estava na minha cama sobre uma toalha. O tubo de lubrificante que Eric me trouxera, ainda na metade, derramava enquanto eu mandava ver. Senti-me um pouco culpada por usar o vibrador depois de voltar de uma comunidade que só funcionava a dedos.

Quando conversei com Zola sobre o vício em vibradores, ela disse que não me preocupasse, mas me contou que, toda vez que começa a se sentir dependente, se abstém do vibrador por duas semanas. "A escolha é sua, moça", disse ela.

O clímax não vinha fácil. Eu pensava: "Esse negócio não está certo". Estou sexando com o pessoal do sexo, estou sexando sozinha, mas não estou sexando com o pessoal do amor, as pessoas que realmente se importam. Algo estava de cabeça para baixo, e não era só o Sabor, que trotava feito um pônei altivo no meu clitóris.

Eu estava lá deitada, nua. Cheirei a ponta do meu equipamento. Fiona diz que sempre experimenta seu suco de boceta para acompanhar as mudanças do seu ciclo. Agora gosto da minha boceta, gosto mesmo. Posso fungá-la e até apreciar seu aroma – seu cintilar – numa boa, mas não vou colocá-la em meu trato digestivo. Não vou mesmo; não esperem isso de mim. Gosto de manter alguns limites intactos.

Hank conhece Earl

Proibi Eric, e qualquer outro de quem já tenha sido íntima, de chegar perto da minha região umbilical. Nada de umbigo. Essa é apenas uma regra que sempre impus. Tocá-lo deixa meu interior irritadiço. Aparentemente, Eric era incapaz de aceitar a realidade de uma região epidérmica inacessível. Procurou, então, os conselhos de uma especialista em umbigos e me encaminhou a resposta. Ele falou que desejava me encontrar em breve para explorar as emoções reprimidas naquele meu nozinho, o que provavelmente derivava da prática ocidental de cortar o cordão preventivamente – essa era apenas uma das muitas suposições da especialista – e também para realizar a manutenção de rotina da minha capacidade masturbatória. Mas isso teria que esperar, disse ele, pois o homem que apresentara a Betty o uso do vibrador durante o sexo, um momento marcante no seu desenvolvimento como filósofa sexual, acabara de falecer. Eles estavam de luto.

Enquanto isso, queria desesperadamente querer Hank. Eu queria muito querê-lo. Ao mesmo tempo, tentava espantá-lo. Tentei dizer a ele tudo de desagradável sobre mim. Contei que cheirava o meu sovaco para me inspirar. Contei que roubava bolinhos chineses de supermercados. Contei que gostava de usar óculos de Groucho com o narigão e bigode preto em eventos formais. Mas Hank continuava a me ligar – não sei dizer por quê. Eu já teria terminado comigo àquela altura. Se tivesse que esperar um mês e meio para fazer sexo comigo, sem falar na possibilidade de revelação pública de todas as minhas inseguranças e táticas na cama, eu me dispensaria imediatamente. Imediatamente. Na verdade, se uma pessoa pudesse se dispensar, provavelmente eu já teria me dado um pé na bunda. Mas nós nos víamos dia sim, dia não. Algo me fazia voltar. Eu me surpreendia toda vez que me via lá, sentada diante dele ou consumindo sua essência com a minha boca. Nossas salivas se misturavam muito mal. Cheguei a perguntar a Ursula sua opinião sobre o assunto. Não dá para viver com uma combinação de baba ruim. Isso deve significar alguma coisa.

"Dê tempo ao tempo", disse ela. "As coisas podem mudar se você souber esperar."

"Isso já aconteceu com você?", perguntei.

"Não", respondeu. "Mas namorei um cara que nunca lavava os pés."

"E o que aconteceu?", perguntei.

"Terminamos depois de algumas semanas", respondeu. "Era asqueroso demais."

"Ah."

Eu estava no apartamento de Hank. "Gosto das minhas mulheres densas, como o meu pão de banana", declarou enquanto apertava a minha coxa. Eu não tinha nada a dizer sobre aquilo, mas continuei perto. Acho que ele também estava tentando me afugentar, pois sua casa era a expressão concreta da repulsa: era uma zona de desastre. Havia tanta coisa empilhada no chão que eu precisaria de uma pá para saber se o piso era de madeira ou acarpetado. Juro que não eram fiapinhos no sofá, mas um acúmulo de partículas oriundas do seu pelo facial. A pilha de roupa suja era tão alta que ultrapassava seu colchão absurdamente alto.

Eu podia limpar aquele lugar. Só precisava de um toque feminino. Espera aí, onde eu estava com a cabeça?

Liguei para minha mãe. "Gosto dele, mãe, acho que gosto. Mas alguma coisa está errada. Talvez a gente seja fisicamente incompatível."

"Isso me deixa louca", ela respondeu, sem nem mesmo considerar a minha linha de raciocínio. "Por que as mulheres não gostam dos caras legais?! Você quer um canalha? Não consigo entender. Isso é estúpido. Estúpido. Estúpido."

"Valeu, mãe."

Ela só estava chateada porque seu relógio biológico clamava por um neto.

Nem dois dias se passaram e Hank estava de volta ao meu apartamento. Era tarde, estávamos no meu quarto e eu não queria que ele dormisse lá de jeito algum. Estaríamos adentrando o espaço do laço, meu limite, que eu me recusava a compartilhar. Gostava de acordar sozinha. Não queria balançar ao ritmo das contrações noturnas de outra pessoa. Quanto ao ronco, abomino. Tenho o sono leve. E se ele roncasse? Será que Hank sabia que tudo acabaria instantaneamente se ele tivesse qualquer probleminha nos seios paranasais?

Foi necessária a iminência da separação para dar partida à paixão. Quando estava prestes a expulsá-lo, começamos a nos beijar. Dessa vez, a pegação finalmente tinha um motor. Estávamos tão pressionados um contra o outro, que sentia suas farpas espetando os meus folículos – era impossível dizer quem de nós dois tinha bigode. Hank comentou que nos pegávamos feito adolescentes. Perguntei o que isso queria dizer. Ele respondeu que nossos beijos não terminavam nunca. Perguntei como os adultos namoram. Ele disse que não ficam tanto tempo se pegando.

"Que pena", disse eu.

Tiramos as roupas. A coisa não foi nada graciosa: decisões relutantemente tomadas acerca de quem tirava quem, aos trancos e barrancos, dos nossos casulos de algodão. Eu estava nervosa de ver a sua pele em carne e osso; nervosa em relação a como ele reagiria ao meu corpo, a como eu reagiria à sua saliência abdominal. Mas ele foi tão gentil como o Gasparzinho – embora nem tão branco. Eu tinha vontade cutucar Hank para ouvi-lo rir. Cutuquei, e ele riu. Hank sente tanta cosquinha que chega a ser absurdo.

Sabia que também precisava estimulá-lo. Pelo menos, acreditava que isso era a coisa apropriada a fazer. Promover a equidade por meio da manipulação genital, para falar bonito. Talvez eu só não estivesse pronta para receber sua atenção total. Estávamos um de frente para o outro; a mão dele na minha xoxota fazendo uma espécie de oito (o PO ficaria louco com sua atenção a áreas extraclitoridianas), enquanto eu, jeitosa que sou, tentava chegar à sua barraca testicular.

Um par! Ele não era um mutante, mas não pense que estou fechada a isso.

Seu olhar era diferente na horizontal. Senti uma conexão

entre córneas. Elas me permitiam mergulhar de cabeça. Eu nadava em delicadeza, em ternura. Ele queria me acolher.

Então ele ejaculou. Eu me afastara para evitar respingos.

Seus dedos pairavam inquietos no ar.

"Mais?", ele perguntou.

Que cara mais atencioso.

"Não, estou bem", respondi.

Ele parecia inspirado a complementar minhas sensações, mas não insistiu. Entendia a curiosidade; lá estava eu, falando sem parar do orgasmo como se fosse meu melhor amigo há muito não visto, e lá estava ele, oferecendo-me uma oportunidade de reencontrá-lo, e eu recuso. Mas eu tinha 99 por cento de certeza que meu orgasmo ainda seria escasso com gente nova. Já estava feliz por termos conseguido tirar as calças.

Ambos estávamos nus. Olhei na direção da minha boceta. Sou cabeluda lá embaixo. Perguntei a Hank o que ele achava do meu moicano. "Ele dá para o gasto?"

Em vez de me responder, ele contou sobre uma peruca de pelos púbicos chamada merkin que a minha moita aparentemente lhe trazia à mente. Segundo ele, as pessoas, especialmente prostitutas, usavam para esconder cicatrizes deixadas por diversas doenças venéreas.

Ele sempre sabia a coisa errada a dizer. Eu adorava isso.

Em seguida, deitamos abraçadinhos.

De repente, ele olhou na direção do meu sovaco esquerdo com espanto. Olhei para baixo, apavorada com a ideia do que poderia encontrar. Será que me esquecera de depilar? Será que eu estava fedendo? Mas é o meu sovaco direito que normalmente fede. Foi então que vi o que ele viu. Adivinha quem estava lá: era Earl, o elefante de pelúcia, aconchegado no meu braço. Como ele fora parar ali? Eu estava imprensada entre Earl e Hank, abraçada aos dois. Fiquei um pouco constrangida.

"Esse é Earl", anunciei. Ele riu.

Eram três e meia da manhã.

"Se pretende chegar em casa, é melhor ir andando", disse eu. "Tudo bem?"

"Bom, eu prefiro ficar", disse ele. "Mas tudo bem, sem problema."

Não podia ser só aquela coisinha peluda entre as minhas pernas que ele queria; o acesso restrito não mereceria toda aquela paciência.

E ele realmente não ficou nem um pouco ofendido com o pé na bunda em plena madrugada. "Puta merda, sou uma pessoa horrível", pensei. Aposto que nem o Colecionador expulsaria seus montes de lixo para o quintal àquela hora.

O encantador de bocetas gostaria que todas as mulheres provassem seu bolo de chocolate

Hank e eu não tínhamos uma relação monogâmica; ainda não definíramos títulos. Bom, na verdade, não tínhamos conversado sobre o assunto. Meu perfil no site de relacionamento ainda estava no ar. Restavam algumas semanas para o término da minha assinatura. Muito preguiçosa para apagar o perfil? Curiosa para ver o que ainda podia aparecer?

Sendo assim, não me senti culpada quando Eric apareceu. A luz amarelada das velas lhe dava um ar vistoso. Estávamos novamente no meu quarto. Em minúsculos frascos, ele trouxera o que chamava de óleos sexuais. Ylang-ylang era o nome de um deles. Explorar o olfato para ajudar a excitação. Seu cheiro era almiscarado, terroso, quase devasso.

Estávamos planejando aquele encontro havia algum tempo, desde antes de Hank e eu tirarmos as calças. Então, não me sentia culpada. Aquilo fazia parte da minha educação. Lembrem que Eric era meu professor: um professor carnal.

Contudo, ele me pareceu mais um super-herói do sexo quando levantou sua habitual camiseta de lycra – "Body Armor" (Armadura) estampado no peito – sobre a cabeça. Caímos na cama. Ele disse que deveríamos recorrer ao abraço livre – contorcer-nos para lá e para cá a fim de encontrarmos novos meios de nos encaixarmos. O som estava ligado; ele acreditava em acompanhamento. Atmosfera. Gestão do clima.

Eu achava muito mais fácil perder a inibição com ele do que com Hank. A cabeça do Eric estava encostada no meu peito, e ele usava as mãos para apertar meus pés. "Essa é divertida", disse ele sobre a posição recém-encontrada.

Acabáramos de sair para jantar. Comida tailandesa. Ele ainda mantinha o comportamento dual entre quarto e além-quarto.

Sem uma cama por perto, Eric não era exatamente um cego sem bengala, mas, nos momentos mais estranhos, lembrava um.

    Colocamos o papo em dia. Já fazia três meses que ele me dera o Sabor. Contou-me sobre umas ereções de cristal meladas que tivera (adjetivos dele). Eu contei sobre Hank.

    "Finalmente estou saindo com alguém", disse eu.

    Ele me perguntou se Hank tinha o pau de lata de cerveja.

    "Várias mulheres que conheço adoram a lata de cerveja judia", comentou.

    Quis saber o que isso queria dizer.

    Segundo ele, os pênis judeus tinham fama de serem gordos e pouco longos.

    Imaginei Hank com uma lata de Budweiser no lugar do pau e logo sacudi a cabeça para afastar a visão. Eu me perguntava com que tipo de judeus Eric andava saindo.

    Andamos lado a lado em direção ao meu apartamento. Ele é muito mais alto do que eu; seu quadril deslizava perfeitamente na minha cintura.

    Ainda conversávamos sobre paus. Ele disse acreditar que as mulheres têm tara por pênis grande porque existe um ponto mágico no colo do útero – bem lá dentro – que provoca sensações inigualáveis quando alcançado. "Como luzes de Natal se acendendo", comparou. Betty lhe contara tudo sobre isso.

    Disse que não me importaria se luzes de Natal acompanhassem o meu cintilar, mas ele já tinha mudado de assunto. Contou que mulheres lhe diziam que tinha um belo pau. "Isso é algo que elas aprendem na escola de garotas?", perguntou. "Elas aprendem a dizer para os caras que eles têm um pau perfeito?"

    Como responder a essas perguntas sem me condenar pelas mentiras que contei em algumas (ou todas) avaliações penianas?

    "Escola de garotas", disse eu. "Engraçado." Repetir, conforme aprendi com os papagaios, sempre nos livra de ter que responder.

    Depois dos abraços, peguei duas gotas de ylang-ylang e comecei a massageá-lo. Ele me preveniu de que andava tomando muito ômega-3 e os óleos causaram excesso de pelo na bunda. "Seis por dia é muito", alertou-me. Ele contou que começara a se raspar; estava até pensando em depilação a laser.

Mesmo putos sagrados têm momentos de insatisfação com o próprio corpo. Aquilo fez com que me sentisse estranhamente triunfante; apenas algumas horas antes, eu amaldiçoara os pelos da minha barriga enquanto os atacava com um kit de depilação caseira.

Eric malhava tanto que desenvolvera o bumbum masculino perfeito. Não acho que tenha sido apenas a essência de ylang que me fez pensar aquilo. Seu bumbum forma uma curva perfeita, o eixo perpendicular à coluna. Na verdade, seu corpo poderia ser considerado um corpo exemplar para o sexo. A boca era tão versátil que nela cabia qualquer coisa. Há pouco, ele estava com um dos meus peitos inteiro na boca. Eles não são gigantescos, ainda assim é impressionante. "Amamentação espiritual", dissera ele enquanto chupava.

Eric me contou que ia mudar de nome. "Amaranth!", anunciou. Disse isso com entusiasmo. Disse isso com estilo. Eric contou que, além de ser uma bela flor, Amaranth também quer dizer eterno. Um nome simbólico para combinar com seus desejos: Eric Amaranth queria ter orgasmos prazerosos e saudáveis para todo o sempre. Finalmente tínhamos algo em comum. Ambos queríamos estender nosso tempo de vida, só que eu preferia me conservar com garrafas de vinho em vez de me transformar num composto orgânico com aquela sua dieta de hortaliças e shakes de proteína.

Nua. Eu estava de barriga para cima. Ele se meteu sob o meu capuz para checar o equipamento orgástico. Novamente, operamos com o Sabor e o consolo em conjunto. "Coloque bem lá no clitóris", disse ele a respeito do meu posicionamento do Sabor, enquanto movia o consolo cor-de-rosa para dentro e para fora. "Bom."

Em seguida, ele me perguntou se eu deixaria que provasse meu cintilar.

Pensei um pouco. "Não", respondi.

"Relutância ao prazer?", quis saber. Depois me perguntou como eu chegara à minha conclusão negativa.

Ele me pegou; percebi que dissera "não" só por hábito.

"Sim", disse eu, corrigindo minha resposta anterior. "Pode provar."

Como um bom professor, ele explicou que, para aderirmos às regras mais rígidas e seguras do sexo, ele *deveria* estar usando um preservativo bucal. Lição aprendida para a próxima vez. Ele desceu pelo meu umbigo e parou onde as minhas pernas se encontram. Ele não cabia muito bem, então seu excesso foi parar, esmagado, entre a cama e a minha cômoda. De vez em quando, eu ouvia quinquilharias caindo. Não tinha problema. Aquela era a minha primeira experiência, minha primeira experimentação, meu primeiro exame oral de verdade, com extrema excitação como possível efeito colateral. Minhas pernas tremiam. Mas foi então que olhei para baixo e perdi a concentração. Só via os olhos do Eric, o resto do seu rosto desaparecia sob os meus pelos púbicos. Do meu ponto de vista, aquele emaranhado preto sob o nariz do Eric me fazia lembrar do meu interesse romântico – a barba de Hank.

Eu me sentia mal por causa de Hank. Era provável que ele estivesse trabalhando duro, gravando alguma coisa no estúdio, enquanto eu estava com o meu puto sagrado. Em seguida, comecei a me sentir mal por não experimentar o bom e velho orgasmo no estilo Masters e Johnson. Todos sempre me disseram que isso – o sexo oral – era para ser o caminho certo para o orgasmo, mas Clitty Rose não parecia concordar. O orgasmo continuava a se esquivar dela sempre que estava em companhia de qualquer um além de mim.

"Nada de orgasmo", informei.

"Mas a sensação é boa, não é?", perguntou, levantando a cabeça por um segundo.

E era mesmo. Pensando bem, em termos de sensação, o negócio era fantástico.

"É", disse eu. "Sensacional."

Amaranth mergulhou de volta. Ele parecia o David Blaine de tanto que ficou lá embaixo. Cerca de meia hora depois, emergiu para tomar fôlego. Ele olhou para mim com os olhos arregalados e famintos. Estava claro que era movido a boceta. Era o Red Bull dele. Continuou entre as minhas pernas mais um tempinho. Estava matutando algo. Seus olhos miravam o teto. "Provavelmente, eu não devia nem perguntar isso", Eric disse.

"Será que ele quer me pendurar no teto?", pensei.

"Acho que sei a resposta", continuou, "mas alguém já chupou o seu ânus?"

Fechei as pernas imediatamente. Levantei a cabeça e me apoiei sobre os cotovelos. Olhei para ele como se fosse um alienígena. "Não", respondi. "Meu ânus? Você quer chupar o *meu* ânus?"

Eu perdera completamente aquele memorando.

"Isso mesmo", disse ele, apoiando os antebraços na beira da cama. "Basta lavar com água e sabão."

Pensei em cotonetes e nas minhas orelhas orgásticas e cheguei à conclusão de que deve existir um milhão de buracos inexplorados no meu corpo que poderiam me virar do avesso de prazer. A boceta é ótima, mas suponho que não seja *tudo*. O ânus. O ânus. Essa era a coisa certa a fazer.

Lavei-me rapidinho (felizmente, não encontrei Leigh ou Ursula no corredor). Amaranth me virou de barriga para baixo e disse que o ânus era muito subestimado. Ele gostaria que os homens não tivessem tanto medo do ânus, como se tivesse de ser sempre algo homoerótico. "Não há nada mais sensual do que um homem másculo sendo penetrado no ânus com uma cinta peniana", comentou, tentando esclarecer seu ponto de vista.

Respirei. Respirei de novo. Enfiei meu rosto no travesseiro. Meus olhos queriam se esconder, mas os fiz vir comigo enquanto virava o corpo para ver o que estava acontecendo lá atrás, o que estava causando aquela sensação que nunca tivera antes. Fagulhas de sensação atravessavam o meu torso. Fazia cócegas, doía, arranhava e me dava vontade de serpejar e depois ruir.

Meu ânus estava iluminado. Meu ânus estava feliz. Meu ânus atingira o nirvana. Meu ânus estava zangado porque eu passara 26 anos sem fazer aquilo. Queria expedir aquele memorando. Queria enviar spams para a caixa de mensagens de todo mundo. Queria que todos experimentassem aquilo em algum momento. O mundo seria um lugar melhor.

Foi então que o telefone tocou. Enquanto Eric me lambia, olhei para a tela. Estava escrito Hank. Hank. Desliguei. Desliguei na cara de Hank enquanto o meu ânus era lambido por um puto sagrado.

Sentia-me um tanto estranha com isso.

Agora, Eric estava do meu lado. Eu o ajudei a gozar. Ele até me elogiou enquanto fazia isso. "Suas mãos ficam bonitas em volta do meu pênis."

Ele deve ser mesmo muito saudável pois seu orgasmo, tenho certeza, ecoou até Manhattan. Naquele dia, não foi o metrô retumbando sob a terra que ouvimos, foi o rugido de Eric. Eu não sabia se jogava um travesseiro na boca dele ou gravava aquele som para depois ouvir sem parar. Na manhã seguinte, Leigh me perguntou com a voz assustada se estava tudo bem.

"Como assim?", perguntei.

"Parecia que estavam matando uma vaca no seu quarto ontem à noite", disse ela.

"Não", eu disse rindo, "era só o Amaranth ejaculando."

Eric me deu um selinho. Se me desse um beijo de língua, eu teria medo de perder a cabeça caso ele resolvesse abrir a bocarra. Ele me engoliria. Eric passou os dedos pelos meus cabelos.

Perguntei se algum dia teria uma relação monogâmica. Ele disse que não seria justo com as mulheres. Ele falou que era como um bolo de chocolate; a maioria dos homens era do tipo sobremesa pronta, como biscoito recheado de pacote. "Toda menina direita deveria ter um de mim", declarou. "O único problema é que só existe um de mim."

Eu pensava: "Nossa, ele acha que é um presente de Deus para as mulheres". Mas, sabe de uma coisa, é bem provável que estivesse certo. Ele acredita que as mulheres merecem cada gota de respeito e carinho que ele oferece.

Eric gostaria que eu encontrasse um homem com o seu espírito, disse ele. "Alguém que vá devagar", explicou. "Toda mulher merece tempo e paciência. Carícias podem ser eternas."

Eu achava que talvez tivesse encontrado isso.

Não dá para ir mais devagar do que Hank e eu.

Sentia que precisava contar para Hank tudo o que andava fazendo com Eric. Acho que estava um pouco culpada. Queria saber mentir melhor, mas não parava de ser lembrada do que fizera. Havia até um boletim – uma avaliação de Eric acerca do meu desempenho masturbatório – na minha caixa de mensagens na manhã seguinte.

Eric "Amaranth" Wilkinson para mim:

Acho que você pode tentar acariciar seu clitóris com o vibrador como se fosse uma espécie de dedo. Isso, associado à vibração, trará melhores resultados para você e criará variações na sensação para que não precise parar para descansar. Você também poderia tentar uma velocidade maior e encostar de leve a ponta do vibrador no clitóris e depois movimentá-lo em torno da glande como se fosse a ponta de um dedo. Mas acho, pelo que vi na noite passada, que você deve estar se concentrando em um único ponto sem poder de vibração suficiente, e esse não é o estímulo certo.

Beijo!
Eric

Queria que Hank compreendesse o valor educacional, então o convidei a tomar uma taça de vinho para conversar sobre o assunto – ao mesmo tempo, esperava que a bebida amenizasse as coisas.

"Preciso contar a verdade", disse eu. "Estava com um puto sagrado na terça-feira passada."

Ele contraiu tanto as sobrancelhas que elas pareciam pálpebras secundárias. Seus olhos eram fendas.

"Mas não foi um encontro romântico", disse eu. "Foi educativo. Meu puto sagrado é, na verdade, namorado da Mãe da Masturbação. Então, não quer dizer nada, viu? Mesmo."

"O que é exatamente um puto sagrado?", perguntou.

"Bom", expliquei, "ele me dá opções e eu escolho o que quero."

Ele não parecia muito satisfeito, mas, em algum nível, estava aceitando.

"Que tal chamá-lo de suplente sexual?", indaguei. "Melhor assim?"

"Isso é o mesmo que puto em outras palavras", ponderou. "Não é?"

"De certo modo", respondi.

Ele informou que não teria problema com aquilo até que estabelecêssemos uma relação monogâmica. (Quando chegássemos a esse ponto, ele não queria que eu precisasse de uma merkin para esconder bactérias indesejadas, oriundas das minhas escapulidas.)
Mas a monogamia me assustava. Assustava mesmo. Era como se ela obrigasse as pessoas a fazer besteira. Veja o caso de Eliot Spitzer – ele era monógamo e acabou como Cliente 9.*
Às vezes, parece que a monogamia foi inventada para forçar as pessoas a trair. Se não houvesse monogamia, não poderia haver traição. É um conceito que parece punir uma metade quando a outra cai em tentação, o que muitos biólogos dizem ser inevitável; está em nosso sangue procurar genitálias fora de casa. As pessoas fumaram cigarros, crentes que pareciam bacanas, durante muito tempo antes de os médicos descobrirem que eles causam câncer. A monogamia também tem sido praticada há um bom tempo. É só uma observação.
Hank logo passou a se preocupar com outras coisas.
"Isso é tão estranho", disse ele. "Você provavelmente vai escrever essa conversa no seu livro. Não vai? Agora mesmo, isso. As pessoas vão ler isso. Elas vão saber que você se encontrou com um puto sagrado enquanto eu estava com você e que eu continuei com você. Meus amigos vão me achar um idiota. Continuo a me encontrar com uma mulher que tem um puto sagrado. Você percebe? É estranho."
"É", respondi. "É um pouco diferente, mas diga-me: já lamberam o seu ânus?"

---

* Spitzer foi governador de Nova York de 2007 a 2008, quando renunciou ao cargo devido a um escândalo sexual. Cliente 9 era o codinome que o FBI usava para se referir a ele durante as investigações sobre o seu envolvimento como cliente em uma rede de prostituição. (N.T.)

Dignifico o sagrado som

Foi mais ou menos nessa época que recebi uma ligação da OneTaste a respeito de uma possível entrevista com Nicole Daedone. Isso mesmo, O Gasmo estava finalmente pronto para mim. Nos seis meses anteriores, pedira e obtivera um não como resposta repetidas vezes. Há meses que não ia à OneTaste, mas recebia ligações me convidando para eventos. Eles desatavam a falar, sempre mencionando sexo aqui e ali, como se estivessem lendo tudo em um manual, igual às falas que os funcionários de call center vomitam quando promovem arrecadações de fundos. E, como todo operador de telemarketing, não importava a hora do dia, eles sempre pareciam me pegar durante o jantar.

Não sabia ao certo o que achava daquilo. Valorizava o trabalho da OneTaste – suas ideias, sua abertura, o fato de realmente ajudarem pessoas no sexo e na vida –, por isso é difícil entender por que eles não me atraíam. Talvez fosse uma questão de ação e reação; eles queriam tanto que eu participasse que tive uma reação estilo Groucho Marx: "Nunca faria parte de um grupo que aceitasse alguém feito eu como sócio". (A não ser, claro, que oferecessem plano de saúde.)

Talvez os visse como uma invasão capitalista à região pélvica – o franqueamento do orgasmo. Eles têm dois centros e pretendem abrir mais. E se patenteassem o orgasmo e as mulheres do mundo tivessem de pagar royalties toda vez que seu útero se contraísse? Quando falei com um alto funcionário em São Francisco, ele contou desejar para o futuro que todo Starbucks oferecesse quinze minutos de estímulo vaginal enquanto esperássemos pelo café. Disse também que havia uma sensação predominante no mundo: mate o que você não pode foder. Logo, quanto mais sexo, menos matança. "Haveria menos guerras", argumentou.

Devo admitir que gosto dessa ideia. Talvez fosse apenas inveja por não estar eu mesma capitalizando com o orgasmo. Opa, espera aí, talvez eu estivesse capitalizando. Deixa para lá. Comentei com Rori minha ambivalência em relação à OneTaste. Ela sugeriu que eu me ouvisse. Disse que sexo é ouvir o próprio desejo. "É aquilo que funciona para você. Não deixe que todos despejem o que pensam sobre sexo em cima de você."

Mas, apesar dos meus sentimentos – fossem eles quais fossem –, ainda tinha aquela vaga fascinação pela fundadora da OneTaste. Desde que voltara de São Francisco, ouvira ainda mais histórias. Duas vezes, O Gasmo ficara mudo durante um ano inteiro. No total, foram dois anos dizendo nada. O silêncio sempre faz as pessoas parecerem mais sábias (eu devia ficar atenta a isso). Ela também escrevera dois livros em menos de dois meses – apenas canalizando palavras através dos dedos. Mesmo Zola, que era imune à maioria dos encontros, ficou desconcertada depois de falar com O Gasmo.

Desde o início da minha jornada, cismei com a ideia de que era a Senhora Daedone quem me revelaria o SIGNIFICADO DO ORGASMO. Sendo assim, depois que recebi a ligação me informando que ela poderia estar disponível, passei a trocar e-mails freneticamente com sua assistente – não queria dar nem um segundo para que voltassem atrás.

Disse a mim mesma que não ficaria ansiosa. E daí que ela pudesse ler mentes? E daí que conseguisse incutir lições no meu subconsciente? E daí que dutos lacrimais virassem torneiras em sua presença? E daí que as pessoas parassem o que estavam fazendo no momento em que avistavam uma solitária garrafa de Perrier, sinal de sua chegada iminente? Estava decidida a não perder a calma.

No dia em que a encontraria, recebi três mensagens de texto, cada uma indicando um local diferente. Quando finalmente cheguei ao destino, recebi outra mensagem dizendo que ela acabara de sair e me encontraria nos fundos da sede da OneTaste. "Que grosseria", pensei. Mas, quando cheguei, fui simpática com a assistente. Dei uma olhada rápida no meu caderninho, onde rabiscara algumas perguntas, enquanto ela me levava por um lance de escadas até outra sala, decorada com parcimônia – chão de madeira, paredes brancas e um sofá azul com O Gasmo sentado relaxadamente sobre ele.

A assistente fechou a porta. O Gasmo e eu finalmente estávamos sozinhas. Ela me avaliava enquanto eu botava a bunda numa cadeira próxima. Sentia meu coração bater na barriga. Achei que devia começar com uma declaração chocante. Imaginei que ela respeitaria alguém capaz de dizer a verdade. Contei que não sabia por quê, mas me sentia repelida pela OneTaste, ainda que admirasse seus ensinamentos.

O Gasmo mudou de posição, colocou um pé sob o bumbum. Seus braços estavam abertos e apoiados no encosto do sofá. Ela balançou o rabo de cavalo de um lado para o outro, como se fosse o animal tentando espantar uma mosca, e levantou o queixo antes de se pronunciar.

"Se você pode ir", disse ela, "vá. Se alguém não consegue entrar, então acredito que isso seja bom."

Lá se foi a minha intenção de chocar. Sua resposta acabou com fosse qual fosse o meu joguinho. Um culto que se preza não se submeteria tão fácil a desertores. Afinal, não era seu papel lutar para conseguir tantos membros quanto fosse possível?

Em seguida, tive um branco.

"Bela romãzeira", disse eu, apontando para o vaso na mesa de centro.

"É", respondeu. "Eu estava agora mesmo admirando o arranjo; é lindo."

Durante os 37 minutos seguintes, consegui me manter consciente a maior parte do tempo enquanto ela fazia fluir a conversa. Os movimentos das suas mãos me hipnotizavam; era como assistir à hula depois de tomar um ácido.

Eu disse adeus assim que me pareceu que a entrevista durara tempo suficiente para justificar a espera de seis meses.

"Não tem pressa", comentou.

Ela era simpática. Ela era inteligente. Ela acreditava no orgasmo. "Sei que você é uma pessoa ocupada", respondi e saí apressada, desci correndo as escadas até que alcancei o ar fresco. Ao me arrastar pela rua com uma carranca exacerbada pela vertigem, frustrada porque deixara que a reputação do Gasmo me deixasse nervosa, a única coisa de que me lembrava era que, segundo ela, o orgasmo dava às pessoas acesso direto à verdade.

Se ela estivesse certa, o orgasmo estava me dizendo que a entrevista fora um desastre.

Enquanto andava, liguei para Zola. Perguntei se ela podia me encontrar para um café. Estava atormentada pela minha nada fortuita perda momentânea de iniciativa. Não fizera a vultosa pergunta ao Gasmo. Não perguntara o SIGNIFICADO DO ORGASMO. Zola disse que chegaria um pouco mais tarde. "Menina! Estou fazendo o meu imposto de renda. Que eu saiba, sou a única profissional do sexo que declara."

Caminhei na direção do Greenmarket para ver Atman. Ele poderia me oferecer consolo, ainda que efêmero. Foi aí que me lembrei de Fiona. Ela achava que encontraria respostas na Índia, aquele lugar místico. Gurus brotam feito capim naquele país. A ioga nasceu lá. Siddhartha sentou-se sob uma figueira e pronto, tornou-se Buda. Iluminação. Nirvana. Algo mais. (E, se tudo der certo, muitas compras de boas lembrancinhas.)

Mas ela me enviara alguns e-mails gigantescos nas duas últimas semanas. A Índia não estava atendendo às suas expectativas. Ela odiava aquilo lá. Queria ir embora mais cedo. A Índia era suja, disse ela, havia lixo em todo lugar. Não havia organização; era um caos. Ela estava desiludida. Havia mais brancos nas suas aulas de ioga na Índia do que nas que fizera em Nova York. (Ela parecia acreditar que pessoas de pele marrom tornavam as experiências mais autênticas. Mas não era por isso que eu vivia procurando o meu guru para assuntos pélvicos?) Ela gastara mais de mil dólares numa passagem aérea para encontrar respostas, mas tudo o que encontrou foram mais perguntas.

Por mais que eu quisesse um bolinho, não passei na barraca de Atman. Não queria ficar tentada a transferir meu dilema para as mãos de outra pessoa como aparentemente sempre fazia.

Contudo, lá estava eu com Zola. Ela lambia o dedo sujo com a espuma do seu latte. "Hummmmmmmmmm", gemeu. Não estava vestida como normalmente; escolhera um agasalho vermelho de capuz que combinava com seu batom carmesim. Ela parecia uma mistura de gueixa e rapper. Contei que a mitologia do Gasmo acabara com a minha serenidade durante a entrevista. Zola sugeriu que eu olhasse pelo lado positivo. Lembrou-me que poderia declarar meus gastos com vibradores como despesa de trabalho e deduzi-los do imposto de renda. Em seguida, disse-me que comprasse um plugue anal, um pequeno, e não me esquecesse de guardar os recibos para a declaração do ano seguinte. "Ele desenvolve o primeiro chacra", disse ela sobre o plugue anal, "e libera a tensão."

Quando cheguei em casa, estava agitada de tanta cafeína. Sentei e, diante de mim, havia apenas O SIGNIFICADO DO ORGASMO digitado na tela em branco do computador. Qual era o seu significado? Eu abordara o problema da maneira errada. Percebi que não precisava escrever aquilo em letras maiúsculas. Coloquei o texto em caixa baixa – significado do orgasmo – e embaralhei as letras. Fiz anagramas.

significado do orgasmo
dignifico o sagrado som
ri no fígado dos mágicos
dia gris, domo fogo cinza
rondo figos, digo camisa
mais doida fisgo congro
riso mágico dando figos
isso fica gago dormindo
digo drogas, confio mais

Dependendo de como olhava, o significado do orgasmo podia variar muito.

Bom

Hank e eu saímos para jantar. Inconscientemente, talvez até um pouquinho conscientemente, eu sabia o que ia acontecer. Tomei banho, me depilei e até me esforcei para ficar cheirosa. Por via das dúvidas, também coloquei um par extra de lentes de contato descartáveis na minha bolsa.

Eu olhava para ele do outro lado da mesa. Entrevi aquela acolhida corneana que ele me oferecera antes, quando estávamos na horizontal. Ficava pensando que gostava dele, mas por que eu gostava dele? Por que ele? Mas era *ele*.

"Você tem medo de compromisso?", perguntei.

Estávamos fazendo o Kama Sutra com as mãos por cima da mesa – segurando, agarrando, entrelaçando, acariciando as palmas um do outro.

"Talvez um pouco", respondeu. "E você?"

"Acho que sim", disse eu.

"Todo mundo tem pelo menos um pouco de medo."

"Talvez devêssemos acabar com o compromisso para que as pessoas tivessem menos medo", argumentei.

Eu me encontrara com Rori naquela semana. Ela não usava a habitual bota até os joelhos. Calçava sandálias de salto, seus tornozelos estavam à mostra. A primavera estava no ar. Ficávamos cada vez mais nus à medida que a Terra esquentava.

Disse a ela que estava tendo dificuldades para me aproximar de Hank.

"Hank é gentil", disse eu. "Ele é ótimo. Mas tem uma barriga."

Ela apoiou os cotovelos no braço da poltrona e entrelaçou as mãos. Em seguida, acenou com a cabeça para que eu elaborasse.

"Não é uma questão de aparência", expliquei. "É uma questão de longevidade. Ele não aguentaria correr comigo."

Ela continuou a acenar com a cabeça.

"Não duraríamos muito", continuei. "A casa dele é uma bagunça."
Olhei pela janela. Estava mesmo inspirada.
"Ele sente muita cosquinha. Não posso nem tocá-lo."
Virei a cabeça para o lado.
"Você já ouviu falar em caspa na barba?"
Ela exibia um sorriso satisfeito nos lábios enquanto passava a mão pelos cabelos. Rori nunca os prendia. Até os psicólogos precisam de algo em que mexer quando estão nervosos.
Segundo ela, focar aquelas características era só um meio de me distanciar, de me sentir segura, de me convencer de que aquilo nunca poderia dar certo. Aquilo correspondia ao que eu fizera ao escolher homens inacessíveis emocionalmente ou que viviam em continentes diferentes.
"Isso é ótimo", disse ela.
"O que você quer dizer com isso?", perguntei. "Existem problemas; não está dando certo."
"Você ainda está com ele. Focar essas coisas permite que continue, faz com que pareça temporário."
"E o que isso quer dizer?", indaguei. "Se a gente continuar junto, não vou parar de depreciar Hank."
"Vamos trabalhar isso depois", disse ela. "Fico feliz que esteja curtindo alguém, que esteja se aproximando."
Sou desprezível. Só era capaz de valorizar alguém por meio de uma espécie de sadismo emocional. É verdade que estava focando apenas os pontos negativos, mas talvez Rori tivesse razão, pois, ao mesmo tempo, não queria dormir sem antes ligar para ele e dar boa noite. Via coisas nas lojas e pensava no que ele poderia querer. Até fiz um bolo de banana com a densidade que ele gostava: igual à dos meus quadríceps. Ele se infiltrara em mim apesar da minha necessidade de desprezá-lo para fins de autopreservação.
E lá estava ele, diante de mim, tentando determinar a orientação sexual dos nossos vizinhos de mesa.
"Bi", disse ele.
"Sem dúvida são gays", refutei.
Fomos para o apartamento dele e assistimos a *Conduta de risco*. De vez em quando, nos beijávamos. Em seguida, voltávamos

ao filme e depois nos beijávamos mais um pouco. "George Clooney é gostoso. Hank não é gostoso", pensava eu. Mas isso não importava, porque eu gostava de Hank.

Foi demais para nós quando George pegou Tilda Swinton no flagra. Foi tão catártico que arrancamos nossas roupas – bom, assim que Hank concordou em apagar as luzes. Ele confiscou a minha blusa. O sutiã, eu tirei. A camisa dele, não sei onde foi parar. Nós nos beijamos. Toda hora tinha um pelo de barba na minha boca. Eu ficava cutucando a língua, tentando fisgá-los.

"Há muito mais de onde esse veio", disse ele, enquanto eu me livrava de um pelo.

Fomos para o seu quarto. Usei a pilha de roupas sujas como escada para subir no colchão. Rolamos na cama. Eu parecia um rolo compressor, subindo de um lado da sua barriga e passando para o outro. Zola também começara a namorar um cara com a barriga proeminente. Segundo ela, o barrigão é, na verdade, uma dádiva, pois é muito melhor para se esfregar do que a barriguinha lisa – não era uma barriga, era uma colina esfrega-clitóris –, o que aumentava a probabilidade de orgasmo durante o sexo.

O calor de Hank era agradável. Ele estava muito próximo de mim. Havia um vazio entre as minhas pernas. Eu queria sugá-lo.

Parei de me mexer, empurrei um pouco o seu ombro para cima. Olhei nos olhos dele. Ele tirou os óculos. Eu não queria ser inconveniente. Não queria pressupor nada. Limpei a garganta.

"Se desejássemos fazer sexo", disse eu, "você por acaso teria uma camisinha?"

"Se decidíssemos fazer sexo", respondeu, "sim, eu por acaso teria uma camisinha."

Ele não se mexeu. Ele ainda não estava se mexendo. Por que ele não estava se mexendo?

"Tá bom, pegue lá!"

Ele colocou a camisinha sobre a ponta; eu ajudei a desenrolar. Disse a ele que precisávamos começar com papai e mamãe; eu não estava pronta para ser a responsável pelo ritmo. Ele pairava sobre mim em posição de flexão – agora eu via como ele se exercitava; atividade física para ele era só no quarto. Esse era o tipo de cara que tinha de fazer exercícios sexuais regulares. Segurei sua pança como um globo em minhas mãos.

"Sou o Atlas", disse eu com um sorriso no rosto.

Em seguida, ele baixou o corpo.

"Estou dentro de você."

"Não. Sou eu que estou te envolvendo."

Em seguida, vieram os sons de sexo. A respiração pesada, o enrugar de uma camisinha, a sucção de fluidos. E eu pensava que aquilo devia ser a porra de um CD. Aquilo devia ser a trilha sonora de alguma coisa, e era: da nossa noite.

Ele tinha ritmo. Ele já fizera aquilo antes. Hank era o meu seis e meio. Ah, dane-se, a quem quero enganar? Agora posso dizer sete em paz.

Eu finalmente participava da conversa lá embaixo. Não ouvia a lenga-lenga trivial do meu cérebro. Imaginei o clitóris nadando meu corpo acima e alojando-se no meio da minha testa, um exemplo de simbiose – a conexão cérebro-genitália na sua melhor forma. Não me distraí pensando se Hank me levaria a algum lugar, pois já sabia como chegar lá sozinha. Acho que Betty diria que encontrei a minha base. Autossuficiente com as minhas sensações. Ao não depender de Hank e liberá-lo das minhas expectativas, podia me aproximar dele. Eu estava totalmente lá. Momento a momento. Absorvendo tudo como nunca fizera antes.

Eu ri. Ri mais ainda. Eu me senti bem por rir. Nós nos olhamos. Ele perguntou por que eu estava rindo.

"Ei, me deixe rir."

Foi então que ele gozou. Aqueles gemidos entrando pelo meu canal auditivo, pelos meus dois canais auditivos ao mesmo tempo. Foi o maior e o melhor cotonete que já entrou nas minhas orelhas, escavando perigosamente na direção do meu cérebro. Calafrios corriam do meu lóbulo até os meus países baixos e subiam de novo. Meus orgasmos auriculares ainda estão com tudo! Existe uma hierarquia das sensações, e as orelhas não carregam a coroa – sem dúvida não representam o orgasmo tradicional –, mas, se quer saber, aquilo é prazer. Meus ombros se contraíram devido a estímulos nervosos e meus olhos se fecharam enquanto Hank saía de cima de mim. Eu tive o meu prazer; o prazer vem de diversas formas.

Ele deitou ao meu lado, e eu senti meu corpo molhado. Estava deitada sobre uma poça. Botei a culpa nele. "Você fez xixi?", perguntei brincando.

Ele disse que tinha sido eu.

"*Eu*?"

Então me lembrei daquele filme assustadoramente vívido sobre a ejaculação feminina. Será que eu... não. Será?

Talvez.

Sorri para mim mesma.

Bom, fosse qual fosse a origem da lagoa, tentei evitar as margens enquanto nos abraçávamos. O vento soprava forte; eu podia ouvi-lo bater contra a janela. Carros buzinavam lá embaixo. Embora estivéssemos entrelaçados, formando o que parecia ser uma esfera, não me senti diminuída. Não me transformei de uma hora para outra em Mar ou Ra – ainda me sentia inteira, Mara. Ele conseguira aninhar-se à minha plenitude. Apenas me acrescentar. Enquanto isso, as pessoas lá fora estavam aos berros, externando o excesso de diversão. Era a quinta-feira antes da Sexta-Feira da Paixão. "Como pode 'Paixão' ser o termo usado para rememorar o dia em que alguém foi crucificado?", ponderei. Em seguida, Hank caiu no sono. Começaram os roncos. Dei um chute nele. Os roncos pararam. "Isso sim é que é bom", pensei comigo mesma.

Revelação

Dois meses depois, lá estava eu num traje de algodão até os joelhos, mal amarrado atrás, com nada por baixo. Meus pés suados agarravam-se ao piso de linóleo enquanto eu cambaleava para frente e para trás. Metida num jaleco, a mulher diante de mim segurava um íma laranja vivo do tamanho de uma pequena bigorna em uma das mãos e o meu consolo rosa choque na outra. Ela estava verificando se havia metal. Segundo me explicou, não era permitido entrar com nenhum tipo de metal dentro do aparelho de ressonância magnética funcional. Certa vez, lera um artigo que contava a história de um desavisado que entrara com um tanque de oxigênio numa sala de ressonância. O tanque voou com tal velocidade em direção ao aparelho que acabou matando alguém em sua trajetória. Imediatamente concebi imagens terríveis de consolos voadores fatais.

Coragem não me faltava. Meus nervos estavam trabalhando com força total. Mas eu não devia estar nervosa. Apenas um mês antes, levara Clitty Rose para ser fotografada. Mandei fazer uma foto pornográfica de mim, como Fiona sempre recomendara. Segundo ela, eu amaria o meu corpo se o visse através dos olhos de um artista. Queria me desafiar e passei a semana anterior à sessão toda agitada. No entanto, quando o fotógrafo, Andrew Brucker, chegou, logo tirei a roupa e encarei o evento como uma forma de celebração. Nada de nervosismo. Minhas costelas estavam projetadas para fora devido a um arquear e uma torção das costas que Brucker tentava capturar. A situação era desconfortável, não por causa da minha nudez, mas porque estava ficando com cãibra. Eu até fiquei quietinha enquanto ele cobria meu pequeno furúnculo da bunda com maquiagem. Ursula me disse que muita esfoliação me livraria daquilo, mas esfoliação dói demais. "Isso não pode ficar assim", dissera ele.

Não existem deformações em fotos. Não existem; nunca esperarei isso delas.

Quando Fiona voltou da Índia, mostrei a ela o resultado. Minha amiga apontou para a tela e cobriu a boca com a outra mão. "Mar!", exclamou. "Nem mesmo eu tirei uma foto desse ângulo!"

"Eu me expus mais do que *você*?", perguntei estupefata. Tínhamos invertido os papéis. Gostaria que ela tivesse dito, antes da minha sessão, que não tinha se aberto toda para o fotógrafo. Mas quer saber? Foda-se. Clitty Rose merecia um close depois de tudo o que passara. Nem fiquei muito envergonhada (está certo, fiquei um pouco envergonhada) quando Brucker comentou que não via uma perereca peluda como a minha há mais de uma década. "As mulheres tiram tudo hoje em dia", contou, observando como é popular entre as mulheres tentar fazer de conta que não são mamíferos. "Assim é que deve ser." Suponho que eu ainda seja uma flor à espera de desabrochar. Quando o assunto é genitália, não acompanho a última moda.

Mas aquela era outra situação. Meu nervosismo, decidi, era apropriado. Quatro pesquisadores, entre eles o dr. Komisaruk, observavam a mulher de jaleco manuseando o meu falo. Meus utensílios estavam à mostra para quem quisesse ver. Nunca imaginei que os exibiria em público daquela maneira. Bastava dizer a todos que cheirassem o consolo e eu praticamente seria Betty.

A mulher me levou até a sala de ressonância. Deitou-me na maca e cobriu-me com um lençol fino. Travou a minha cabeça com algo que parecia uma gaiola. Eu estava presa. Meus pés estavam virados para a janela de vidro, que me separava do dr. Komisaruk e seus três assistentes. Eles podiam me ver bem da sala de controle. Eles podiam ver tudo o que eu estava prestes a fazer.

Ela colocou os meus instrumentos – meu lubrificante e o meu consolo – próximos à minha mão. Eu me perguntava se o dr. Komisaruk encontraria o meu "eu". Eu perguntara antes para ele se já sabia onde estava eu.

"Ainda estamos procurando", respondeu.

Eu não estava surpresa. Esse "eu" é um sujeitinho furtivo, mais esquivo do que qualquer orgasmo.

Meus mecanismos de enfrentamento estavam tendo um trabalho e tanto. Eles estavam em quinta marcha naquele momento. Sorria um sorriso que apenas palhaços que usam tinta para ultrapassar os limites dos lábios conseguem sorrir. Estava prestes a me masturbar presa a uma máquina diante de cientistas – exibicionismo na sua forma mais estéril, com um toque de BDSM.

Durante um jantar na semana anterior, o dr. Komisaruk me dissera que a principal função da ressonância seria mapear a estrutura da minha vulva no cérebro. Isso nunca fora feito antes. Existem mapas da mão, da perna, do rosto e até do pênis graças ao dr. Wilder Penfield. Não é surpresa nenhuma que a comunidade médica tenha ignorado as bocetas. O dr. Komisaruk informou que me pediriam para estimular o meu clitóris, meu canal vaginal e o colo do meu útero a fim de observar que áreas do meu cérebro eram ativadas. Em seguida, eu teria dez minutos para tentar alcançar o clímax. Eu deveria levantar a mão sinalizando o momento do orgasmo – isto é, *se* eu chegasse ao orgasmo.

Pouco antes da experiência com o dr. Komisaruk, tive uma consulta com Rori.

"Não se preocupe tanto com o orgasmo", preveniu-me. "O importante não é o destino, mas a jornada."

"Eu sei", respondi, "mas isso é tão clichê."

"Os clichês são clichês por algum motivo", disse ela.

"Mas é pela ciência!", exclamei. "Preciso gozar pela ciência!"

A assistente apertou um botão na lateral do aparelho de ressonância que me fez deslizar para dentro. Eles me avisaram que a situação seria claustrofóbica. Eu dissera que não era claustrofóbica, mas passei a ser: era como se alguém tivesse enfiado um rolo de papel higiênico na minha cabeça. Eu me sentia solitária lá dentro. Mas então o dr. Komisaruk falou. Podia ouvir sua voz pelos fones de ouvido. Era agradável ter companhia. Eu tinha uma hora e meia de mapeamento pela frente antes de ficar livre para fazer o que quisesse.

A máquina começou a funcionar. Parecia a versão digital de uma britadeira. Não sei por quê, mas quando estava dentro daquele rolo de papel higiênico pensei no lixo do Colecionador.

A pilha não tinha mudado desde que ele começara a tomar os remédios, mas, na estagnação, aquela lixarada se transformara em algo mais. Ela produzira vida – agora, temos plantas brotando no depósito de lixo dos fundos. Considero isso especial, ainda que sejam apenas ervas daninhas esforçando-se para crescer, sem jeito e aleatoriamente, em meio a um mar de plástico negro. Consigo entender. Sinto que estou crescendo, mas um pouco sem jeito, confusa e de modo aleatório.

Isso não é algo que possa ser evitado, essa inaptidão. Agora compreendo; os seres humanos receberam uma quantidade imensa de emoções inconvenientes e ineficientes com que lidar na vida.

É preciso ajustar-se a esse saber.

Ainda não tenho certeza de um monte de coisas, inclusive do papel que Hank desempenha na minha vida. Quando contei à minha mãe que ainda não tinha certeza quanto a Hank, ela logo replicou.

"Mara, ele foi o único que conseguiu transar com você em um ano. Isso quer dizer alguma coisa."

Isso calou a minha boca por um tempinho.

Acho que estava meio dormindo porque, quando ouvi a voz do dr. Komisaruk dizendo que estava na hora de agir, minha mão se lançou à vulva sem a minha permissão.

Temia que o meu lençol caísse, mas então percebi que estava mais nua que a nudez: aqueles cientistas estavam olhando dentro de mim. Mais íntimo, impossível. Eles estavam olhando a minha mortalidade, a minha carnalidade, a minha sexualidade, a minha humanidade – meu cérebro bulbar e gomoso. Minha genitália faria o meu córtex brilhar numa tela grande. Se tudo corresse bem, o dr. Komisaruk e seus assistentes me observariam fazer pornografia cerebral ao vivo.

Uma das parceiras de pesquisa do dr. Komisaruk, Nan Wise, entrou e lubrificou o meu consolo, pois não conseguia ver nada dentro daquele rolo de papel higiênico. Eu dependia deles para tudo. Agora estava com o bastão escorregadio na mão. Meus dez minutos já estavam valendo. Não dei outra opção ao consolo além de ser introduzido nas minhas entranhas. A britadeira me deu um ritmo. O lençol ficava prendendo; ele estava me distraindo. "Não vou gozar", pensei. Pensei também que devolveria a eles os cem dólares que me pagaram para ser sua cobaia. Zola ficara muito empolgada com a grana. "Você é uma profissional do sexo!", bradou. Todos os cientistas me observavam. Podia imaginá-los na janela. Comecei a pensar que precisava sair de lá e ir a algum lugar. Já discutíramos essa compulsão, eu e Rori.

"Aonde você precisa ir?", ela perguntou.

Não sei.

"Como seria ficar?"

Eu me pergunto se existe isso de ficar.

Sinto todos os músculos do meu corpo se contraindo. O dr. Komisaruk me dissera que, diferentemente do que outros pesquisadores descobriram, não existem muitas atividades que fazem o cérebro brilhar como o orgasmo. Durante o gozo, ele está mais vivo do que nunca. Nada de *le petit mort*. Estou no escuro, mas deve estar rolando um show de luzes no meu cérebro, pois começo a sentir o acúmulo de tensão. Estou mexendo, apertando e acariciando as carícias que aprendi com o Povo do Orgasmo, mas também estou me preparando para um espirro pélvico. Não quero pedir demais. Minha mão, hesitante, começa a se levantar. Agora ela está toda esticada no ar, anunciando a chegada do gozo. Minhas faculdades devem ser magnéticas, pois a máquina as está deixando atordoadas. Elas nunca se desapegaram dessa forma. Minha vagina cumprimenta o consolo sem parar. Essas contrações são muito mais do que um aperto de mão – elas prendem o consolo. Minhas contrações uterinas não estão inibidas pela cafonice do instrumento rosa choque. Ela não é tão superficial como eu – parece dar-se muito bem com ele. Durante todo o tempo, não dou um pio. Minha mão no ar diz tudo o que há para dizer. Talvez eu seja sexualmente muda. Isso também é liberação. Então a minha mão se rende, desce conforme meu corpo relaxa. Estou apaixonada por essa máquina. Isso é que é pedaço de metal.

O barulho de britadeira para. A assistente aperta um botão, que me tira da máquina. Meu cabelo está uma elegância só, projetando-se em todas as direções, revolto e selvagem. O lençol está enrolado nas minhas pernas. Meus olhos estão embaçados; eu os esfrego como se tivesse acordado depois de hibernar. Agora, gostaria de me esfregar em Hank e arranhar as suas costas como os gatos lá de casa fazem com o meu sofá azul. Sento-me, um pouco zonza. Na janela diante de mim, vejo quatro pesquisadores de pé – o dr. Komisaruk no meio – aplaudindo.

Balanço os pés até o chão e caminho suavemente – consolo na mão – na direção do centro de comando. Avisto o meu cérebro bulbar, as membranas que fazem de mim eu, em 3D na tela. Sou uma estrela pornô do cérebro. Barry se chega a mim – nada repelido pelo objeto oblongo e gosmento que ameaça escapar da minha mão – e me dá um tapinha nas costas. "Muito bem, moça!", diz ele com um sorriso.

Sorrio de volta. Adoro finais felizes.

Agradecimentos

Meu muitíssimo obrigada a todos os acadêmicos e educadores sexuais que concordaram em me ajudar com tanto entusiasmo na minha missão orgástica – Eric Amaranth, Barry Komisaruk, Nan Wise, Eleni Frangos, Betty Dodson, Tallulah Sulis, Dorrie Lane, Barbara Carrellas, Satya, Annie Sprinkle, Carol Queen, R.J. Noonan, Barry Goldman e OneTaste. Seus *insights* e conselhos tornaram a minha vida (e a de todos os que eles tocaram) mais prazerosa. Um agradecimento especial ao Povo do Orgasmo pela generosa bolsa de estudo e por me ensinar conceitos que ecoarão no meu cérebro, nos momentos mais íntimos, para o resto dos meus dias. Obrigada a Jim Abraham, Andrew Brucker, Will Baxter e Brian McDermott por sua generosidade. Larry Seiler me ensinou a ser corajosa. Obrigada à Biblioteca do Brooklyn pelos livros (prometo devolvê-los em breve). Zola é a Madre Teresa dos profissionais do sexo. Sua compaixão e perspectiva foram inspiradoras (e obrigada por tonificar meus chacras). Agradeço ainda a Vanessa Gould, Emma Span, Nora Weinberg, Denise Carson, Rori, Leigh, Judy Altman, Louise Rothman, Karen Kashkin, Atman, Haresh Bhojwani e Rafiq pelo encorajamento e pelas ideias. Obrigada ao meu editor, Rakesh Satyal, da HarperCollins, por se arriscar, confiar em mim, deixar que eu fosse à loucura... e então me editar. Na HarperCollins, obrigada também a Rob Crawford! Sou grata ao meu agente, Chris Parris-Lamb, por suas contribuições ao texto, por suas ideias, por acreditar em mim e por retornar as minhas ligações desesperadas (embora eu ainda queira saber quando vou receber aqueles calmantes que ele me recomendou). Obrigada ao Prospect Park, à Ponte do Brooklyn, à Índia, a Cusco, a Bangcoc, à minha janela, ao sofá azul, e ao sorvete aerado de manga sem lactose de curvas perfeitas por estimular ideais sem fim. Obrigada a Hank por me dizer que não negociasse com terroristas literários, ainda que ele tenha sido um deles. E, o que é mais importante, por não deixar de falar comigo mesmo depois de ter lido o livro. Sou grata aos vinte anos e por aí vai de Fiona. Eu teria sido incapaz de fazer isto sem seu socorro constante. Agradecer a David Blum ao infinito não parece suficiente. Ele foi a primeira pessoa que me levou a sério como escritora, entre trilhões de outras coisas. Então, obrigada vezes infinito ao quadrado (ao cubo?). E ainda tem a minha família, a quem gostaria de agradecer copiosamente por não me renegar. Sou muito grata aos meus avós, que não apenas acolheram a escrita deste livro, mas também concordaram em compartilhar sua história. Obrigada aos meus irmãos, Matt e Logan, por caçoar de mim só metade do tempo (sei que foi necessário muito autocontrole para isso). Por fim, agradeço a meus pais. Sem seu amor, apoio e aceitação (sem falar em seus gametas), não daria nem para tentar escrever este livro.

IMPRESSÃO:

Pallotti
GRÁFICA EDITORA
IMAGEM DE QUALIDADE

Santa Maria - RS - Fone/Fax: (55) 3220.4500
www.pallotti.com.br